宗教史学論叢 21

霊と交流する人びと

媒介者の宗教史

【上巻】

杉木 恒彦・髙井 啓介 編

LITHON

はしがき

　世界各地において、人びとは様々な形で、神や精霊や死者の霊といった目に見えない霊的存在や力との交流を通して、個人や家族や村・町など共同体の諸問題の解決を図り、自分たちの世界の枠組みを作り上げてきた。信奉者たちのためにその交流を媒介する特殊能力をもつとされる宗教者——"預言者""祭司""シャーマン""祈祷師"などとよばれる人びと——は、その役割の重要さのゆえに、それぞれの共同体における指導的な地位を得ることもしばしばであった。また、信奉者たちへの奉仕という面を否定するものではないが、"祭司"のような制度化された職能者としてというより、求道のために神など霊的存在との交流を行う"神秘家"のような人々の意義も見過ごすことはできない。

　西洋に発する近代合理主義は、上述の世界観と実践ならびにそれらを管理する指導者・専門家たちをめぐる信憑構造を揺るがすものではあった。しかし、目に見えない霊的存在との交流をめぐる観念と実践は、形態や機能を変えながらも、現在においてもその意義を決して失っていない。たとえば、私たちの記憶に新しいところでは、東日本大震災における被災地で報告されている数々の心霊現象も、それを体験した人びとにとっては、心理的な問題に呼応する有意な交流の１つの形である。

　目に見えない霊的存在との何らかの形での交流が、人びとの意識と行動と歴史を構成する重要要素と認められるのであれば、その事例を広く世界の様々な時代と様々な地域から取り出し、それらを比較検討していくことには意味があろう。そのような交流の事例のうち、本企画では、"預言者"、"祭司"、"シャーマン"、"霊媒"、"神秘家"などといった枠組みで扱

われてきた、職能者であれ修行者であれ、霊的存在と何らかの形で交流し、その力をこの世界に向けて媒介する能力をもつとされる人びと、つまり媒介者の体系を題材に定める。媒介者の体系をめぐって、宗教史研究をベースに、その現代の姿を扱う人類学的研究も含む内容で構成されている。

　誤解があってはならないが、本企画は、"預言者"や"祭司"や"シャーマン"などの古くからの類型の妥当性を前提とした議論を行おうとしているのではない。これらの類型は、本企画が焦点を当てる媒介者がどのようなものを指すかをイメージしやすくするための例示として、ここで挙げられているにすぎない。本書のタイトルの冒頭の「霊」も、媒介対象をイメージしやすくするための例示である。宗教事象の聖書的なバイアスのかかった"預言者""祭司"などの古い枠組みに無自覚的に依拠する伝統踏襲的な論考ではなく、世界の様々な宗教における媒介者の具体相を自由に検討することにより、従来の類型がもつ問題点を克服した、媒介者をめぐる新たな理論的視座を切り開く出発点となることが、本企画の目指すものである。

　本書のタイトル「霊と交流する人びと」には、媒介者のいる儀礼や集会の場において、媒介者も含めた人びと（信奉者など）が霊的なものと有意義な交流をしている雰囲気を伝えようという編者の思いが込められている。媒介者をめぐる本企画の論考が、読者にとって、霊的存在や力との様々な形の交流について広い視野から再考する契機になれば、幸いである。

　　　　2017 年 2 月

　　　　　　　　　　　　　　　　　　杉木恒彦・髙井啓介

　＊ 本書の出版には大畠記念宗教史学研究助成基金からの援助を受けている。
　　ここに記して謝意を表したい。

霊と交流する人びと

上巻

目　次

はしがき　杉木恒彦・髙井啓介　1

序──媒介者をどのようにとらえるか　　杉木恒彦・髙井啓介　7

限定されざるものと限定されたるものの間に
　　──ノヴァーリス、フリードリヒ・シュレーゲル、
　　　　フリードリヒ・シュライアマハーにおける媒介者概念──
　　　　　　　　　　　　　　　　　　　　田口博子　29

古代アナトリアの王国ヒッタイトにおける
　　　　女性呪術師「老女」　　山本　孟　59

預言者ムハンマドにおける神との交流
　　──啓示体験と昇天体験──　　青柳　かおる　83

「媒介者」をめぐる多数派／スンナ派とシーア派の相克
　　　　　　　　　　　　　　　　菊地達也　105

鏡と親指、子供、祭司、ヨーギン
　　──初期中世期インド密教における神託儀礼の一考察──
　　　　　　　　　　　　　　　　　　杉木恒彦　129

目　次　5

シャマニズム世界における 2 種の媒介者
　　——内モンゴル・ホルチン地方を事例に——　　サランゴワ　163

巫祝の子　孔子　　　　　井ノ口　哲也　199

古代朝廷祭祀に携わる神社の人々
　　——『延喜式』祝詞からわかること——　　加瀬直弥　227

日蓮と本尊曼荼羅　　　　森　雅秀　249

教義としての媒介者
　　——「生神金光大神」について——　　藤本拓也　271

シャーマン霊能論
　　——琉球・沖縄——　　福　寛美　297

編者・執筆者紹介　　319

序——媒介者をどのようにとらえるか

杉木恒彦・髙井啓介

1. はじめに

　媒介者の一例を挙げよう。

　パーリ語で書かれたインド編纂の仏典に、『餓鬼事』（Petavatthu）という、餓鬼をテーマとした小部の物語集がある。その第14話は、舎利弗と彼のかつての母の物語である。仏弟子である舎利弗は、ある精舎の経行処で、一人の女餓鬼を見た。その女餓鬼は四つ前の生で舎利弗の母親であったのだが、一つ前の生で比丘（仏教の出家僧）や旅人へのもてなしを怠り、さらに旅人を侮蔑するといった悪行を行ったため、死後、その報いとして餓鬼となっていた。以下は、その物語の一節である（藤本訳［藤本2016］を使用）。最初の台詞は舎利弗のものである。

　　「そなたは裸体で、痩せて血管が浮き出て、醜い姿形をしている。肋骨も露わに痩せた者よ、ここに立つそなたはいったい誰か？」
　　「私は以前、他の（今生より四つ前の）生で、あなたの母でした。餓鬼界に生まれ、飢えと渇きにあえいでいます。捨てられた吐瀉物、唾、鼻汁、痰、……（中略、以下同）……およそ女や男から出るものは何でも、飢えに負けて食しています。……息子よ、私のために布施をしてください。布施をして、私に指定してください。そうすれば確実に、私は膿や血を食することから解放されるでしょう。」

……

〔前世の〕母の言葉を聞いて、慈悲深いウパティッサ（舎利弗）は目連、アヌルッダ、カッピナに相談した。四つの房舎を作って、房舎と飲食物を四方サンガに布施した。母にその布施を指定した。指定するやいなや、結果が生じた[1]。

こうして、女餓鬼は、飲食物を得て、清らかな衣服と様々な装身具を身に着けた、光輝く天女になったと物語は告げる。

たとえ餓鬼が見えて、餓鬼に直接飲食物や衣服を施そうとしても、業の力により、餓鬼はそれらを受け取ることができない。しかし、受け取る相手を餓鬼に指定してサンガ（比丘・比丘尼の教団）に施しを行うならば、その施しは指定された餓鬼に届く。こうして餓鬼は哀れな境遇から救われる。『餓鬼事』のいくつかの物語はこのような教えを説いている。ここでの比丘・比丘尼たちは、悟りを求める出家集団であると同時に、餓鬼という哀れな亡者と、彼らを救おうとする生者の施しを取り次ぐ、媒介者集団でもある。

2. 媒介者とは何か

出発点として、媒介者を以下のようにとらえておきたい。媒介者は、図1に示したカテゴリー連関の中で可能となる。

集団・社会において、〈通常の人々〉と〈通常ならざるもの〉といった相対カテゴリーが成立している。後者は、前者が（偶然に交流・感得することはあっても）一般に意図して自力では交流・感得することができない——あるいはするべきでない——異質な人格的・生命的存在あるいは力である。それは、この世界を絶対的に超越する唯一神であることもあれば、この世界の内に住まう自然界の精霊や、人や動物の内に宿る魂や、あるい

は祖先の霊や餓鬼といった、異質ではあるが超越性の弱いものでもあり得る。

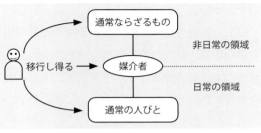

図1　媒介者をめぐるカテゴリー連関

それら〈通常ならざるもの〉と〈通常の人々〉の相対は、それらをつなぐ者をカテゴリーとして要請することがある。このカテゴリーが〈媒介者〉である。言い換えれば、〈非日常の領域〉と〈日常の領域〉の境界上にあってそれらを媒介する者が〈媒介者〉である。〈媒介者〉は、人としての"通常"の性質と通常の人がもたない"通常ならざる"性質の双方を併せもつがゆえに、媒介能力をもつと説明されることもある。先の『餓鬼事』の比丘たちは、人ではあるが"通常"の生活を捨てて出家の律を保っていることから、此岸と彼岸の境界上にいるとも解釈できる。

同一の人や霊的存在が、これら〈通常の人々〉と〈通常ならざるもの〉と〈媒介者〉のカテゴリーの間を移行することは、程度の相違はあるにしろ、多くの伝統において認められている。たとえば、〈通常の人々〉の1人として生まれた者が、何らかの過程を経て〈媒介者〉になるというのは一般的である。あるいは死後に祖先や（生前の偉業により）神といった〈通常ならざるもの〉へと移行することも、珍しくない。また、自身が崇拝を受ける火神であると同時に、地上から天界に供物を届ける役割をもつインドのアグニ神のように、ある儀礼では〈通常ならざるもの〉である神が、別の儀礼では別の神と〈通常の人々〉を取り次ぐ〈媒介者〉となることもある。

通常と通常ならざるもの、日常と非日常、境界といった概念には新鮮味を感じないだろうが、媒介者について考えていく出発点としては無意味ではない。これにより、たとえば郵便配達人のように非宗教的な媒介者を対

象から除外することができる。

　以上、媒介者を考える出発点となり得る枠組みを提示したが、これだけでは抽象的・図式的で、しかも物足りない。それを補うべく、関連する主要な古典理論の枠組みを見直すことにより、より生き生きした媒介者研究の準備を提供したい。

3.　ウェーバーのカリスマ論と指導者論から見る媒介者

　マックス・ウェーバーは媒介者を主題とした宗教社会学を展開したわけではない。だが、彼のカリスマ論と宗教の倫理的合理化の担い手をめぐる議論は、媒介者について考えていくためのヒントを提供してくれる。ウェーバーの言うカリスマには、完全に一致するわけではないが、前節で述べた、媒介者がもつ通常ならざる資質と重なる面がある。

3.1.　カリスマ論と媒介者

　まず留意すべき点は、ウェーバーはカリスマ論を、支配のあり方を明らかにするものとして展開していることである。ウェーバーによれば、支配とは「挙示しうる一群の人びとを特定の（またすべての）命令に服従させるチャンス」[2] である。カリスマは、支配の諸類型のうち、とりわけカリスマ的支配と、部分的に伝統的支配にかかわる。

　ウェーバーのカリスマ論をまとめると以下のようになる[3]。

　カリスマとは「非日常的なものとみなされた、ある人物の資質」である。このような資質をもつがゆえに、その人物は、非日常的な呪的な力や特性をもった者、神からつかわされた者、模範とすべき者と考えられ、またそれゆえに「指導者」として評価される。

　カリスマは、その資質が客観的に正しいかどうかではなく、カリスマの支配下にある人びと、つまり「信奉者」たちによって実際にどのように評

価されるかが重要である。カリスマは単に個人の内なる出来事を説明する
ものではなく、社会現象の1つのあり方を説明するものである。カリス
マは信奉者たちとの社会的関係の中で形成されるのだから、もし彼の指導
が信奉者たちに幸福をもたらさないならば、彼のカリスマ的権威は失われ
ることになり得る。

　また、カリスマは、本来、その力・特性を売りにして金銭的収入を得る
という意味での経済とは無縁である。「純粋な型では、カリスマは、施し
物を所得源泉として経済的に利用することを軽蔑し拒否する。——このこ
とはもちろん、事実であるよりは、要請であるにすぎないばあいのほうが
多いのではあるが」[4]。さらに、伝統にしばられた時代においては、カリ
スマは人々と社会を変える唯一の大きな革命的力である。

　とりわけ宗教的伝統で有意義なカリスマ保持者は、預言者である。
ウェーバーは媒介者という概念を用いていないが、預言者に媒介者の機能
を見ることは可能であろう。預言者が媒介する啓示がもつ意義のゆえに、
預言者は有意義なのである。どのような意義であろうか。ウェーバーに
よれば、預言者が伝える啓示の意義は、それが人々の内に統一され意味づけ
られた生き方への態度を生み出すことにある。ここで言う生き方への態度
とは、宗教的な意味秩序ある世界すなわち「宇宙」（コスモス）と関連し
た生活態度（エートス）である[5]。後述するように、預言者だけが、その
ような生活態度を人々の内に惹き起こす役割をもつわけではない。だがそ
の役割はもともと預言者に特徴的なものであり、他の型の指導者たちは、
この預言者的宗教性を取り入れて行っているのである。

　預言者以外の媒介者の型については次の3.2.で検討することにして、
ここでは、以上のウェーバーの論に対し、媒介者研究という観点から、い
くつかコメントをしたい。

　全てのカリスマ保持者が媒介者であるわけではない。だが、「非日常的
なものとみなされた、ある人物の資質」と定義されるカリスマには、媒介

者がもつ「通常ならざる資質」と重なる部分がある。カリスマは、社会的に形成される価値、いわば信奉者たちによるその人物の評価の一つのあり方である。それゆえ、カリスマ論は、非日常的な資質・能力をキーとして、媒介者とそれを支持する人びととの関係という観点から、意味秩序とそれに即したエートスがどのように形成されていくかを明らかにしようとする歴史社会学的視点を切り開く。

　だが、支配という観点は、メリットでもありデメリットでもある。支配という観点は、上述のように、指導者（ここでは媒介者）のリーダーシップのもと、指導者に従う人々の間に特定のエートスが形成されていく過程を明らかにする研究の方向性を切り開く。しかし、支配という観点では尽くせない媒介者の多様な意義をどう汲みとるかという課題を残す。

3.2.　指導者の類型と媒介者

　ウェーバーは、宗教の倫理的合理化の担い手の類型論を展開している。しばしば指摘されているように、ウェーバーは合理化という概念を様々な意味で用いている。彼の言う合理化は、ここでは脱呪術化、すなわち狂躁あるいは忘我に特徴付けられる呪術から、その要素が制御あるいは克服され体系的倫理的な宗教へと組織化されていく過程[6]を述べたもの、ととらえて大きな問題はないであろう。そのような合理化の担い手の諸類型には、指導者から信徒まで様々な者たちが含まれている。今はそれらのうち、媒介者の様々な型を検討するという目的から、指導者に相当する類型に焦点を当てたい。もっとも、ウェーバーは媒介者研究を意図してこれらの類型を展開したわけではない。カリスマ論とのつながりで彼が重視する預言者の性質を明確にするために、また合理化のプロセスを説明するために、預言者とは異なる指導者の型を複数あげて論じているのである。だがここに、媒介者研究を進めるうえで参照すべき要素を見出すことは可能である。

序——媒介者をどのようにとらえるか　13

　まず、ウェーバーの類型の内容をまとめよう[7]。以下、ウェーバーが何らかのカリスマ（個人カリスマや官職カリスマや血縁カリスマ）を保持すると見なしている者で、かつ内容的に本稿第2節（図1）で述べた媒介者の枠に当てはめ可能と解釈できるものには、「媒介者の一例と見なせる」と付記している。

① 呪術師（媒介者の一例と見なせる）
　呪術師は、持続的にカリスマ的な資質をもち、特殊なカリスマを表現して「デーモン」を媒介する状態、すなわち忘我（エクスタシー）を「経営」の対象として独占している。ウェーバーにとって忘我は非合理の重要な特徴であり、そこからは体系的な倫理は発生せず、したがって統一され宗教的に意味づけられた生活態度を生み出すこともない。体系的倫理性の創出の有無が呪術と宗教を分ける1つの特徴であり、呪術を担う呪術師は、宗教の倫理的合理化の担い手ではない。

② 祭司（媒介者の一例と見なせる）
　祭司は、崇拝を手段として「神々」に働きかける職業的機能者である。定期的に組織化され、神々への働きかけを不断の「経営」とする。祭司は、なんらかの種類の組織化された社会的集団（たとえば教区の住民）と結びついており、その集団に奉仕して活動する。特殊な知識、整理された教説、職業的資質などを通じてその地位が資格づけられている。
　祭司は、合理化の重要な担い手である。祭司は、理念上、以下の点で呪術師と区別できる。「神々」に働きかける祭司と異なり、呪術師は忘我といった呪術的な手段によって「デーモン」を強制しようとする。また、祭司は特定の社会集団において資格づけられ組織体を構成し、一定の規範と場所と時間に拘束されて、その社会集団のために定期的に祭儀経営を行う職業的機能者である。これに対し、呪術師はクライアントの必要に応じて

個別的にかつ不定期的に要請される。呪術師は自由にみずからの職業を営み、個人的なカリスマやそれの確証などによって活動を行う。

　カリスマの日常化した支配の形態においては、祭司は官職カリスマや（もし世襲制であれば）世襲カリスマ（血縁カリスマ）の保持者として、人々を導く[8]。

③　預言者（媒介者の一例と見なせる）

　預言者は、合理化の重要な担い手である。

　預言者の権威は、当人が得た啓示や悟りによる個人的なカリスマにもとづく。預言者には大きく２種類の型がある。すなわち、倫理的預言者（神の委託を受けてその神の意志を──具体的な命令であれ、抽象的な規範であれ──告知する道具となり、この委託にもとづく倫理的義務として、服従を要求する）と、模範的預言者（模範的な人間であり、その教説は神の委託によるのでもなければ倫理的な服従の義務を課すものでもなく、ただ彼自身と同じ救済の道を歩まんと希求する人々自身の関心にのみ向けられる）である。ゾロアスターやムハンマドなど西南アジアに広く見られる預言者が前者の、仏陀や老子などインドや中国や西南アジアに見られる預言者が後者の例である。倫理的預言者はともかく、模範的預言者（とりわけ仏陀のように理法の悟りを本質とする者）を媒介者として扱うべきかどうかは議論の分かれるところである。だが、仏伝等によれば仏陀はブラフマーなど人格神や霊的存在と交流する能力をもっていたことから、本人がそれを重視したかどうかはともかく、媒介者の能力を得ていたと信じられてきた、と考えることもできる。

　預言者は以下の点において祭司と異なる。預言者の権威が個人的な体験による個人的なカリスマに基づくものであるのに対し、もとから集団と結びついた職業的機能者である祭司は、その集団が保持する伝統の名において権威を要求する。とはいえ、祭司が非日常的な体験による個人的なカリ

スマをもつ場合もある。だがそのような場合であっても、基本的に、祭司は、救済経営をこととする組織体の一成員として、どこまでも彼の職務を通してその意義が認められるのである。

預言者は以下の点で呪術師と異なる。すなわち、預言者は内容ある啓示を告知し、またその伝道の内容を、呪術という形ではなく、教説あるいは教令（命令）という形で示す。それにより、既に述べたように、預言者は人々の内に統一され意味づけられた生き方への態度を生み出す。

④　立法者

預言者と似ている面はあるが、理念上区別されるべき指導者型として、立法者がある。立法者は、そのつどの事態に即して一つの法律を体系的に整えるか、あるいは新たに制定するかの課題を委託される者である。その典型はギリシアのアイシュムネーテース（調停者）である。アイシュムネーテースは、身分間の調停をはかり、いつまでも有効な新しい「聖」法を制定し、これを神の名において認定させる任務をもつ。陶酔儀礼に否定的であり、呪術師に典型な忘我の要素を排除している。

だが、立法者は、預言者と以下の点で異なる。すなわち、立法者はその使命を人々から委託されて引き受けているのに対し、預言者は神の啓示体験（あるいは宇宙的な真理についての自分自身の悟りの体験）という個人的なカリスマによりその使命を自分自身で得るのであり、その眼目も宗教的・救済的な目的にある。

⑤　教説家ならびにその類似型

教説家も、預言者と似ている面はあるが、理念上区別されるべき指導者型である。教説家は、身につけた新たな知識や、古い知恵の新たな理解によって、子弟をみずからのもとに集め、個人の問題には個人的に、また世間一般の問題に関しては君主たちに助言を与え、場合によっては倫理的な

秩序の創設にも参画しようとする者である。だが預言者と異なり、その宗教的救済・真理の教説は、つねに当人の非日常的な個人的啓示・悟りにもとづくものではなく（要するに個人的なカリスマに基づくものではなく）、過去からの伝承と他から得た知識と自分の知的な思索によるものである。また、その知識を、自分の権威によってではなく、人々からの委託によって教えている。

　教説家の類似型として、哲学的倫理家や社会改革者、哲学的学派の創始者やその主導者たちがある。

　これらの典型例は、インドのグルすなわちバラモン教説家、ピュタゴラス、孔子、ソクラテス、シャンカラ、ラーマーヌジャ、ルター、ツヴィングリ、カルヴァン、ウェスレーである。カリスマ保持者ではないが、宗教の合理化を推進した指導者たちである。

⑥　密儀師（媒介者の一例と見なせる）

　密儀師は、呪術師の異型である。呪術師がカリスマ保持者で（そして本稿の関心から言えば媒介者で）あるのと同様に、密儀師もカリスマ保持者で（そして媒介者で）ある。その呪的な力（カリスマ）への人々の需要によって生計を立てる。密儀師は、教団を形成する（世襲で、法統が形成され、位階制度の形態をとる）という点で、程度の違いではあれ、一般の呪術師から区別される。世襲制であるためその呪術的技法は世襲的に受け継がれていく。教団を形成するものの、呪術師と同じく倫理的な教説を欠いており、たとえあるとしても副次的な付属物としてある。

　以上のウェーバーの論に対し、媒介者研究という観点から、いくつかコメントをしたい。呪術と宗教の区分や、類型間の区分や、それら類型の内容が適切であるかといった問題は、今は扱わない。上述のウェーバーの類型論が媒介者研究に示唆する点は何かについて、論を集中していきたい。

まず、媒介者を大きく2種類に分ける視点である。すなわち、忘我を経営の恒常的な手段とする媒介者（「呪術師」と「密儀師」）と、そうでない媒介者（「祭司」「預言者」）——忘我の要素が皆無というのではなく、それを経営の恒常的な手段とはしていない——という区分である。とはいえ、ウェーバーの類型論においては、この区分はそもそも、忘我を非合理の極である呪術師と結びつけ、忘我の要素が弱められ倫理的体系化の要素を強める預言者や祭司を合理化の担い手と位置付けることを述べるものであり、媒介者の解明を目指したものではない。また、忘我を厳密に定義することや、忘我の有無の境界線を厳密に定めることは困難である。だが、扱う媒介者の事例によっては、（少なくとも教理上は）忘我を大きく重視する媒介者の体系とそうでない媒介者の体系があるという視点が有効なことはあるだろう。

　次に、指導者のうち、媒介者（「呪術師」「預言者」「祭司」「密儀師」）とそうでない者（「立法者」「教説家」およびその類似型）を区分する視点である。一般に指導者には、その重要な一面として、先代の教えや技術を弟子たちに伝え継承させるという役割がある。いわば、過去から未来へと伝統を媒介する機能をもつ。だからと言って全ての指導者をつねに媒介者として扱うべきということにはならない。ウェーバーの概念を用いればカリスマが、本稿第2節の言葉を用いれば〈通常ならざるもの〉との交流やその感得が、それをもつ「媒介者」と、それをもたない「伝承者」（このカテゴリー名の是非は今は検討しない）を区分するメルクマールである。とはいえ、その区分が不明確な事例は多々あるだろうが。

　また、媒介者だけが、倫理的秩序とそれに即した人々の生活態度を創出する指導者ではないことをあらためて確認できる。ウェーバーは、そのような体系や生活態度を（少なくとも積極的には）創出しない媒介者のカテゴリー（「呪術師」「密儀師」）があること、また、媒介者ではないカテゴリー（「教説家」ならびにその類似型）の指導者たちがそのような体系や

生活態度を創出する機能を果たし得ること——「教説家」ならびにその類似型に属するカルヴァンなど宗教改革者たちによるプロテスタントの体系は、中世カトリックの司祭（「祭司」）のサクラメント（媒介儀礼）の意義を否定して脱呪術化を推進した——を描き出している。

　不十分な点は多々あろう。たとえば、本稿第1節で述べたサンガ（比丘・比丘尼集団）のあり様や、他にもシャーマニズム研究の領域において焦点となるシャーマンは、このウェーバーの類型論ではさばきにくい。視点を広げるために、ウェーバーとは異なる観点からなされてきたシャーマニズム研究の成果も検討されるべきだろう。また、よく言われるように、ウェーバーの類型論は、比較宗教の成果とはいえ、預言者宗教である聖書宗教にバイアスがかかったものになっている。だが、ウェーバーの類型論は、媒介者とそれに類する指導者の諸型を広い視野のもと整理し理解していくための批判的出発点として有意義である。

4．エリアーデおよびそれ以後の
シャーマン理論から見る媒介者

　「シャーマン」ということばは、シベリアの牧畜狩猟民エヴェンキ（かつてはツングースと呼ばれていた）族の宗教的職能者「シャマン」に由来する概念である。狭義にはこの北アジアの宗教的職能者のみを指すが、研究者たちは類似現象を世界規模で把握するために、北アジア以外のさまざまな地域の類似の宗教的職能者をも「シャーマン」という概念でとらえ、それを中心とする体系をシャーマニズムと呼んで世界各地のシャーマニズムの特徴を明らかにしようと試みてきた。シャーマニズムは、本稿でいう〈通常ならざるもの〉と〈通常の人々〉との媒介者をめぐる議論の重要な題材の一つである。

　シャーマンは、その文化における〈通常ならざるもの〉と直接的かつ相

互的に交流をする点にその最大の特徴があるが、その交流の際にトラン
ス状態（いわゆる変性意識状態）に至る。トランス状態においてシャーマ
ンが霊的存在と直接交流をするやり方には二通りあると考えられている。
その一つは、自己の身体に神霊を招いて直接それと交流をする仕方であ
り、これはポゼッション（憑霊）と呼ばれる。もう一つの方法は、霊魂が
肉体からの一時的離脱を実現し、離脱した霊魂が呪的飛翔を行うことで、
シャーマンが天上界や地下界などの超自然的領域に到達しそこにいる霊的
存在と直接交流を行うものであり、これがエクスタシー（脱魂）といわれ
る状態である。この脱魂の状態をシャーマンとシャーマニズムにとって第
一義的かつ本質的であるとの議論を展開したのが宗教学者のミルチャ・エ
リアーデであった。

　エリアーデのシャーマニズム論は、おもにその著作『シャーマニズム：
エクスタシーの始原的な諸技術』[9]において展開されるが、そのなかで彼
はシャーマニズムをシベリアを含む北アジアと中央アジアにおいて典型的
に見られる宗教現象であると捉える。というのも、その地域にエクスタ
シー（脱魂）を典型とするシャーマニズムが最も色濃く見られるからであ
る。ただし彼の分析はその地域のシャーマンにとどまらない。東アジア、
東南アジアとオセアニア、インド・ヨーロッパ系諸族、南北アメリカと世
界中に散らばるシャーマニズム的現象を素描するなかで、エリアーデは、
まず、シャーマニズムがエクスタシー状態において精霊を統御する技術と
不可分なものであることを強調し、シャーマンがそのようなエクスタシー
技術を獲得するに至ったイニシエーション（入巫儀礼）の過程を記述す
る。さらに、その入巫儀礼のなかに反映されているシャーマンのイデオロ
ギー、そのシンボリズム、シャーマニズムの背景にある神話世界の分析な
ども行っている。

4.1.　シャーマンのイニシエーション（入巫儀礼）

　シャーマンの成巫過程はエリアーデの大きな関心事項であり、上述の著作の上巻の多くの部分がその記述に割かれている。彼は、中央および北アジアの事例をもとにして、ある人物がシャーマン化する方法として世襲による場合（世襲型）と神からの召命によって決まる場合（召命型）との大きく二つを挙げるが、稀に個人が自己意思でシャーマンになろうとする場合（修行型）も付け加える[10]。どの方法によるにせよ、シャーマンとして公認されるためには精霊と長老によって二種類の教育が授けられなければならない。第一は伝統、すなわちシャーマンの技術、精霊の名と機能、部族の神話と系譜、秘密の言語などの教育。第二が、エクスタシー獲得のための教育。これは夢とトランスに関するものである。そしてこの二重の教育がシャーマンの状態に到達するためのイニシエーション（入巫儀礼）を構成する。

　世襲型のシャーマンについてエリアーデは多くの例を挙げているわけではない。召命型においては、神霊や精霊に促されてその道に導かれたシャーマンの事例が多い。その催促が夢想やひきつけといった疾病のなかで現れる場合、夢のなかで祖霊によって地下界に運ばれた当該人物はそこで先述の二種類の教育を施される。この教育は長老である老シャーマンなどによって授けられ、その人物が社会においてシャーマンとして受け入れられるまで続く。イニシエーションの最も顕著な要素としてエリアーデが繰り返し言及するのは、天空上昇儀礼である。天界上昇は、具体的には木などへの儀礼的登攀で表現されるが、その木や柱は「中心」すなわち世界軸の象徴であると考えられており、その背後の宇宙論的構造をエリアーデは指摘している。イニシエーションでの儀礼的上昇はシャーマンのエクスタシー技術に飛翔能力を付与することでもある。このようにして得られた神秘的旅行を、のちにシャーマンは病人の霊魂を探し、供犠動物の霊魂を

天に運び、神々に捧げ、神々の恩恵を求め、死者の霊魂を地下世界に届けるために行使することになる。

4.2.　シャーマンとエクスタシー（脱魂）

そのようなエクスタシーは、不安や夢想、空想などと同様に人間の本質的な部分を形成するがゆえに、その起源を特定の文化や歴史に求める必要はない[11]。その意味でエクスタシーは非歴史的現象であるとエリアーデは述べる。

シャーマンがトランスになる際のもう一つの様態である憑霊（ポゼッション）については、エリアーデはそれをあくまでも副次的現象とみなしている。憑霊が古くから普遍的にある現象であることを認めるが、だからといってポゼッションがエクスタシーに体験的に先立つとする理由を見出すことはできず、むしろ憑霊現象がエクスタシー体験から展開して出てきたという方が理解しやすいと彼は述べる[12]。エリアーデのシャーマニズム論は、世界各地の社会のシャーマンの現象を記述するように見えながらも実のところ本質の探究が目指されており、またシャーマニズムの諸形態の分析よりはむしろその意味の解明に焦点が置かれていることが指摘されている[13]。

エクスタシー（脱魂）を第一義的とするエリアーデのシャーマニズム理解に対しては異論が少なくない。現代諸民族の間で機能しているシャーマニズムにおいては、（エリアーデのいう本質的特徴としての）エクスタシーを大きく逸脱したポゼッション（憑霊）型が支配的であるとの指摘がある。日本においても、入巫過程の一時期を除けば、トランスの際に脱魂経験を有するシャーマンは皆無に近いといわれる。特定社会におけるシャーマンの役割やシャーマニズムの構造と機能を記述しようとするばあい、脱魂型に本質を見るエリアーデの立場や枠組みは必ずしも有効でない[14]。今日のシャーマニズム研究において、とくにフィールドワークにも

とづく研究者は、エクスタシーとポゼッションのいずれが本質的であるかというように、脱魂と憑霊の理論的な前後関係をもはや論じることはない。現在研究者の大勢は、脱魂と憑霊はトランスの際の二つの型に過ぎず、ただどちらが優勢であるかあるいは両者が併存しているかについては、それぞれがフィールドとする社会と文化の状況により異なるという考えにある。

4.3. シャーマンとポゼッション（憑霊）

　佐々木宏幹は、日本や東南アジア各地でのフィールドワークから得られた実証的データをもとに、シャーマンのトランス状態における憑霊の分析の進展と充実に大きく貢献した。以下でその分析をまとめておこう。

　憑霊を経験するときシャーマンは、その霊魂が超自然的領域に旅することなく、もっぱら神霊を自身に憑依させて依頼者からの依頼に応えようとする。憑霊型は、シャーマンの身体内における霊的存在の位置という視点からすると大きく二つに分別される。第一は、シャーマンの身体の中に入り込んだ霊的存在が直接話法すなわち一人称で神意を伝達する場合で、「憑入型」と呼ばれる。東北地方や沖縄地方の口寄せタイプの巫女がこれに属するとされる。第二は、シャーマンが自らの身体に付着した霊的存在と交わした会話の内容を神の意思として間接話法すなわち主語を三人称として伝達する場合で、これは「憑着型」と呼ばれている。憑着型の別形として、必ずしも霊的存在が身体内に入らずとも、その影響を感知して、霊的存在に関する印章や心に浮かんだ内容を神意として三人称として伝達する「憑感型」というタイプも指摘されている[15]。この第二のタイプには、東北地方のカミサマ、南西諸島のユタなどが属するとされる。

　これに関連して、人類学者のファースは、まずシャーマンという用語について脱魂型シャーマンを指す場合に限定したうえで、憑霊型の職能者については、佐々木の言う「憑入型」すなわち一人称で語る者

を「霊媒（medium）」とし、「憑着型」すなわち三人称で語る者を「予言者（prophet）」と規定していることを指摘しておかなければならない[16]。ファースは、シャーマンの範囲を限定し、シャーマンでもあるというイメージを持たれていた他の職能者をシャーマンとは明確に区別していた。佐々木は「シャーマン」「霊媒」「予言者」というファースの三分類を意識しながらも、その分類は霊的存在と交流するときの関わり方の違いであるとして、「霊媒」「予言者」に分類される職能者をも「シャーマン」のカテゴリーに含めることで、シャーマンという枠組みで広範囲の媒介者を包摂している点に特徴がある。

4.4.　シャーマニズム論からみる媒介者

　媒介者研究に対して一連のシャーマニズム論が持つ意義の一つは、ウェーバーが着目しなかった媒介者のいくつかの側面を明らかにしたことであろう。第一に、媒介者が〈通常ならざるもの〉と直接の交流を行うときに脱魂と憑霊の一方あるいは両方でその交流が行われ得ることに注目したことで、世界各地に存在するシャーマンという媒介者を適切に分析することが可能になったこと。第二に、憑霊というトランスの一形式をさらに類型的に細分化することで、シャーマンとそれに近接する媒介者との関係を整理することが容易になったことである。

　それらのことを踏まえて、シャーマニズム論において伝統的にシャーマンと近接するとされてきた以下の媒介者についても、ここで簡単にコメントしておきたい[17]。

　呪医が依頼者の健康問題の解決を神霊との直接交流のなかで行うとする場合は、シャーマンであり得る。呪術師が依頼者のさまざまな問題解決を神霊との直接交流において行おうとするとき、シャーマンであり得る。エリアーデは多くのシャーマンがエクスタシー技術を駆使しながら依頼者の健康問題や現実的問題に取り組んでいることを記述している。しかしなが

ら、呪医であれ呪術師であれ、シャーマン的なトランス状態と関わることなく自らの職能を果たす者もいるであろう。そのときには両者はシャーマンには分類されない。霊媒と予言者にはすでに言及した。神霊との直接交流を脱魂という型のみに限定せず、憑霊もその交流の一つの型であるとする立場にたてば、これらの職能者は職務の行使に際して神霊と直接交流を行うことが明確であるばあい、やはりシャーマンとして分類され得る。しかしながら、霊媒のなかでは憑霊した神霊が一人称で語るのに対し、予言者は神霊の意思を自らの言葉にして三人称で語るという点で両者には決定的な違いがある。

　それでは、それぞれの文化で、僧侶、神職、神父、牧師、ノロなどの具体的な形をとる祭司（プリースト）の類型はどうであろうか。確かにこれらの職能者は神霊についての高度な専門知識を有するけれども、神霊との直接で相互の交流を行うことはない。神父は依頼者の祈願と告解を神に取り次ぐことはするが、依頼者に対して神がどう応答するかを突き止めたりしようとはしない。祭司はこのようにシャーマンとは一線を画しており、多くの文化でシャーマンと二分論的な対立図式のなかに置かれる。

　職能者の役割としての以上の分類、呪医、呪術師、霊媒、予言者、祭司などは、シャーマニズムの議論においては、霊的存在との関わり方を基準にして、それがトランス状態になりうるのかそうでないのか、トランス状態になるときに、それが脱魂という性格を持つのかあるいは憑霊型をとるのかといういくつかのメルクマールを組み合わせる形で、シャーマンかそうでないかが規定されることになる。このことはおそらくシャーマンという媒介者のカテゴリーについてのみ言えることではあるまい。他の媒介者のばあいも、神霊との交流をどのような形で遂行するかに応じて、文化を横断したその媒介者の基本的性格が導き出せよう。そしてそれぞれの社会、文化において、個々の媒介者と他の職能者との差異もまた確認されていくことになろう。

5. 本論集の構成

　本論集に所収されたそれぞれの論考は、上で述べてきたような研究史上の媒介者に関する議論を否応なしに意識しつつ、それぞれの筆者が固有の視点にたって独自の媒介者像を描き出そうとしている。地域が異なり時代が違えば、媒介者に対する呼称はさまざまに異なる。媒介者が〈通常ならざるもの〉と〈通常の人々〉との間を媒介するその手法・技術も、地域・時代によってさまざまであることは言を俟たない。それぞれの論考においては、この論考で考察されたように媒介者の概念を詳しく論じている場合もあれば、媒介者の対象はそれぞれの地域・分野で所与のものとしてその媒介者像の記述に徹した場合もある。そうであるにせよ、はしがきで述べたような問題意識が各論考の筆者によって共有されていることは言うまでもない。

　本論集は上巻・下巻の二巻からなる。上巻に所収された論考が扱う地域は西アジア、南アジア、北アジア、西ヨーロッパ、中国、日本と広く東西に分布する。時代も古代から現代までバランスよく配分されている。下巻ではそれらの地域が改めて異なる視点から取り上げられる。「媒介者」は、それぞれの地域と時代のなかから、分担者の興味と関心に応じて選択された。歴史のなかのテクストにその行為の痕跡が刻み込まれた媒介者が選び出された場合もある。現実の社会でその営みを有している媒介者が論考の対象となっている場合もある。編者はその多様性を重要と考え、テーマ毎に分類してそれらの多様な論考を整理しようとはしなかった。上下巻を通じて描かれる、さまざまな時代と地域の各種多様な事例の研究を手掛かりとして、「媒介者」をめぐる事例の歴史的な変遷と現代的な展開を描き出すことができれば幸いである。

註

1) 藤本 2016：103-105。

2) ウェーバー 2012（『権力と支配』）：23。

3) ウェーバー 2012（『権力と支配』）：83-92。

4) ウェーバー 2012（『権力と支配』）：89。

5) ウェーバー 1976（『宗教社会学』）：81-82。

6) この過程をコンパクトにまとめた箇所として、ウェーバー 1976（『宗教社会学』）：202-208 を挙げておく。

7) ウェーバー 1976（『宗教社会学』）：6、40-44、64-80。

8) ウェーバー 2012（『権力と支配』）：93-99。

9) エリアーデ 2004。

10) エリアーデ 2004：53。

11) エリアーデ 2004：31。

12) エリアーデ 2004：33。

13) 佐々木 1983（『憑霊とシャーマン』）：189。

14) 佐々木 1983（『憑霊とシャーマン』）：189。

15) 佐々木 1996（『聖と呪力の人類学』）：243-253。

16) Firth 1959：141。

17) これらの媒介者のいくつかはウェーバーの類型論のなかでも姿を現している。しかしながら、シャーマニズム論による媒介者の各類型とウェーバーの指導者論による媒介者の各類型が指し示す対象は必ずしも重なり合うわけではない。

参考文献

Firth, R. "Problems and Assumptions in an Anthropological Study of Religion," *Journal of the Royal Anthropological Institute* 89 (1959) 129-148.

ウェーバー，マックス（濱嶋朗訳）『権力と支配』（講談社学術文庫），講談社，2012 年（原著 1924 年，1947 年）.

ウェーバー，マックス（武藤一雄・薗田宗人・薗田担訳）『宗教社会学（経済と社会第 2 部第 5 章）』創文社，1976 年（原著 1972 年）.

エリアーデ，ミルチャ（堀一郎訳）『シャーマニズム：エクスタシーの始原的な諸技術』

（ちくま学芸文庫），筑摩書房，2004 年（原著 *Le Chamanisme et les techniques archaïques de l'extase*, Libraire Payot, Paris, 1951）．
佐々木宏幹『憑霊とシャーマン　宗教人類学ノート』東京大学出版会，1983 年．
佐々木宏幹『聖と呪力の人類学』(講談社学術文庫)，講談社，1996 年．
藤本晃『餓鬼事経　死者たちの物語』サンガ，2016 年．

限定されざるものと限定されたるものの間に
——ノヴァーリス、フリードリヒ・シュレーゲル、
フリードリヒ・シュライアマハーにおける媒介者概念——

田 口 博 子

1. 緒言

「われわれは至るところで限定されていないものを探している。しか
し、見つかるのは常にできごと（＝限定されているもの）だけであ
る」[1] (HKA II, 412, VB 1)。[2]

　これはノヴァーリスの『さまざまな覚書』の巻頭を飾る断章である。限
定されたるものは限定されざるものと直接に関連することはできない。さ
りとて無限なるものと人間は関わらずにはいられない。この意識は彼が属
する初期ロマン派で共有されたものであった。「共同哲学」を標榜する彼
らは、哲学を個人の営為にとどまらせなかった。
　啓蒙思想を根幹とするフランス革命は、それに続く恐怖政治によって社
会的な混乱を齎した。それを受けてドイツの若き知識人たちは、政治革命
ではなくむしろ精神革命を志向するようになる。イェーナにおいてシュ
レーゲル兄弟やノヴァーリスを要として繰り広げられた初期ロマン派とい
う新たな思想・文化運動は、「近代的な自由の理念を受け継ぎながら、同
時にそれをドイツ的な精神文化のなかにどう根付かせるかという問題」[3]
と対峙する。
　後にベルリンで運動に加わったフリードリヒ・シュライアマハーの『宗

教について－宗教を軽んずる教養人への講話』は、啓蒙思想が行き着く無神論的傾向や「キリストのからだ」としてもはや有名無実となってしまった教会制度を批判する。同時代人たちの神的なものへの無関心さに彼は危機感を抱き、その回復の方策を模索していた。宗教家でもある彼の思想はノヴァーリスとフリードリヒ・シュレーゲルに大きな影響を及ぼす。シュレーゲルの断章集『イデーエン』は、シュライアマハーが立てた問いへの応答という側面を持つ。

　「媒介者（Mittler）」[4]とは、神的なものと人間とを取り成すものと理解される。しかしながらそれは厳密な術語というよりも、シャーマン、預言者、祭司、神秘家といったさまざまな来歴を持つものの上位概念と見なし得る。[5] 1800 年前後のノヴァーリスとフリードリヒ・シュレーゲルは「媒介者」を端緒として限定されたものと無限なるものとの関連を考察している。

　本稿では先に挙げたシュライアマハーとシュレーゲルの著作と、それに先立って執筆されたノヴァーリスの『さまざまな覚書』の第 73 断章を中心に、無限定なるものと限定されたものを、媒介者あるいは媒介するものがいかにして取り成すのかとの問いに対する三人の取り組みを考察する。激しく変わり行く時代において、彼らは媒介者になにを仮託したのであろうか。宗教者が描く媒介者と詩人が描く媒介者には微かな相違が見受けられる。この相違が意味することも同時に浮き彫りにしたい。

2.　ノヴァーリスにおける媒介者

　ノヴァーリス（Novalis）として知られるフリードリヒ・フォン・ハルデンベルク（Friedrich von Hardenberg, 1772–1801）は一族の所有地であるチューリンゲンのマンスフェルト近郊のオーバーヴィーダーシュテットで誕生する。幼年期は家庭教師につき、次いでラテン語学校で教育を受け

る。イェーナ大学、ライプツィヒ大学で学び、フリードリヒ・シュレーゲルと交友を結んだのもこの時代である。ウィッテンベルク大学で法律学の国家試験に合格し、後にザクセンの製塩所で官吏として勤務した。28歳で夭折するまで、短い間ではあるが多岐に渡るジャンルで執筆活動を行う。[6]

　断章集『花粉』(1798)[7]はシュレーゲル兄弟によって創刊された雑誌『アテネーウム』の第一巻第一冊に掲載され、公刊の際にフリードリヒ・シュレーゲルの手が加えられている。今回の論考では『花粉』のもととなった草稿『さまざまな覚書』(1797–98)を主に考察する。

2.1. 媒介項の歴史的変遷

　『さまざまな覚書』の第73断章はノヴァーリスの宗教観を考察する上で重要なテクストであり、その冒頭には彼の主張が端的に表されている。[8]「真の宗教性にとって、媒介項（Mittelglied）より欠くべからざるものは存在しない。それは我々を神性と結びつける。人間というものは神性と直に関連することは絶対に不可能である」(HKA II, 440/ 442, VB73)。

　媒介者を巡って論は展開されるのだが、まずいかなる媒介項を人間は選定してきたのかという問題が取り上げられる。その選択にあたって「人間は徹頭徹尾自由でなくてはならない。この点において極めてわずかな強制もその人の宗教を損なってしまう」(HKA II, 442, VB73)。このようにして選択がなされた場合は、媒介項は選んだ人と同類であり、その人となりをも示す。ところが自由に選択することができるのは一握りの人々であり、大半は偶然などに左右される。かくして幾つかの媒介項が人気を博し、その土地ごとの宗教、後には国ごとに信奉される宗教が成立する。時代を経てより多くの人々が自立し、自由な選択が可能になると、媒介項の量は減りその質は洗練される。さらに人間の媒介項への関連は多様なものとなり、陶冶される。「呪物 - 星辰 - 動物 - 英雄 - 偶像 - 神々 - 一なる神人」

（ibid.）という変遷を媒介項は遂げてきた。ここから「……宗教の本質は
おそらく媒介者の性質に拠っているのではなく、媒介者への見解、すなわ
ち媒介者に対する諸関連に存する」（ibid.）という見解をノヴァーリスは
導き出す。

　『キリスト教世界、またはヨーロッパ』（1799）では、ヨーロッパのキ
リスト教共同体の歴史を辿るなかで、プロテスタンティズムが「宗教に対
する感覚」の毀損を招いたと批判される。それは取りも直さず、精神（聖
霊）に比して文字が優位に置かれたことに依る。「かつての状態では、カ
トリック信仰には広範囲に及ぶ柔軟さや豊かな素材が存在し、聖書の秘教
化やカトリックの公会議や聖職者の首長が有する神聖なる力によって、文
字はそれほど有害なものにはならなかった」（HKA III, 512）。「広範囲に
及ぶ柔軟さや豊かな素材」とは、「神の栄光へと到達し、いまや天の玉座
に近侍し、彼らの［地上で］生ける兄弟たちを庇護する慈悲深い力、つま
り困難に陥ったときに喜んで援助する人」（HKA III, 502）や、「神を畏敬
していた昔の人々の聖別された遺物」、あるいは身近な人々の遺物であっ
た（ibid.）。聖人崇敬、聖遺物崇拝などが民間信仰とのシンクレティズム
として徒に斥けられるのではなく、神的なものへ至るさまざまな経路であ
り、このことが神ならぬ聖書崇拝ともいうべき聖書偏重の姿勢を相対化す
る契機になっているとノヴァーリスは把握している。媒介者への関連に対
する理解からも窺えるように、多様なありかたを是とする姿勢は、次項で
扱う「汎神論」の見方に繋がって行く。

2.2.　媒介者との関連による信仰の分類

　次の段落では媒介者への関連からさまざまな信仰が分類される。媒介者
を神そのものと同一視する「広義の偶像崇拝」。「迷信」と「偶像崇拝」、
そして「不信心」。これらは媒介者を全く認めないので「非宗教」という
判定をノヴァーリスは下す。ちなみに不信心の例としては「有神論」たる

古代ユダヤ教が名指しされている。「無宗教」はすべての宗教の否定であり、宗教とは何らの関連もない。そして「真の宗教とは、かの媒介者を媒介者として受け容れ、それをいわば神性の器官、つまり神性が〔人間にも知覚できるように〕感覚的に顕現したものと見なすような宗教である」（HKA II, 442, VB73）と規定される。

　ここで興味深いのは後続の文章である。「この〔媒介者の存立という〕観点からすると、ユダヤ人はバビロン捕囚の時代に真の意味での宗教的な傾向を獲得した。それは宗教的な希望、すなわち来るべき宗教への信仰であった」（ibid.）。『人類の教育』第34節と第35節でレッシング（Gotthold Ephraim Lessing）は古代ユダヤ教の神観念の変化について解説している。ユダヤ民族は彼らの神ヤハヴェをカナンの地の他の神々のなかで「最も強い神」として崇拝し、「……その神を愛するよりも、妬み深き神として未だに畏れていた」（34 節）。[9] バビロニアの地で囚われの身になってはじめて彼らは「存在の中の存在」（35 節）[10] という神概念に到達する。しかしキリスト教への変化を進展とみなすレッシングとは異なり、異郷で自分たちの信仰に思いを巡らせたことが、「……かれらユダヤ人を驚くばかりの方法で根本から変え、我々の時代まで最も奇妙に変えないで生き残らせた」（II, 442, VB73）とノヴァーリスは評する。バビロン捕囚期にはトーラーが編纂され、第一神殿の崩壊を経験した預言者エゼキエルが活動する。[11] 本文には明示されていないが「来るべき信仰」とはメシア信仰であり、ノヴァーリスはエゼキエルのような救済、救世主について告知する預言者をユダヤ教の媒介者として念頭に置いていたのではないか。

　さて媒介者を擁する「真の宗教」は、「汎神論（Pantheismus）」と「一神論（Entheismus）」の二つに区分される。双方の関連は「二律背反的」であるという。通常汎神論は「一にして全」、「梵我一如」、「神即自然」などの標語で表現される。ノヴァーリスによる定義はそれとは異なる。[12] 汎神論の理念とは、「あらゆるものは、私がそれを（そこまで）高めるこ

とによって、神性の器官すなわち媒介者であり得る……」（HKA II, 442-3, VB73）というものである。それに対して一神論という信念は、「媒介者の理念に適当であるそのような器官は、我々とって現世では唯一つしか存在しない。そしてそれを通して、専ら神は御声を我々に聞かせ給う」（HKA II, 443, VB73）。そしてこの器官を選択することを、私は私自身を通して強いられるという信念である。ノヴァーリスはこの自己決定を真なる宗教の要件と把握している。

2.3.　一神論と汎神論の統合

　一神論と汎神論の統合は一見すると不可能のようにも思える。しかし「……［私が言うような］一神論的な媒介者を汎神論者の媒介世界の媒介者にして、この中間世界に媒介者を中心として与える。その結果両者が異なった方法で互いを必要とする場合……」（HKA II, 444, VB73）それは可能となる。汎神論的な世界では、神々が併存して中心が無い。ややもすれば、その世界は分散しそうになる。ところが一神論的な媒介者をその中心とすることで、世界が纏まる。この「中心」という言葉はノヴァーリスのみならず、初期ロマン派の思想の鍵となるものである。次章のフリードリヒ・シュレーゲルの「新しい神話」の箇所でこのことに言及したい。

　祈りとは有限なものが超越的なものとの交流を図る試みの一つである。この手の宗教思想にも汎神論、一神論、両者の統合という三つの形態が存在する。汎神論的な段階ではあらゆる対象がローマ時代の卜占官が行うように神意を伺う神殿となりうる。ただそこに「精神」の遍在を見て取れるのは、宗教的な感覚が鋭い人である。神殿の大祭司たる精神、すなわち「一神論的な媒介者」だけが「万物の父（Allvater）」[13]と直接に交流できる。最初は具体的な事物を通して、次は精神を通して、という具合に段階ごとに抽象化の度合いが進む。これらの一連の発言から、汎神論的な段階があらゆる信仰形態の基幹にあたっているという見解をノヴァーリスは有

限定されざるものと限定されたるものの間に　　35

していたと推測され得る。

2.4.　救世主としての媒介者

　一神論的な媒介者たる救世主が言及されるのは『キリスト教世界、または
ヨーロッパ』において、ドイツの現状についての分析の箇所である。フ
ランスでは革命によって宗教の市民権を剥奪して、居住権だけを与えた。
そのことによって逆に、宗教は市民たちへの信頼を得る一歩を踏み出すこ
とができたとノヴァーリスは評する。ドイツの場合、革命や近代国家の成
立にかんして他国に遅れをとっていた。しかし現在は「諸学と諸芸術の中
で、凄まじい発酵が知覚される」(HKA III, 519)。

　このような状況で新しき救世主が出現する。「嬰児は父の似姿であり、
闇のなかを無限に見通す瞳で新しき黄金の時代、つまり、預言を行い、不
思議の御業をなし、傷を癒し、慰めを与え、永遠の人生を燃え立たせる時
代になるであろう。それは、偉大なる宥和の時であり、真の守護霊のよう
な救い主が、その土地の人々のあいだで、ただ信仰されるだけであって、
眼には見えない。そして、その救い主は、信者たちにとっては、数限りな
い形態で顕現して、可視のものとなる」(HKA III, 519–20)。ここでの救
世主はキリスト教の枠を超え、此岸でのあらゆる領域に多様な形で顕現す
る。

　その歴史においてキリスト教は三つの形態を有するという。「一つ目は、
宗教を創造する要素、すなわちあらゆる宗教への喜びである。次の形態
は、あらゆる此岸のものが、久遠の生命たる葡萄酒とパンでありうる万能
の力を有しているという信念としての媒介者性一般である。そして最後
は、キリスト、そしてその母と聖人への信仰である」(HKA III, 523)。こ
の解説から、キリスト教の中核には神と人間を媒介することがあり、そ
れらは無数の媒介の上に唯一の媒介という二層の構造になっているとノ
ヴァーリスが考察していたことが良く見て取れる。

2.5.　他領域における媒介者

『さまざまな覚書』の第73断章で展開された媒介者の理論は国家論へも適用される。1798年から1799年にかけて執筆された『一般草稿』の政治学と題する第398断章では、「媒介者の教義を政治に適用することは認められる。またこの点で政治の領域では君主、あるいは行政官が国家を代理する者、すなわち国家の媒介者である。教義に妥当するものは、政治にも妥当する」(HKA III, 314, AB398)。政治的領域における媒介者とはいかなるものであろうか。

唯一の媒介者しか存在しない一神論は君主制に、あらゆる事物(あるいは現象)が媒介者になりうる汎神論は民主制に比定される。両者のあいだには信仰の場合と同じく、対立が認められる。『信仰と愛』[14]の一篇である「政治的アフォリズム」の第68断章は「今日完全なる民主制と君主制は、解決不可能な二律背反に陥っているように思われる。」(HKA II, 503, GL68)で始まる。若者は民主制を、高い年齢層は君主制を支持する傾向にあり、世代間の傾向の相違が二つの制度の分裂を招いている。この分裂を収めるには、「……宗教に関するのと同様に、せめて政治に関しても寛容であって欲しい」(ibid.)。このような寛容さは、君主制と民主制といった現実社会での政治制度は「相対的なもの」であり、「成熟した精神」は「自らにとって必要な道具に他ならない、個々のあらゆる形式」から独立しているという確信に至る。「政治の領域における一神論(君主制)と汎神論(民主制)が、交替することが必要不可欠な分肢として、極めて緊密に結びついている。そのような時代が到来するに違いない」(ibid.)。君主制と民主制の統合を求めるノヴァーリスの論の進め方は、『さまざまな覚書』の第73断章との類似性を見出すことができる。[15]

『さまざまな覚書』の第75断章でも媒介者が鍵となっている。最初の部分は、「統率者、すなわち国家の第一の官吏」が「社会あるいは民衆の

統一に欠くべからざる人間性の守護霊たる代理人」（HKA II, 444, VB.75）に成りすましていることへの告発である。ここには「軍人王」と言われたプロイセンのフリードリヒ2世の治世への批判が示唆されている。しかし歴史を繙けば、両者の混同が避けられている興味深い例を多数見出すことができる。インドのある地方では将軍と祭司の役職は分離され、前者は後者に従っていた。このような政治形式をノヴァーリスは支持する。それに続いて祭司と詩人の関連が説明される。

　　祭司はわれわれを過りに導いてはならぬ。詩人と祭司は始源においてはひとつであった。ただ後代になって双方は分けられたに過ぎない。しかしながら、真の意味での祭司が常に詩人であったように、真の意味での詩人は常に祭司であり続ける。そして、未来には事態の古の状態が再び引き起こされるのではないか？　人間性の守護霊たるあの代理人は、詩人そのものに容易くなりうるに違いない（HKA II, 444-5, VB75）。

ここでの「詩人（Dichter）」は、「芸術家（Künstler）」と解し得る。「代理人」は先に観たように「媒介者」と同義である。[16] 次に分析するフリードリヒ・シュレーゲルの断章集『イデーエン』では神の言葉を扱う両者の同一視が見受けられる。ノヴァーリスにおいて祭司あるいは媒介者としての芸術家がテーマになるのは、今回の論考では扱わないが『ハインリッヒ・フォン・オフターディンゲン』である。

3.　フリードリヒ・シュレーゲルにおける媒介者

　フリードリヒ・シュレーゲル（Friedrich Schlegel, 1772–1829）の父はハノーファーの教会総監督の地位にあり、文人としても著名であった。兄

アウグスト・ヴィルヘルム・シュレーゲル（August Wilhelm Schlegel, 1767–1845）はシェークスピアの翻訳者、晩年は古代インド文献学者として知られる。ゲッティンゲン大学とライプツィヒ大学で法律、古典文献学を修め、その後ギリシア文化の研究に携わった。[17] 1798 年に兄ヴィルヘルムとともに雑誌『アテネーウム』を発刊する。ノヴァーリスとベルリンで知り合ったシュライアマハーが編集に加わり、1800 年の終了まで『アテネーウム』は名実ともに初期ロマン派の牙城となる。断章集『イデーエン』の初出は『アテネーウム』第三巻第一部（1800）である。[18]

3.1. フリードリヒ・シュレーゲルによる媒介者の定義

　フリードリヒ・シュレーゲルは『イデーエン』第 44 断章において、媒介者についての見解を集約的に呈示している。その基盤をなすのは、無限なるものと限定されたものとの関連に対する彼の認識である。「神をわれわれは見ることはできないが、至るところで神的なものを認めることはできる。それはなににもまして、そして最も本来的な意味で素質に恵まれた人間の中心に、人間が創った生き生きとした作品の深みにおいてである」（KA II, 260, IF44）。[19] 冒頭に掲げたノヴァーリスの『さまざまな覚書』の第 1 断章と同じく、人間は神と直接的に関連することが叶わない。ところが他者の「中心」、あるいは人間の手になるものの深淵に神的なものを見出すことは可能である。「いかなるものも自らに対して、縦令自らの精神に対しても、直接的な媒介者ではありえない。なぜならば媒介者とは正真正銘の客体でなければならず、その中心を直観するものは、自らの外側に［媒介者を］措定するからである」（ibid.）。絶対他者と主体を結ぶ媒介者には、「だがすでにそのようなものとして措定された媒介者だけが選ばれ、定められる」（ibid.）。ノヴァーリスの媒介者論は、歴史哲学的な考察の上に汎神論と一神論を調和させようとする試みと言える。それに対して、シュレーゲルの媒介者論は、他者を迂回してしか人間は神性に遭遇

できないことが強調されている。

　次の章句はフリードリヒ・シュレーゲルの媒介者観を端的に表している。「媒介者とは、神的なものが自らの裡にあることを知覚して、あらゆる人に仕来りや行い、言葉や作品において、このような神的なものを告知し、伝達し、そして表現すべく、自らを破壊しながら供犠として捧げる」（ibid.）。人間は「自然」や「万有」を直接的に感じたり、それについて思考したりすることはできるが、「神的なものをそのようにすることはできない」（Ibid.）。先述のごとく他者たる媒介者を通して人間は神的なものとはじめて出会う。他方、他者の介在なしに自らのうちで神的なものに出会うのが媒介者である。さらに媒介者を媒介者たらしめるのは、神的なものとの邂逅を伝達しなければならないという使命を自覚するか否かである。「このような衝動が起こらなければ、そこで知覚されたものは神的なものでなかったか、あるいは自らのものではなかったのである」（ibid.）。断章集『イデーエン』において、「預言」あるいは「預言者」に相当する言葉をシュレーゲルは遣っていない。しかしながらこの件はユダヤ教―キリスト教―イスラームの系統の預言者を彷彿とさせるものがある。

　「媒介すること、媒介されることは、人間のより高次で完全な生命である。そして芸術家とはなべて、あらゆる人々への媒介者である」（ibid.）。神的なものを媒介する側と、媒介された神的なものを受け取る側のあいだには、告知、伝達、表現という過程が横たわっている。芸術もその過程を事とする。事実、フリードリヒ・シュレーゲルの媒介者論は芸術（家）論に縁が深い。その前に犠牲の問題を論じたい。

3.2.　犠牲、神秘家、祭司

　犠牲[20]とは通常、神霊に対して供物や生贄を捧げることを意味する。しかしながらシュレーゲルは第 131 断章において供犠に秘められた意味を探し出す。それは「有限なるものの破壊」である。犠牲という宗教儀礼

はその隠れたる意味を露わにするために挙行される。最大限の効果を狙う
とすれば、「最も高貴であり、かつ最も美しいものが選ばれなくてはなら
ない」。「此岸の精華」たる人間を選ぶ「人身供儀」はその意味で自然の成
り行きである。さらにシュレーゲルは他の犠牲と人間の相違を理性に求め
る。人間の理性は自由であり、理性とは「……無限なものに向かって永遠
に自己規定することに他ならない」。そして人間が犠牲を捧げるというこ
とについてはこのように約言する。「すなわち人間は、ただ自らを犠牲に
供することができるだけである。したがって人間は〔ところどころに〕遍
在している神殿の中でもそのことを行う。〔ところが〕その神殿について
賤民は何も見ることができない」（KA II, 269, IF131）。後半部分から看取
される汎神論的な傾向については、本節の結論部分で改めて論じたい。

　この直後に芸術家への加入礼の叙述が続く。「……そして芸術家になる
ということは、地底の神性にわが身を奉献することにほかならない。破壊
の際に訪れる熱狂の中で、神的創造の感覚がはじめて顕現する。死という
中点にのみ、永遠の生命の稲光が点火される」（ibid.）。フランスで活躍し
た人類学者、民族誌学者であるアルノルド・ヴァン・ジェネップは、例え
ば子供から成人へというように社会的な地位が移行する際、その不安を和
らげ、通過を祝う儀礼を通過儀礼と命名した。このような通過儀礼に含ま
れるイニシエーションでは、それを受けるものが象徴的な意味での死と再
生を体験する。[21]

　犠牲についての理論としては、神と人間が犠牲を共食することにより交
流がなされるという、スコットランドの旧約聖書学者、セム語学者のロ
バートソン - スミスをはじめとして、さまざまな説が提唱されている。そ
の中でイギリスの社会人類学者であるエドマンド・リーチは犠牲を聖なる
世界と俗の世界とを媒介するものと定義する。[22] 第131断章の記述は19
世紀後半から20世紀にかけての民族学、人類学、そして宗教学で議論さ
れた通過儀礼の理論と供犠論によく見合うものである。

限定されざるものと限定されたるものの間に 41

　ところで第44断章で媒介者は神意を他者に伝達する場合、「……自ら
を破壊しながら供犠として捧げる（... sich selbst vernichtend preisgibt）」
とある。断章集『イデーエン』において、シュレーゲルは例えば第22,
40, 94断章において神秘家に言及することはあっても、芸術家とは直接に
は結びつけてはいない。[23] しかしながら犠牲としての自己の「破壊」を、
〈己を空しくすること〉と読み替えることは可能であろう。媒介者は「神
の器」になるべく自己を滅却する。この儀礼で死すべきものは、彼の自己
や我執である。自己を放下するという点で、媒介者たる芸術家は神秘家と
類縁関係にある。ただ神秘家における神との合一に至る階梯に対応する場
で、芸術家には「神的創造の感覚（der Sinn göttlicher Schöpfung）」が顕
現する。いわば神化が行われる。芸術の創造とは「神のまねび」と捉えら
れていることがここから伺えるであろう。

　芸術家はさらに祭司や聖職者にも同定される。「外界に現れる習慣でさ
え、芸術家の生活様式はそれ以外の人のものとは断じて区分されなけれ
ばならない。彼らはより高位のカーストであるバラモンである。しかし
その出自ではなく、自らを〔強いられてではなく〕自由に奉献すること
によって（durch freie Selbsteinweihung）高貴なのである」（KA II, 271,
IF146）。[24] 後年「インド人の言語と英知について」[25] を著すシュレーゲル
らしく、古代インドの司祭階級バラモンが譬えに挙げられている。彼らが
高貴であるのは、自由意志によって己を無にして神意を伝達することを専
らとすることに依る。ここで描かれる祭司は預言者と神秘家の側面も併せ
持つと言えよう。

3.3.　芸術家の定義

　第45断章においてシュレーゲルは芸術家について以下のように叙述す
る。「芸術家とは、自らの裡に中心（Zentrum）を持つものである。そこ
に中心を欠くものは、自分以外に何らかの形で指導者、あるいは媒介者を

選ばなければならない。無論、いつまでもではなく、差し当たりである。というのは、中心が生き生きとしていなければ、人間は〔人間として〕存在することができないからである」。第44断章では、神的なものは自分にとって意義のある他者の「中心に（in der Mitte）」に見つけることができるとすでに語られている。

　ほぼ同時期に執筆された『文学についての会話』（1800）の『神話についての演説』では、近代文学の特性が浮き彫りにされる。創作する際、近代の詩人には「……確固とした支え、すなわち母なる大地、蒼穹、生き生きとした大気が欠けている」（KA II, 314）。近代文学が古代文学に後塵を拝すのは、「われわれには神話がない」からである。換言すれば、「我々のポエジーには、古のひとのポエジーにとって神話がそうであったような中心点（Mittelpunkt）がありません」。そして「いまや、私達にとって、真剣に神話を産み出すために協働しなければならない時が来たのです」（KA II, 312）。神話の本質は「[個々の形態、像などの] 基盤となっている自然に対する生き生きとした直観」（KA II, 321）、あるいは「自然に対する象徴的な見方」であり、「ファンタジーの源」（ibid.）である。

　だが、この状況を嘆くだけではなく、「新しい神話」を創り出すことが宣言される。感覚で捉えられる世界に存在する、生き生きとしたものと直接結びつき、それらに似せて、古人らは神話を形成した。いわばそれは自然の産物であった。しかしながら、「新しい神話はそれとは反対に、精神の最も深い奥底から形成しなければならない」（ibid.）精神の本質とは、「自らを規定し、そして永遠の交替のうちに自ら出立し、そして自らに立ち戻ってくる」ことにある。（ibid.）

3.4.　芸術家の矜持

　『イデーエン』第136断章では媒介者としての芸術家の矜持について語られる。

芸術家として私は何にたいする矜持があるのか？　誇りを抱いてよい
のか？　あらゆる卑俗なものとの交渉を永遠に断ち、孤立するという
決意。あらゆる意図を神のごとく超越し、［作品それ自体の］意図を
いかなる人も知り尽くすことができないような作品を目指すこと。私
に対峙する全きものを崇拝する能力。同じ時代を生きる人々がその人
らしさを最大限に発揮すべく活気付けることができること。またかれ
らが作り出したものすべてから得るものがあるという意識を目指すこ
と。(KA II, 270, IF136)

第44、第131、第146断章では媒介者の召命の自覚について言及されて
いた。この第136断章では媒介者たる芸術家は召命を受けた後、創作に
勤しむ。創作活動の最初の段階は絶対者と自己との間で生じ、他の人々の
介在を許さない。作品を実現化する次の段階は、自己と作品を受容する他
者との相互関連のうちで成立する。その間、作品を受容する他者を鼓舞
し、逆に彼らから自分も鼓舞されているという自覚を忘れないことが肝要
とされている。

3.5.　シュレーゲルにおける汎神論的傾向

　これまで『イデーエン』断章における媒介者のさまざまな像を考察し
てきた。ノヴァーリスと同様に、その像には汎神論的な傾向が見受けられ
る。シュレーゲルの汎神論的な発想が特徴的にあらわれているのは、『ア
テネーウム』第234断章である。「たった一人の媒介者しか存在してはな
らないというのは、余りに偏っていて、不遜である。完全なるキリスト教
徒にとって、このことを鑑みるとあの比類なきスピノザが彼に最も近づい
ていると言えるであろうが、おそらくあらゆるものは媒介者でなければな
らない筈だ」(II, 203, AF234)。「神すなわち自然」、万物はみな神と関連

し、その変容であると見なすスピノザを完全なるキリスト教徒に最も近い
と評し、そのようなキリスト教徒とはあらゆるもののなかに媒介者となる
可能性を見出すものと彼は捉えている。

　更に『アテネーウム』第406断章にもその傾向を見出すことができる。
この断章では媒介者の考察を通して、宗教と芸術の関連が述べられてい
る。「無限に移行する傾向を持ったあらゆる個人が神とすれば、諸々の理
想の数とおなじほどの神々が存在することになる。真の芸術家、そして真
の人間と彼らの理想との関連も、まさしく宗教である。心の裡で行われる
礼拝が生涯を通しての目標であり、営みであるようなものこそ、祭司であ
る。かくして、あらゆる人間はそのようになりうるし、かつならなければ
ならない」（KA II, 242, AF406）。芸術家あるいは真なる人間が心の裡で
行う礼拝とは、創作活動、あるいは理想について思索することを意味する
と考えられる。また、最後の章句は万人祭司説を思わせる。

　ノヴァーリス、そして次に扱うシュライアマハーにも伺えるこの汎神論
的な傾向は、先に名前が挙がっていたスピノザのドイツにおける受容と関
連が深い。ヤコービとモーゼス・メンデルスゾーンの間で繰り広げられた
「汎神論論争」は、晩年のレッシングがスピノザ主義者であったかどうか
を巡るものであった。それまでは汎神論やスピノザ主義は危険思想に他な
らなかった。ところがカント、ヘルダー、ハーマン、ゲーテをも巻き込ん
だこの論争後、スピノザの像は大転換を遂げ、無神論者から敬虔な神秘家
となる。[26] 神は全ての内にあり本源的な力であるという解釈が初期ロマン
派にも受け継がれている。

4.　フリードリヒ・シュライアマハーにおける媒介者

　フリードリヒ・シュライアマハー（Friedrich Daniel Ernst Schleierma-
cher 1768–1834）はブレスラウ（現在のポーランド南西部のブロツワフ

のドイツ語名）で改革派の牧師の家庭に生まれる。ヘルンフート兄弟団の学校で初等教育を施されるが、同時にギリシア以来の学問芸術を重んじるヒューマニズムへの関心を深めた。ハレ大学で神学、哲学、古典文献学を学び、1789 年国家試験に合格、1796 年ベルリンのシャリテ（慈善病院）で牧師として従事する。この頃シュレーゲル兄弟と親交を結び、『アテネーウム』刊行に携わる。[27]

『宗教について―宗教を軽んずる教養人への講話』（以下では『宗教論』と略記）は 1799 年、筆者名を伏せて出版される。それは無神論的と判定され、検閲を通らないのを懼れてのことであった。[28] 杞憂に過ぎなかったものの、彼の心配は強ち的外れとは思われないほどその主張は汎神論的である。

本書は架空の聴衆に向けて話すという体裁をとっている。彼らはもはや宗教など眼中にない、ベルリンのような都市在住の知識人である。彼らの思い描く宗教は、自分が唱える宗教とは全くの別物であることをシュライアマハーは論証し、宗教に対する軽視が不当であることを説得しようと試みる。この聴衆には無論、『アテネーウム』にかかわる人々も含まれていた。まず『宗教論』の要諦を示してから、そこでの媒介者についての見解を取り扱うことにする。

4.1. シュライアマハーにおける宇宙

第二講話は論の中核をなし、宗教には固有な領域があることが主張される。その領域に密接にかかわるのが「宇宙」である。宗教における宇宙への特異な態度が他の領域との相違を形成するというのが彼の持論である。形而上学と異なり、宗教は宇宙を規定したり説明したりしない。また道徳とも異なり、自由の力や人間の自由意志から宇宙を形成して完成させはしない。「宗教の本質は思惟することでも行動することでもない。そうではなくて直観と感情である。宇宙を直観しようとするのである」（**KGA**

211)。

　宇宙の働きは有限なるものの中にも見出すことができる。宗教におい
てはその働きが宇宙に対峙する人の心情と状態に新たな関連を作り出す。
「宇宙を直観することによって、あなたがたは必ずやさまざまな感情に捉
われるにちがいない。ただ、宗教において直観と感情のあいだに、それと
は違った、一層かたい関係が生じる……」（KGA 218）。

　「宗教感情はその本性に即して人間の行動力を麻痺させ、静かな、[宇宙
に]身を委ねる享受へと誘う。それゆえ、最も宗教的な人々で、行動する
ような衝動に駆られなかった人、宗教的であるより他はなかった人は、現
世を捨てて無為の観照に専心した」（KGA 219）。このような感情は後の
『キリスト教信仰』（1830–31）で「絶対依存の感情」と呼ばれるものであ
る。

　シュライアマハーの「宇宙」についてシュレーゲルは『イデーエン』第
150断章において以下のように論じる。「宇宙を説明することもできない
し、把捉することもできない。ただ、直観して啓示することができるだけ
である。経験的知識からなる構造（体系）を宇宙と呼ぶのをやめなさい。
スピノザのような人を理解していないとすれば、宇宙という真なる宗教理
念を宗教についての講話を読んで学びなさい」（KA II, 272, IF150）。

4.2.　地上のものと天上のものを宥和する媒介者

　第一講話でシュライアマハーは媒介者の像を描く。神は創造物を二つ
に分かち、世界は対立する二つの力から成り立つ。この二つの力を両極
とした場合、森羅万象はその何れかのところに位置する。人間の「魂
（Seele）」とて例外ではない。彼は「両極がほとんど完全に均衡を保ち、
結び合わさっている点」の存在を想定する（KGA 192）。普通の人にはそ
こに広がる静寂という「奥義」を窮めることはできない（ibid.）。「それゆ
え神性はあらゆる時代に、いたるところに、双方の要素が実り豊かに結合

している幾ばくかの人々を遣わし［中略］自らの意志と業の通訳となし、彼らが存在しなければ永遠に離れ離れだったかもしれないものの媒介者にし給うた」（KGA 192–193）。

　二つの要素の宥和を体現している媒介者は、周囲のものへの「牽引力」をその本質として有している。他方、「無限なるものを求め、万物に精神と生命を吹き込む、精神的な浸透力」が備わり、そのことによって「小世界」を造りあげる（KGA 193）。此岸での彼の行いは、創造主に倣ったものといえよう。「そのような人々は、ただそこにいるだけで、自らが神の御使であり、限定された人間と無限の人間性の媒介者であることを証している」（ibid.）。

　では媒介者は具体的にどのような行いをなすのであろうか。理想家たちは超越的なものばかりに目を向け、現実のことがらを軽視して行動が伴わなくなる。彼らが夢見るものを実現化させることで、媒介者は現実と渡り合うことの大切さを彼らに身をもって示す。つまり彼らによって「誤解された神の声」を正し、「この世と彼を宥和させ、そこでの然るべき場所を与える。」（KGA 193）

　現世に固執し感性だけを頼みにする人は理想家たちと対蹠にある。前者は後者よりも媒介者の存在が欠くべからざるものとシュライアマハーは述べる。媒介者は世界を観照したり照明したりして宇宙との合一をはかる。そのようにして彼らに「人間性の有するより高次な根本の力」（ibid.）をいかに捉えるかを教える。神は媒介者の世界と人々への働きかけと宇宙へのかかわり方を嘉し、彼に「あの神秘的で創造的な感性」（ibid.）授ける。そのような感性とは、自分の裡にあるものに形式を与え、外的な存在にしようと試みる。この過程は以下の通りである。「……かれの精神が無限なるものへと飛翔するごとに、無限なるものがかれに与えた印象を形象や言葉で、［他者に］伝達することのできるひとつの対象として自分の外側へと置かざるをえない。その結果、その対象自体を新たに別の形態、すなわ

ち有限のものへと変容させ享受せざるをえない」（ibid.）。現世的で感性的な人々に対する媒介者の役回りについてはこのように纏めている。「すなわち彼は自らの意志ではなく、いわば霊感を受けて［中略］自分自身に起こったことを、他者のために表現せざるをえない。詩人もしくは視霊者として、あるいは弁舌家もしくは芸術家として」（ibid.）。媒介者たる詩人あるいは視霊者は神からの霊感を受けて、皆に伝える役割を担っている。古代ギリシアでは、人里離れたところでムーサに出会い、霊感を受けたものが詩人となったと言う。シュライアマハーも同様の見解を有している。

　このような業を此岸で行う媒介者は、「至高のものに仕える真の祭司」（ibid.）である。かれは地上の子らと天のものを宥和させ、此岸の粗野なものにしがみつく時代の流れを変えようとする。「……あらゆる精神的な神秘の内奥を告げ知らせ、神の国から此岸へ語り掛ける。これこそ高貴な司祭の業である」（KGA 194）。キリスト教における媒介者のなかの媒介者たるイエス・キリストについて、シュライエルマハーはいかなる判定を下しているのか。その前に『宗教論』でのキリスト教理解について手短に紹介しておきたい。

4.3.　媒介者イエス・キリスト

　第五講話の「さまざまな宗教について」では、宗教を理解するには此岸でさまざまな形態をとっている諸宗教を観察する必要性が述べられる。ここには「実定宗教（Positive Religionen）」に比して、理神論などをはじめとする「自然宗教（die natürliche Religion）」を持て囃す層、つまり『宗教論』が想定する聴衆への批判が含まれる（KGA 296）。そして「宗教」が個別の諸宗教において現実化することを、シュライアマハーはキリストの受肉に譬える。「……私はあなたがたをいわば肉となった神へと導いて行きたい。すなわち、自らの無限性を手放し、しばしばみすぼらしい姿で人々のあいだに顕現するような宗教を示したいのです」（KGA 294）。

まずキリスト教の特徴は以下のように説明される。「キリスト教の根源的直観とは、有限なものすべてが、全体の統一に向かって進もうとする普遍的な努力を直観することに他ならない」（KGA 316）。この過程には「堕落と救済、敵対と仲保」が綯い交ぜになり、神は「有限であるとともに無限であり、人間的であるとともに神的であるいくつかの点」（ibid.）を配置して、人間との交流を維持しようとする。また、キリスト教は自らの歴史のなかに「宇宙を直観する」傾向がある。そして「宗教」そのものを自らの素材として加工するので、「宗教より高次な力」である（KGA 317）。

このような根本直観がキリスト教の感情を規定する。それは、「あの偉大な対象（宇宙）に向けられた充たされざる憧れ」（KGA 320）と名付けられる。聖と俗が混在している此岸で、それでも追い求めざるをえないという気分。「この気分（Stimmung）はあらゆるキリスト教徒が抱く宗教感情の基調であり、聖なる哀しみと言えよう」（ibid.）。「キリスト教の創始者」たるイエス・キリストにはこのような感情が支配的であった。

イエスは媒介者の理念をまさに体現しているとシュライアマハーは驚嘆する。「……［イエスにおいて］真に神的なものは［彼の観念の］素晴らしい明晰さなのです。彼（＝イエス）は偉大な観念を表現するために来た。それは、有限なるものすべては、神性と関連するために、より高次の媒介が必要であるというものです。この観念は彼の魂のなかで形成されたのでした。そして素晴らしい明晰さへと至ったのです」（KGA 321）。

そして彼の媒介者たる所以は以下のことに存す。「自らの宗教性が比類なきものであること、自らの見解が根源的であること。さらに自らを伝え宗教を呼び覚ます、その宗教性と見解の有する力について意識すること。これは同時に自らが媒介者であるという務めと、自らの神性の自覚である」（KGA 322）。

彼の教えからやがて宗教共同体が形成される。「しかしながら、自分は

自らの観念を適用した唯一の対象、すなわち唯一の媒介者であると彼は主張したことは決してない」（KGA 322）。尚、後世では聖書は「堕落した有限なる悟性」のための「神性の認識を媒介する論理的媒介者」、聖霊は「実践的に（神に）近づくための倫理的な媒介者」と見なされた（KGA 323）。

　『宗教論』は宗教を擁護する書であり、最終講話ではキリスト教の優れた点が力説される。にもかかわらず、キリスト教信仰の要であるイエス・キリストについての記述の量は必ずしも多くない。ノヴァーリスとシュレーゲルと同様、汎神論的な傾向がこの時代のシュライアマハーに強かったということはその一因であろう。しかし、必ずしもイエス・キリストを軽視しているとは言えないのではないか。神の御子という比類なき宗教性を意識しながらも、一般の信徒のごとく「聖なる哀しみ」を抱き、彼らと神（あるいは宇宙）を繋げることに心を砕く。そして自らが唯一の媒介者であると名乗ったことはない。このように人々の傍にある媒介者イエスにシュライアマハーは共感を抱いていたのではないか。

4.4.　未来における媒介者

　ところで第一講話でシュライアマハーは以下のような言を発している。「しかしながら、このような媒介者の役目が終わり、人類の祭司がより麗しい使命を得んことを！　古の預言が記すごとく、すべての人が神から教えを受け、教えられるということが誰にも必要でなくなる時が来たらんことを！」（KGA 194）この言はエレミア書 31:34 をはじめとする、神の国が到来する預言を踏まえている。[29] 人間は神の声を直に耳にすることは決してできないとシュライアマハーは述べる。されども、古の預言が成就され、媒介者なしに人々が神の声を聴くことのできる時代を彼は希求してもいる。

　第二講話でも媒介者の過渡的な性格が指摘される。「あらゆる人間は、

［神に］選ばれしごくわずかの人たちを除けば、なるほど媒介者、すなわち先達を必要とします。彼は宗教に対する人々の感性を最初のまどろみから目覚めさせ、それに最初の方向付けを行うのです。しかしながらこのことは一時的な状態でなければならないのです」（KGA 242）。先達に方向付けをしてもらった後は、自立しなければいけないことが説かれる。「まことに宗教的な心情の人々の崇高な共同体」（KGA 291）は賛美するが、現行の教会への強烈な批判、そしてその制度の解消への志向がここから読み取れる。[30]

4.5.　感性の涵養

　しかしながらその現状はいかがなものであろうか。フランス革命の影響による社会の混乱、その改革に面している時代に、「ひとびとの［心の］なかに眠っている宗教の火花」（KGA 249）を燃え上がらせることはなかなかできない。ひとびとはもはや宗教に感けることはなくなった。しかしこのような時代にあっても、「宇宙は自らを観察する者と驚嘆する者を自分で作り出す」（KGA 251）。如何にしてそれが行われるのかをシュライアマハーは順次説明して行く。ここで彼が注目するのは「宗教的な資質」と「感性」である。「……人間の感性が無理やり抑圧されたり、人間と宇宙のあいだの結びつきが遮断されたり封鎖されたりしなければ……宗教はあらゆる人において独自なあり方で確実に展開したにちがいない」（KGA 252）。ところが今日では幼少期から感性が抑圧され、宇宙とのつながりが妨げられる。つまり市民社会の日常生活では感性よりも悟性が優位に置かれ、実利を旨とする人々が大多数であり、彼らの方針に従った教育を子供たちは受ける。「……早くも芽のうちに宗教への素質は損なわれ、発達際して他の素質と歩調を合わせることができなくなってしまった」（KGA 257）。シュライアマハーが下す時代への総合診断は以下の通りである。「宗教の英雄や聖なる魂の人々。かつては見受けられたような、かれらに

とって宗教がすべてであり、宗教によってすべて貫かれている人々が今の世代には欠けている……」（KGA 260）。ただ「……自分の面前に高貴な世界霊が顕現したのを一度も見たことがないものは、少なくとも一人もいないのである」（KGA 259）。しかしながら宗教的資質や感性を活性化させる人々が現在では存在しない。ここでの「宗教の英雄」や「聖なる魂の人々」は「媒介者」と同義と言える。

　この状態を変えるためには、「感性の自由」と「直観する力」を促進するような陶冶が必要とされる。これらのものを獲得するには、まずリアルな個別のものに携わらなければならない。「感性には三つの方向性があることを、みな自らの意識から知っている。ひとつは、内面へと向かい、自我自身へと至る方向。もうひとつは、外界へと向かい、世界観における無限なるものへと至る方向。第三番目の方向は、感性が両方向を、行きつ戻りつ常に浮遊する（Schweben）状態になることによって、両者の最も緊密な合一を無条件に受け入れたときのみ安定を見出すような、両者の方向の結合である。これこそ、それ自体で完結しているもの、つまり芸術と芸術作品への方向である」（KGA 261）。

　一番目の自我自身の内側へ向かうのが、フィヒテが提唱した方向。二番目の外界に向かい無限なるものに進むのは、シェリングが提唱した方向。三番目の外向と内向を繰り返し、釣り合いがとれたところで安定する、芸術とその作品の方向がロマン主義の目指すものである。一人の人間で支配的な傾向になるのはこの中の一つの方向だが、いずれも宗教への道に通じる。シュライアマハーは第三番目の道を重要視し、芸術による感性の涵養に期待を寄せる。

　彼は宇宙との遭遇を回心に譬えて以下のように述べる。「そのような［有限なるものを超えて行くことしか考えていない］人間にとって、このような回心とは、ある瞬間、内面が［光によって］直接照明されることを通してのごとく、宇宙に対する感性が開花し、宇宙がその壮観さでその

人を圧倒するきっかけなのです。そのことが真実であるならば、なににも
まして、偉大で崇高なる芸術作品をじっと見つめることが、このような奇
跡を起こすことができるということを信じることができるのです」（KGA
262)。ただし「芸術に対する感性」が如何にして宗教に移行して行くの
を把握したいと自分は冀うが、その任ではないことをシュライアマハーは
言明する。この課題はシュレーゲルとノヴァーリスが更に引き継ぐことに
なる。

5. 結語

　最後に、三者の媒介者に関しての見解を概観しておきたい。ノヴァーリ
スは媒介者の有無を宗教の基準と定め、一神論と汎神論の統合を目指そう
とする。それに対してシュレーゲルは媒介者を一人しか認めないという一
神論に否定的であり、媒介者の像を司祭、聖職者、預言者、神秘家として
多面的に描く。シュライアマハーでの媒介者は、古の聖人たちのごとく、
自らの生き方を通して、人々に宇宙との繋がりを意識化させる役割を担
う。

　無論シュライアマハーにとってイエス・キリストは媒介者のなかの媒介
者である。ノヴァーリスにおいて、特に『キリスト教世界、またはヨー
ロッパ』以降の詩や小説といった著作では、イエス・キリストは媒介者と
して重要な役割を演じる。他方シュレーゲルは媒介者からキリスト教的な
要素を極力排除している。そしてシュライアマハーとシュレーゲルにおい
ては、将来的には媒介者に導かれるのではなく、皆が媒介者になることが
希求される。[31]

　三者が描く媒介者あるいは媒介するものは、芸術の領域に深くかかわっ
ている。信仰者の立場からシュライアマハーは媒介するものとしての芸術
作品が感性において宇宙と人間との通路を拓くことを期待している。それ

に対してノヴァーリスとシュレーゲルが語る芸術家、あるいは芸術作品は
かつての宗教者が担っていたものを譲り受けているかのようである。ヴァ
ルター・ベンヤミンは初期ロマン派の芸術理念のなかに「ロマン主義的メ
シアニズム」を看取している。[32] この革命的な願望を実現化させる立役者
が「詩人」である。シュライアマハーはいかに芸術に感性の涵養を期待し
ようとも、宇宙あるいは超越者との関連は宗教に密接に結びついたものと
主張する。他方ノヴァーリスとシュレーゲルは自らの作品のなかで、神的
なものと人間を結ぶ媒介者が宗教の領域ではなくて、他の領域に出現した
ことを証するものではなかったのか。[33]

本稿は東京大学美学芸術学研究室 2007 年度のノヴァーリスの『花粉』(『雑録集』)
についての演習における発表が基盤になっている。有意義な意見を寄せて下さった
当時の参加者の方々にこの場を借りて御礼を申し上げたい。

略　号

ノヴァーリス、シュレーゲル、シュライアマハーのテクスト

HKA　Novalis: Schriften. Die Werke von Friedrich von Hardenberg/ Novalis. Historisch-kritische Ausgabe in vier Bänden, einem Materialienband und einem Ergänzungsband in vier Teilbänden. Hrsg.von Richard Samuel in Zusammenarbeit mit Hans-Joachim Mähl und Gerhard Schulz. Stuttgart 1960-2006.

KA　Friedrich Schlegel: Kritische Friedrich-Schlegel Ausgabe. Hrsg. von Ernst Behler unter Mitwirkung von Jean-Jacques Anstett und Hans Eichner. München, Paderborn, Wien 1958ff.

KGA　Friedrich Daniel Ernst Schleiermacher: Kritische Gesamtausgabe I.Abt. Band 2. Hrsg. von Hans-Joachim Birkner und Gerhard Ebeling, Hermann Fischer, Heinz Kimmerle, Kurt-Victor Selge. Berlin, New York 1984.

ノヴァーリスとシュレーゲルの断片集

VB　Vermischte Bemerkungen（『さまざまな覚書』）

VF　Vorarbeiten zu verschiedenen Fragmentsammlungen（『さまざまの断章集への準備稿』）

GL　Glauben und Liebe（『信仰と愛』）

AB　Das Allgemeine Brouillon（『一般草稿』）

AF　Athenäums-Fragmente（断章集『アテネーウム』）

IF　Ideen（断章集『イデーエン』）

注

1)　原文は以下の通り。„Wir *suchen* überall das Unbedingte, und *finden* immer nur Dinge." ノヴァーリスは „Dinge" に „das Unbedingte" の意味を持たせている。

2)　ノヴァーリスからの引用には批判全集版（先の略号での HKA）を使用した。その場合、全集略号、巻数をローマ数字、頁数をアラビア数字の順で記した。尚、断章の場合は末尾に断章番号を付している。訳出に際しては、今泉文子訳『ノヴァーリス作品集 1, 2, 3』筑摩書房、2006-2007 年を参照した。

3)　伊坂青司「ドイツ・ロマン主義の精神とモチーフ」伊坂青司・原田哲史編『ドイツ・ロマン主義研究』御茶の水書房、2007 年、5 頁。

4) „Mittler" はキリスト教学では「仲保者」、宗教学では「媒介者」と翻訳されることが多い。シュライアマハーの場合には「仲保者」が適切であろうが、本稿では「媒介者」という訳語を充てる。

5) Sigurd Hjelde: Art. „Mittler", in *Die Religion in Geschichte und Gegenwart, Handwörterbuch für Theologie und Religionswissenschaft,* 4., völlig neu bearbeitete Auflage. Hrsg. von Hans Dieter Benz, Don S. Browning, Bernd Janowski und Eberhard Jüngel, Tübingen, 1998-2007, Bd. 5 (2002), Sp. 1360-1362.（以下では *RGG*, 4. Aufl. と略記）。

6) ノヴァーリスの経歴については以下を参照。Bernd Auerochs: Art. „Novalis", *RGG*, 4. Aufl., Bd.6 (2003), Sp. 415-418.

7) 『花粉』あるいは『さまざまな覚書』の成立については、批判全集版の第 2 巻の編者 Richard Samuel の解題に詳しい。Vgl. HKA II, 399-411.

8) ノヴァーリスにおける媒介者の論理については以下を参照。小田部胤久「政治的汎神論の詩学―ノヴァーリス『信仰と愛あるいは王と王妃』をめぐって―」『美學』第 54 巻 4 号（216 号）美学会、2004 年、14-27 頁。高橋優「ノヴァーリス『信仰と愛』における「詩的国家」」『外国文学』（61 号）宇都宮大学外国文学研究会、2012 年、39-55 頁。

9) Gotthold Ephraim Lessing: Werke, Achter Band, Theologie-kritische Schriften, I-III. Philosophische Schriften, Bd.VIII, München, 1979, S. 497. 翻訳する際に、谷口郁夫訳『理性とキリスト教―レッシング哲学・神学論集』新地書房、1987 年を参照した。

10) Ibid., S. 498.『人類の教育』については、高尾利数「レッシングの宗教思想」坂部恵他編『ドイツ観念論前史 講座ドイツ観念論』第一巻、弘文堂、1990 年、293-298 頁を参照。

11) ユダヤ教の成立と預言者の関連については以下を参照。市川裕『宗教の世界史 7 ―ユダヤ教の歴史』山川出版社、2009 年、20-24 頁。

12) „Entheismus" は『花粉』第 74 断章ではシュレーゲルにより „Monotheismus" に改められている。この変更の経緯についてはハンザー版の解説を参照。Novalis: Werke, Tagebücher und Briefe Friedrich von Hardenbergs/ Novalis, Bd.3. Hrsg. von Hans -Joachim Mähl und Richard Samuel, München, Wien. S. 359-360.

13) „Allvater" はギリシア・ローマ神話のジュピターや北欧神話のヴォータンなどを指す。異教、汎神論的な意味合いの神を意図してノヴァーリスはこの言葉を使用している。シュレーゲルは同じ箇所を「神性（Gottheit）」言葉で書き換えている。Vgl. Ibid., S. 360.

14)『信仰と愛』は「花」、「信仰と愛、あるいは王と王妃」、「政治的アフォリズム」の

限定されざるものと限定されたるものの間に 57

三篇からなる。

15) 小田部、前掲書、15、22-23 頁。高橋、前掲書、52-55 頁。

16) 代理する、あるいは表象することについては、「一般草稿」の第 782 断章に言及されている。

17) フリードリヒ・シュレーゲルの経歴については以下を参照。Bernd Auerochs: Art. „Friedrich Schlegel", *RGG*, 4. Aufl., Bd.7 (2004), Sp. 902-903.

18) 断片集『イデーエン』の成立に関しては、批判全集版第二巻の編者である Hans Eichner による解題を参照。KA II LXXIX-LXXXVII.

19) シュレーゲルからの引用には、批判全集版（先の略号での KA）を使用した。その場合、全集略号、巻数をローマ数字、頁数をアラビア数字の順で記した。尚、断章の場合は末尾に断章番号を付している。訳出に際しては、山本定祐訳「文学についての会話」『ロマン派文学論』冨山房、1999 年を参照した。

20) Phillipe Borgeaud: Art. „Opfer", *RGG*, 4. Aufl., Bd.6 (2003), Sp. 570-572.

21) アルノルド・ヴァン・ジェネップ（秋山さと子・弥永信美訳）『通過儀礼』思索社、1977 年、13-22 頁。

22) エドマンド・リーチ（青木保・宮坂敬造訳）『文化とコミュニケーション―構造人類学入門』紀伊國屋書店（文化人類学叢書）、1981 年、163-186 頁、特に 163-166 頁。なお、自らを供儀に捧げるという点ではまさにイエス・キリストが連想される。事実リーチもキリスト教信仰における供犠について、キリストの受難に言及している。ノヴァーリスにおける媒介者としての芸術家とイエス・キリストの像の関連については、場を改めて考察したい。

23) 第 22 断章では現代に存在するわずかな神秘家に、宗教と芸術の力をかりて新な生命を宗教に賦与する呼びかけがなされる。第 40 断章は神性に対する神秘家の関連。第 94 断章はかつては革命家が神秘家を兼ねていたことが述べられている。

24) 「自らを〔強いられてではなく〕自由に奉献することによって」では „durch freie Selbsteinweihung" という句が使用されている。冒頭でもまた „Vernichtung" が使用されている。ここでは „sich preisgeben" あるいは „Preisgabe" ではなく、„Selbsteinweihung" が使用されているのはキリスト教、特にカトリックの儀式を意識してのことであろう。

25) シュレーゲルは 1802-4 年に、当時東洋学の中心地のひとつであったパリでイギリスの東洋学者アレグザンダー・ハミルトン（Alexander Hamilton, 1772-1829）からサンスクリット語を学ぶ。1808 年にサンスクリット語と多言語との比較言語学研究の先駆けとなる本書を著す。山川喜久男「史的言語研究と言語学の動向」『一橋論叢』第 69 巻第 1 号、1973 年、11 頁参照。

26) 伊坂、前掲書、8 頁。なお、「新しい神話」と「神秘」あるいはスピノザの汎神論

の関連については以下を参照。田中均「神話と哲学―「新しい神話」の公教性と秘教性―」『ドイツ文学』（133号）日本独文学会、2007年、7-23頁、特に13-17頁。

27）シュライエルマハーの経歴については以下を参照。Eberhard Jüngel: Art. „Friedrich Daniel Ernst Schleiermacher", *RGG*, 4. Aufl., Bd.7 (2004), Sp. 904-919, besonders 904-910.

28）『宗教論』の成立については、批判全集版の Hans-Joachim Birkner による解題を参照。Vgl. KGA LIII- LXXVIII. 検閲を懼れていたことについては KGA LV. なお、シュライアマハーからの引用には、批判全集版（先の略号での KGA）を使用した。その場合、全集略号、頁数をアラビア数字の順で記した。訳出に際しては、フリードリヒ・シュライエルマッハー（高橋英夫訳）『宗教論―宗教を軽んじる教養人への講話』筑摩書房、1991年を参照した。

29）批判版全集の註によれば、エレミア書31:34、ヘブル書8:11、ヨハネによる福音書6:45 がもとになっている。

30）同じく第二講話に媒介者ではないが、宗教における師弟関係が論じられている。この関連では弟子が師を師として選び、弟子は師を盲目的に模倣するものではない。また時至れば、弟子は師から巣立つ。これを師は引き留めることはできない。「かれらの宗教もまた生きているかぎり自由であり、自らの道を歩んでゆく。神聖な火花が魂のなかで飛び散ると、自由で生き生きとした焔へと広がってゆく」（KGA 251）。ここからもシュライエルマハーが自由を重んじていることが看取できる。

31）ノヴァーリスの場合は、宗教の領域の媒介ではないが、哲学の分野では同様のことを述べている。Vgl. HKA II, 522, VF 2, 3.

32）ヴァルター・ベンヤミン（浅井健二郎訳）『ドイツ・ロマン主義における芸術批評の概念』筑摩書房、2001年、16-17頁。高橋優はルートヴィヒ・シュトッキンガーに依拠して、歴史上の特異点たる「カイロス」は「仲介者」を通して体験されると指摘する。このカイロスは言うまでもなく、フランス革命という政治的変革のみならず、自然科学、宗教哲学における時間変革の時代である。ノヴァーリスやフリードリヒ・シュレーゲルの「媒介者」については、この角度からの考察が今後必要であろう。高橋、前掲書、50頁。Ludwig Stockinger: „Es ist Zeit". Kairosbewußtsein der Frühromantiker um 1800, in: Jahrhundertwenden. Endzeit- und Zukunftsvorstellungen vom 15. bis zum 20. Jahrhundert. Hrsg. von Manfred Jakubowski-Tiessen u.a., Göttingen 1999, S.284.

33）近代以降、神秘主義が「神学」や「教会」の枠組みから外れた領域で命脈を保って行くことについては以下を参照。鶴岡賀雄「「神秘主義の本質」への問いに向けて」『東京大学宗教学年報』18号、東京大学宗教学研究室、2000年、2-9頁、特に5頁。

古代アナトリアの王国ヒッタイトにおける
女性呪術師「老女」[*]

山 本　　孟

1.　はじめに

　紀元前 2 千年紀のアナトリア中央高原（現トルコ共和国）に成立した
ヒッタイト王国では、同時代のメソポタミアやシリアの影響を受けながら
も、独自の宗教が発達した。古代アナトリアの歴史は、前 2 千年紀の初
めにメソポタミアから訪れたアッシリア商人たちが残した文書記録に始
まる。アッシリア商人たちは、現地の政権と契約を結び、アナトリア各
地にカールム（*kārum*）と呼ばれる商業拠点を置いて交易を行っていた。
ヒッタイトとは、そうした現地政権の一つであった都市国家クッシャルの
王ハットゥシリ 1 世が、前 17 世紀にアナトリア中央に位置するハットゥ
シャを都として建てた王国である。

　ヒッタイト王国の歴史は、大きく古王国時代と新王国時代に分けられ
る。建国から前 14 世紀までの古王国時代は、主にアナトリア中央高原、
現在のクズルウルマック河内側に限られる地域を領土としていた。続く前
14 世紀から王国が滅亡する前 12 世紀初めまでの新王国時代には、中央ア
ナトリアに留まらない広域の支配を実現した。この時代は、アナトリア西
部やシリア、メソポタミア北部にあった国々を属国として傘下に置いたこ
とから、帝国時代とも呼ばれている。

　インド・ヨーロッパ語族の言語を話したヒッタイト人は、諸説あるもの

の、元々黒海沿岸など、アナトリアの「外」からやって来た可能性が高い[1]。ヒッタイト王国の成立時、すでにハットゥシャが都市として存在していたことからも、その建国以前からアナトリアにはヒッタイト人以外の民族言語集団が定住していたことがわかる。ヒッタイト人は、自分たちの国を「ハッティの国」と呼んでいた[2]。ハッティという言葉は、アナトリア中央高原の北部を拠点としていたハッティ語を話した人々に由来している。元来クッシャルなどハッティ人たちよりも南の都市を拠点としていたヒッタイト人が、ハッティ人たちの支配領域を征服し、その地に王国を築いたのである。しかし、前2千年紀アナトリアの人口構成は、支配者層ヒッタイト人と被支配者層ハッティ人という単純な枠組みだけでは理解できない。ハッティ人やヒッタイト人の他にも、当時のアナトリアには、ヒッタイト語と言語的に近縁関係にあるインド・ヨーロッパ語族の言語を話す人々が定住していた。アナトリア北部にはパラー語話者が、西部から南部にかけてはルウィ語話者がいたことがわかっている。特に、ルウィ人は前2千年紀後半になるとアナトリアからシリアにいたる地域で大きな人口を占めるようになった。さらに、アナトリア南東部には、言語系統が不明なフリ語を話したフリ人も居住しており、彼らは前14世紀にメソポタミア北部とシリア北部を治めたミタンニという王国の下にまとまったことでも知られる。

　異なる言語を話す人々が定住していた前2千年紀のアナトリアでは、ヒッタイト王国の下にそれぞれの文化的要素が混在一体化し、独自の文化が形成されていった。ヒッタイト王国には、主にフリ人を通じて、当時すでに高度な文明を築いていたメソポタミアの文化がもたらされた他、在地のハッティ人やルウィ人の文化も受容されていた。このような文化の混成は、ヒッタイトの宗教において顕著に見られる。ヒッタイト語で書かれた楔形文字粘土板文書には多くの祭儀や占いにかんする記録が残されているが、それらはメソポタミアと共通する特徴もあれば、アナトリアにしかみ

られない特徴もある。

　本論では、ヒッタイト時代のアナトリアに独特な女性の宗教的職能者である「老女」（^{MUNUS}ŠU.GI）を取り上げる。多くの宗教関連の文書に現れながら、「老女」いう職種の起源やその職能について、これまで体系的な研究は行われていない。霊的世界との媒介者の一例として、前2千年紀のアナトリアで活躍した「老女」が行った占いや儀礼を紹介し、その宗教的職能から彼女らが王国で果たした役割について考えたい。

2.　ヒッタイトにおける占いと占い師

　王国の首都ハットゥシャの遺跡から出土したヒッタイト語粘土板文書の多くは、宗教に関連している。それらはヒッタイト王室が神々を崇拝するにあたって必要な「公文書」であり、神殿の行政記録や、神殿にかかわる人々の職務を記した文書、祭儀の手順、占いの報告書など、内容は多岐にわたる。比較的豊富な資料状況もあって、ヒッタイトの宗教がアナトリアに共存した人々から文化的な影響を受けていたことがわかっている。一般的には、古王国時代にはハッティ人の宗教文化の影響が色濃く、のちの新王国時代にはフリ人やルウィ人の影響が強まったとされている[3]。

2.1.　神々が伝える「しるし」

　ヒッタイトでは、古代中近東の他の社会と同様、森羅万象は神々によって決定されると考えられた。同時に、神々は雷や嵐、病などの自然現象よって彼らの意思の「しるし」（omen）を伝えるとされた。また、それらは占いを通じて解釈できるとされ、天体や動物の臓器の特徴など、さまざまな種類の「しるし」を専門的に解釈する占い師がいた。

　ヒッタイトではまた、夢でも神々の「しるし」が伝えられると考えられた。神は直接個人の夢に現れることもあれば、誰か別の人を夢に遣わせて

意思を伝えたとされることもある[4]。たとえば、ヒッタイト王ムルシリ2世は、天候神への祈りの中で、国に疫病が蔓延している理由を明らかにするよう、夢を通じて教えてほしいと懇願している。夢の場合でも、ヒッタイトの人々はその内容をそのまま知覚したのではなく、やはり解釈が必要とされていた。ムルシリ2世の例でいえば、同じ祈りの中に現れる「神の男」と呼ばれる呪術師が、夢を解釈したのだと考えられる[5]。

　メソポタミアとヒッタイトでは、神々が人間に伝える「しるし」の捉え方に若干の違いがある[6]。ファン・デン・ハウトが指摘したように、メソポタミアでは、神々の「しるし」は未来に起こる出来事を示す「予兆」であったため、占いは未来を予見することであった。もし、神々からの「しるし」が「凶」であったならば、将来起ころうとしている問題を回避することも可能であると考えられたのである。たとえば、軍事遠征が成功するかどうかを占って、その結果が「凶」であっても、計画していた行程を変更すれば、勝利できるということである。しかし、ヒッタイトの人々は、自然災害の多くが過去の出来事に対する神々の不満や怒りの「しるし」であると理解した。そのため、占いとは、第一に、ある自然現象を引き起こしているのはどの神か、神々の中から特定し、過去にさかのぼって何に怒っているのかを確認する作業であった。たとえば、王が病気であれば、それ自体が神の悪い「しるし」であった。そこで占いでは、まず、神はどのような過去の出来事に不満を抱き、王に病をもたらしているのかが確認された。その上で、怒れる神をなだめ、王の病気を治すために必要な儀礼や捧げ物が何であるかが問われたのである。

　占いを記録した文書には、神々に対するイエスかノーの質問が繰り返された。ある問題が起こったとき、占い師は「現在起こっている問題について、何某の神が怒っているのであれば、かくかく云々の占いの結果をもたらしてください」と、神々に答えを求める。求めた結果と実際の占いの結果が一致すれば、神の答えは「イエス」であり、一致しなければ「ノー」

であった。怒れる神と怒りの原因をつきとめた後は、神を鎮めるためには何をしなければならないかという具体的な対処方法が、同様の方法で、神に問いかけられた。占い師は、神の意思を推し量り、考えられる限りの可能性を挙げて一つ一つ神々に問いかけたのである。

2.2. ヒッタイトにおける占いの技術

ヒッタイト文書には、占いの結果を記録した楔形文字粘土板と粘土板の断片が、数百点確認されている。それらに記された占いの方法は、メソポタミアから輸入された技術もあれば、ヒッタイト文書にしかみられないものもある。知られている限り、ヒッタイトでは、内臓占いと寝台占い、鳥占い、「フリ鳥」占い、蛇占い、「くじ」占いという、6種類の占い方法が用いられたということがわかっている（表1）[7]。

バビロニアに起源をもつ内臓占いは、*TERETU*（腸）あるいは KUS（肉）と呼ばれ、屠った動物、主に羊の内臓を観察するものであった。占いでは、肝臓や胆嚢や腸にみられる、しわや突起、斑点、変色といった特徴から、神の「しるし」が判断された。この種の占い結果を記録した文書には多くのフリ語が現れることから、内臓占いはバビロニアからフリ人を介してアナトリアにもたらされたものであった。このことは、内臓占いを行った人々が、バビロニアを始めとするメソポタミアに起源をもつ、ハル

表1　ヒッタイトで行われた占い方法

占いの種類	占いの専門家	占いの起源
内臓占い	ハルあるいはアズ（LÚḪAL / LÚAZU）	メソポタミア
寝台占い	ハルあるいはアズ（LÚḪAL / LÚAZU）	メソポタミア
鳥占い	鳥占い師（LÚMUSEN.DU / LÚIGI.MUSEN）	アナトリア
フリ鳥占い	ハルあるいはアズ（LÚḪAL / LÚAZU）	メソポタミア？
蛇占い	？	アナトリア
くじ占い	老女（MUNUSŠU.GI）	アナトリア

やアズ（^{LÚ}ḪAL/^{LÚ}AZU）と呼ばれる専門家であったことからも確かである[8]。また、内臓占いと関連した寝台占いは、内臓占いのために屠られる動物を観察する占いであった。寝台に乗せられた動物が、尻尾や舌をどのように動かしたか、あるいはその動物が囲いの中でどこに横たわったかが観察され、その結果は最終的に内臓占いの結果と組み合わせられた。この占いもハルやアズによって行われ、また結果を記録した文書にはフリ語の専門用語が現れるため、フリ人を介してバビロニアからもたらされた技術であったと考えられる。

　一方、鳥占いはメソポタミアではなくアナトリア起源の占いである[9]。鳥占い師（^{LÚ}MUSEN.DU あるいは ^{LÚ}IGI.MUSEN）は、さまざまな種類の鳥を用いて、それらが囲いの中でどのように飛び回り、移動したかを占った。たとえば、区切られた囲いの中で、鳥が右左どちらに飛んだか、あるいは屋根にとまったかどうか、頭を傾けたかどうか、川を飛び越えたかどうかといったように、鳥の動きが詳細に観察され、その行動が解釈された。他にも鳥を用いた占いには、「フリ鳥（*HURRI*）」と呼ばれる占いがあった。この占いについては、具体的な手順がほとんどわかっていないが、鳥占い師ではなくハルやアズによって行われたことから、先述の鳥占いと直接的には関係はないと思われる。

　また、稀な例ではあるが、同じくアナトリアを起源とする占い方法に、蛇占いがあったこともわかっている。この占いでは、ある象徴的な名前がつけられた水蛇が、桶の中で象徴的な名前のつけられた地点からまた別の地点へ移動する動きが観察された。蛇占いについても、具体的な手順と解釈方法、それを専門とした占い師についてはわかっていない。さらに、後述するように、「くじ」占いも鳥占いや蛇占いと同様、アナトリア起源の占い技術であり、「老女」（^{MUNUS}ŠU.GI）と呼ばれる専門の占い師によって行われた。

3.「老女」とくじ占い

　ヒッタイト文書には、「老女」(Old Woman) と呼ばれる女性の宗教的職能者が現れる。女性を表す限定詞 MUNUS と「老いた人」を意味する ŠU.GI を合わせた ^MUNUSŠU.GI と表記されることから、直訳的には「老女」と呼ばれる。ハロウトゥニアンが「『老女』の存在は、他の古代中近東の諸地域とアナトリアの間に異なる宗教的伝統があったことを示す」と説明したように、「老女」はヒッタイト時代のアナトリアに特有の職名であった[10]。ヒッタイト王国では、サンガ（SANGA）と呼ばれる神官などが国家官僚として神殿での職務にあたった一方、「老女」は王国各地で現地の伝統に根差した祭や儀礼に携わっていた[11]。

　「老女」が行った占いは、正負が割り当てられた対象を引き当てる行為を伴ったと想定されることから、「くじ」占い（lot oracle）と呼ばれる。各「くじ」にはさまざまな名前がつけられ、神々の名前や「王」などの具体的な名称から「善」や「悪」、「怒り」や「病」など抽象的な名称もあった。「くじ」占いは次のような過程で占われた。まず、ある名前が「能動シンボル（active symbol）」につけられた。次に、この「能動シンボル」が、善悪を象徴する名前をつけられた「受動シンボル（passive symbol）」を 1 個から最大 6 個まで、比喩的に「取る」ことになっていた。続いて「能動シンボル」が、また別の名前をつけられた「受け皿のシンボル（receptacle-symbol）」に、「受動シンボル」を比喩的に「与える」という流れで進められた[12]。

　各シンボルの名前がもつ意味や占いの過程は抽象的であるため、くじ占いを記録した文書は難解である。三種類のシンボルはそれぞれ何であったか、また「取る」や「与える」が意味する具体的な行為、占いの中で「老女」が果たした役割など、いまだその全貌は完全には解明されていない。

ただし、アルキはくじ占いが動物を用いた占いであった可能性を主張している。彼の説にしたがえば、ある動物が囲いの中へ放され、内部に入るときに通った地点や扉などに応じての動物に「能動シンボル」としての名前がつけられた。そして、「能動シンボル」となった動物が、囲いの内部で「受動シンボル」の名前をつけられた場所に当たったり、その前を通ったりしたことが、比喩的に「取る」という行為とみなされた。さらに、「能動シンボル」の動物が、最終的に「受け皿のシンボル」の名前のついた扉を通る、あるいはその上を越えて、囲いの中から出てくることが「与える」という行為であったと解釈している[13]。アルキの説が正しければ、「老女」は動物を囲いに放し、あるいは放つよう指示し、鳥占い師が鳥の動きを観察したように、動物の動きを観察したのかもしれない。

　またベールは、シンボルの名前の中には良い意味か悪い意味かが判断できるものがあるとして、その組合せと占いの結果との対応をまとめている。たとえば、「王」や「天候神」、「正しいこと」、「善」などは、正のシンボルであった一方、「敵」や「不吉」、「悪」などは負のシンボルであった。ベールによれば、「能動シンボル」と「受動シンボル」、「受け皿のシンボル」の三種類の正負がすべて「正」であれば、その占いの結果は吉であった。また、「負」の「能動シンボル」が「正」の「受動シンボル」を「取り」、「正」の「受け皿のシンボル」に「与えた」場合も、占いの結果は吉である[14]。しかし、「正」の「能動シンボル」が「負」の「受動シンボル」を「取り」、「正」の「受け皿のシンボル」に「与えた」ならば、占いの結果は凶である。「正」の「能動シンボル」が「正」の「受動シンボル」を取り、「負」の「受け皿のシンボル」に「与えた」としても、占いの結果は凶である。「負」の「能動シンボル」が「負」の「受動シンボル」を取り、「正」の「受け皿のシンボル」に「与えた」ときも、占いの結果は凶であった（表2参照）。

　「能動シンボル」が「受動シンボル」を「取り」、「受け皿のシンボル」

に「与える」という一連の占いは通常三度繰り返され、それぞれの占いの結果を合計して吉が凶より多い場合には、最終的な結果は吉であり、凶が吉より多い場合は吉という結果になった。

表2　くじ占いの結果の例（cf. Beal 2002: 79-80）

能動シンボル	受動シンボル（正＋負＝負）	受け皿シンボル	占い結果
正	正	正	吉
負	正	正	吉
正	負	正	凶
正	正	負	凶
負	負	正	凶

4.　「老女」は何を占ったのか？

くじ占いの方法は未解明な点が多いが、「老女」がこの占い方法を用いて、王の病の原因や王の即位にかかわる案件を占ったことはわかっている。そのような重要な事柄についての占いには、複数の占い方法が用いられた。たとえば、『内臓占い文書』（CTH570.1）は、アズによって行われた内臓の占いの結果を中心に記録しているが、あわせてくじ占いや鳥占いの結果も報告されている。

この内臓占い文書は、新王国時代の王ムルシリ2世の治世に書かれたものである[15]。ムルシリ2世は一時的に何からの言語障害を患ったことが知られている。この文書には、王に病をもたらしているのはどの神であり、その怒りの原因は何か、怒りを鎮める方法は何かが問われ、各種占いの結果が記録されている。欠損してしまっている文書の最初の二段落では、おそらくイシュハラという神の怒りが王の病の原因であると特定されただろう。その上で、第3段落からは、イシュハラ神への問いかけが始まり、各占いの結果が記されている[16]。

（第3段落）

［イシュハラ神］が、（陛下の病気の原因と）占いで確認された。この
ことは、彼女の神殿と［神像安置所］において確認された。神殿で
は、いくつかの罪が見出され、［それらは］すでに正された。（神よ）、
あなたは、（女神官）メズッラによる（祭の）方法は拒み、アシュタ
タの町の（祭の）方法を求めているのでしょうか。このことについ
て、内臓占いが行われた。

第一の内臓占い…（中略）…（結果は）凶である。

第二の内臓占い…（中略）…（結果は）吉である。また、「老女」に
よると、（結果は）凶である。

（第4段落）

内臓占いの予言。第一の内臓占いは吉であり、第二の内臓占いは凶で
あれ。

第一の内臓占い…（中略）…（結果は）吉である。

第二の内臓神託…（中略）…（結果は）凶である。「老女」による三
度のくじ占い（の結果は）吉である。

（第5段落）

（占いは）進められ、（イシュハラ）神は、アシュタタの町の方法で祝
い始められる。しかし、神よ、もし将来もメズッラの方法では、いか
なることに対しても望まないならば、内臓占いを通じて吉と、そして
くじ占い（を通じて）凶（とお伝え下さい）。

上に挙げた三つの段落では、内臓占いとくじ占いを通じて、イシュハラ神
が今後どのような祭の方法を望んでいるのかという点が調べられている。
第3段落では、イシュハラ神が、メズッラという女神官が提示した方法

で行う祭りは拒み、アシュタタという町の人々が行う方法を望んでいるかどうかが問われている。この問いに対する答えは、アズによる内臓占いと「老女」のくじ占いの両方で確認された。続いて第4段落の冒頭では、「第一の内臓占いは吉、第二の内臓占いは凶であれ」として、イシュハラ神には内臓占いの結果で意思を伝えるよう求められていた。その後行われた二度の内臓占いの結果は、冒頭で求められた結果と一致すると共に、「老女」によるくじ占いの結果も吉であった。このことから、最初の問いかけが正しかったことが判明し、第5段落ではイシュハラ神がアシュタタの町の住民が行う祭を望んでいるのだという解釈が確定した。さらに占いは続き、イシュハラ神は、現在望んでいない女神官メズッラの方法で祝われる祭を将来的にも拒み続けるのかどうかが問われていく。

　同文書には別の箇所にも、アズによる内臓占いとあわせて「老女」への言及がある。たとえば、第15段落からは、実際にイシュハラ神への捧げ物が行われることについての占いが始まっている。

　（第15段落）
　[そして]、彼らは神殿において神に捧げ[始めるだろう]。（その件については）、アズと「老女」によって確認されている。

　（第16段落）
　イシュハラ神に対して行われる捧げ物に、（王）の側室の娘が行くべきだろうか。「老女」による（結果は）吉である。アズと鳥占官による（結果は）凶である。

欠損が激しいものの、第14段落には「アシュタタの町」という語が辛うじて読み取れるので、第15段落の冒頭で決定されているイシュハラ神への捧げ物は、アシュタタの町で行われる祭儀を指しているだろう。この町

で祭儀を始めることは、それまでに行われたアズによる内臓占いと「老女」のくじ占いの両方の結果が良かったことが根拠となっているだろう。さらに、第16段落では、アシュタタの町へ捧げ物をしに行くのは、王の側室の娘が適切であるかどうかが問われている。「老女」によるくじ占いの結果は吉であったが、内臓占いと鳥占いの結果は凶であった。続く第17段落は、一部欠損があるものの、マッサナウッジという王ムルシリ2世の娘がアシュタタの町へ捧げ物に向かっていると記される。マッサナウッジとは、のちにアナトリア西部に位置するヒッタイトの属国の支配者と結婚した王女であった[17]。外国の王と政略結婚させられたマッサナウッジが、ヒッタイト王の側室の娘であった可能性は低く、正妃の娘であったと考えるのが妥当である。そうであれば、実際にアシュタタの町に捧げ物に向かったのは、王の側室の娘ではなく正妃の娘であり、ここでは側室の娘は好ましくないとしたアズや鳥占い師の解釈の方が「老女」の解釈より優先されていることになる。

　アズと「老女」、鳥占い師による三種類の占いの結果は、どのような場合にどれが優先されたのかという点は明確ではないが、この文書においては全体として内臓占いで得られた結果が「老女」と鳥占い師によって再確認される過程が踏まれているように読み取れる。ひょっとすると、メソポタミア由来の内臓占いの結果は、アナトリア起源のくじ占いや鳥占いの結果からも裏づけられなければならないと考えられたのかもしれない。いずれにせよ、王の病の原因究明と回復の方法を確かめるという、王家にとって重要な問題を扱う際には、複数の方法で行う占いの結果が必要とされたことは確かである。また、その中で「老女」が中心的な役割を果たし、王室と深いかかわりをもっていたということも示唆される。

　「老女」が王室と関係が強かったことは、王の病だけでなく、王の即位にかんする占いを行ったことからもわかる。新王国時代の王の即位式に関する占い文書（CTH 582）には、「老女」による占いの結果に基づいて、

皇太子トゥドゥハリヤの即位が延期されたという記録がある。

　　陛下が王位に就く［まで、陛下のために］、私たちは即位を延期して
　　きた。今、［そのことが］問題になりませんように。陛［下］が［王］
　　位に就くまでの間、［王位］に就いた後に、神々よ、あなた方は陛下
　　にいかなる病も予見されないでしょうか、［そして］誰も［陛下］か
　　ら血をもって［王］権の座を取り［上げる］ことはないでしょうか。
　　老女とハルによって［（確認された…）］[18]

皇太子トゥドゥハリヤの即位式は、彼に呪いがかけられていると判断され
たことで見送られていた。ここでは、即位の前後に、何者かの呪いによっ
てトゥドゥハリヤが病気にならないか、あるいは政敵によって王位を奪わ
れるような事態が予見されるかどうかが「老女」とハルによって占われよ
うとしている。
　次の文書（CTH569）にも、同じく皇太子トゥドゥハリヤの王位に即位
にかんする占いが記録されている。その中では、皇太子に呪いをかけたの
が王妃（タワナンナ）であったと特定され、その呪いをいかに解くべきか
が「老女」とハル、鳥占い師に占われた。

　　確認されたタワナンナの呪いについて。これまでに王権の神々の前で
　　タワナンナの呪いが解かれたように、今再び、同じように王権の神々
　　の前でそれが解かれ、［王］権の場と王座が清められなければならな
　　いだろうか。［そして］、陛下は（ご自身を）タワナンナの呪いから清
　　めなければならないだろうか。神よ。今、もし、あなたがそうするこ
　　とを認められるならば、そのことによってタワナンナの問題は解決さ
　　れるのでしょうか。将来、タワナンナの問題が我々に対してなおも邪
　　悪なローブを引き戻すことはないでしょうか。老女とハル、鳥占い師

によって（確認された結果は）吉である[19]。

ここでも、王の即位という王室にとって重要な案件が「老女」と、ハルおよび鳥占い師に確認されている。くじ占いと内臓占い、鳥占いを行った結果はすべて吉であったため、王座が清められ、またトゥドゥハリヤ自身も身を清めれば、皇太子に対する呪いが解かれるのだと確認された。この皇太子が王に即位するにあたって行われた一連の占い記録には、度々「老女」に言及がある。「老女」によって即位をさまたげる呪いがないか、あるとすればそれらの呪いを解くためにはどのような方策が必要か、即位にかんするあらゆる可能性について占いが行われたのである[20]。

5.　「老女」が行った儀礼

「老女」は、くじ占いだけでなく、さまざまな宗教儀礼を執り行ったことでも知られる。ヒッタイトにおいて、人間が被るすべての災厄は、何らかの「魔力」によって引き起こされるものであり、特に人を呪いをかける黒魔術は、王の司る社会秩序を脅かすものとして大罪とみなされていた[21]。「老女」の役割の一つは、呪われた者の呪いを解くために、黒魔術に対する対抗儀礼を行うことでもあった。「老女」は呪いをかけた者に呪いをかけ返すことで、魔力に対抗したのであった[22]。

「老女」は、数少ない古王国時代の儀礼文書の中でも言及されており、古くから儀礼にかかわっていたことがわかる。また、当時の文書にはメソポタミアやシリアと共通するような儀礼がほとんど記録されていないことから、主にアナトリア在地の伝統にしたがった儀礼に携わっていたのだと考えられる[23]。

ヒッタイト文書に初めて「老女」の名前が現れるのも、古王国時代の儀礼にかかわる言説の中である。王国の創始者であるハットゥシリ 1 世の、

古代アナトリアの王国ヒッタイトにおける女性呪術師「老女」　73

　いわゆる『ハットゥシリの遺言』（CTH 6）では、王が死を目前に、妻あるいは娘のハシュタヤルという女性に次のように話しかける。

　　大王（＝ハットゥシリ）、ラバルナ（＝ヒッタイトの王号）は、ハシュタヤルに「私を見捨てるな！」と繰り返し言う。（今後）王が彼女にかくのごとく言わない（ように）、臣下たちは「彼女はまだ『老女』に相談し続けています。」と王に伝える。王は［彼らに］言う。「彼女はまだ『老女』に相談しているのか。私には理解できない。」と。（そして王はハシュタヤルに言う）「これ以上、私を見捨てるな！［否！］常に私に［だけ］相談せよ。私はあなたへの言葉を明らかにする。適切に私を洗い清めよ。あなたの胸に私を抱け。あなたの胸で私を地から守れ。」[24)]

　これに続く部分は欠損しているが、ベックマンは「私を地から守れ」という文言があることから、ハットゥシリが望んだ自身の埋葬方法について言及されるのだと考えている。それが正しければ、ハットゥシリは自らの死後の埋葬にかんして「老女」に助言を求めることを禁じていることになる。
　ビン・ヌンは、「老女」が王の死後に火葬儀礼を行うようハシュヤタルに提言していた可能性を指摘する。「老女」は、ハッティ人たちに伝統的な儀礼を行う者であって、ハットゥシリ１世はハッティ人の方法で火葬されることを禁じ、自らを土葬するよう求めたのだと解釈したのである[25)]。このようなハットゥシリの言葉は、彼がヒッタイト王室にとっては異質なハッティ人の伝統を排除しようとしていたということを示している。ハットゥシリが「老女」を非難していることは、建国当時からすでに「老女」が王家に強い影響力をもっていたということを物語っている。
　ハットゥシリ１世が異質な文化の継承者と見て「老女」の影響力を排除しようとしたにもかかわらず、のちの新王国時代に記録された、死去し

た王と王妃の一連の葬儀にかんする文書（CTH 450）には、やはり「老女」が現れ、火葬儀礼に関与していたことがわかる[26]。死去した日から14日間にわたって催されたヒッタイト王と王妃の葬儀では、「老女」が死者の霊の名前を呼び、儀礼を行っている。

　　「老女」は、死者（の霊）の名前を挙げながら同僚たちに聞く。「彼は連れてこられた。何某は今連れてこられた者か。」と。同僚たちは「ハッティの人々（と）ウルッハの人々が（彼を）連れてきました。」と答える。しかし、別の者は「彼は連れて来られるべきではない。」と言う。彼女の同僚は「銀（と）金を取れ。」と答えるが、彼らは「[私は] それを [取ら] ない。」と言う。これを三度繰り返す。[27]

葬儀2日目に行われたこの儀礼の内容は抽象的ではあるが、「老女」が金や銀を用いて、死者の魂が神々のもとに上る前に必要な準備しているようである。最終的に、遺体は儀式で使用された品々とともに荼毘に付され、遺灰は銀の壺に入れられて *ḫekur* と呼ばれる岩の聖所に安置されることになっていた。

　「老女」は葬儀にかんする別の粘土板断片にも現れ、死者と共に燃やされた品々の灰を馬と牛の頭にかける儀礼を行っている。

　　彼女（＝泣き女）は犂を壊し、それをその場で燃やす。「老女」はその灰を取り上げ、燃やされた馬の頭と牛の頭にかける。そして牛は屠られ、料理人がそれを取る。[28]

王や王妃の葬儀には高位の神官たちが参加しており、「老女」が葬儀の最高責任者であったとは考えにくいが、上に挙げた記述からは「老女」が火葬儀礼の中で中心的な人物であったことは確かである。古王国時代の

ハットゥシリ1世にとって「老女」は排除すべき異質な文化を伝える者であったにもかかわらず、彼の治世から数百年を経た時代においてもなお、その王家における存在感は薄れていなかったのである。

さらに新王国時代には、「老女」はルウィ人やフリ人の宗教儀礼にもしばしば現れるようになる。当時、ルウィ人が多く居住するアナトリア南東部のキズワトナが、ヒッタイト王国に併合されたことで、ヒッタイト本国に対する彼らの宗教の影響力が強まっていた[29]。新王国時代の儀礼文書（CTH 760）では、呪いを解く儀礼の中で、呪いをかけられた被害者に代わって「老女」が、ルウィ人の神である太陽神ティワドと「地上の太陽女神」に次のように祈っている。

　　もし、呪われた男が生きるなら、ティワド神は彼を上に届けるように。もし彼が死ぬならば、地の太陽女神が彼を届けるように。[30]

フッターによれば、ルウィの宗教において「地上の太陽女神」は諸悪を取り払う神と信じられた。ティワドや「地上の太陽女神」を扱う儀礼を行っていることからは、「老女」がルウィの宗教的な伝統とも関わりがあったと示唆される。

以上のことから、「老女」と呼ばれた人々は、主に古王国時代にはハッティ人の、新王国時代にはルウィ人の伝統にのっとった儀礼に従事した。ヒッタイト王国の歴史を通じて「老女」の職能は、アナトリアに住む、ヒッタイト人とは別の民族言語集団の宗教に由来しているのである。

6.　「老女」の宗教的職能者としての位置づけ

ヒッタイト文書を見る限り、「老女」は呪術師（magician）と考えるのが妥当である。「老女」は、儀礼を通じて神々の力を借りるか、占いで

神々の意思を解釈することによって、現実に起こっている問題を依頼者の
ために解決する、あるいは解決方法を依頼者に提示した。「老女」がトラ
ンスなどの特別な精神状態で霊的存在と直接に交信したことを示す記述は
ないため、シャーマンであったことは証明できない[31]。彼女らは、くじ占
いでは神々から下るさまざまな「しるし」を読み取って依頼者に伝える役
割を担った。また、依頼人の呪いを解いたり、身体を清めたりするために
は、どのような儀礼を行えば神々の力を得られるのかという知識をもって
いたのである。「老女」は、おそらく理性に基づいて自然現象と神々の意
思との因果関係を理解しようとしており、神々と依頼者を媒介する呪術師
であると共に、呪医とも科学者とも呼ぶことができるだろう。

　また、「老女」は王や王妃を代理して神々に働きかける役割を担ったこ
とからは、祭司（priestess）という定義もできる。「老女」が王室と密接
に関わっていたことは、占いや儀礼の内容からだけでなく、「王の老女」
（^{MUNUS}ŠU.GI LUGAL）や「王宮の老女」（^{MUNUS}ŠU.GI É.GAL）と呼ばれ
る肩書きが存在したことからも明確である。また、「ある都市の老女」や
「老女たちの長」（GAL ^{MUNUS.MEŠ}ŠU.GI）という肩書きもあり、「老女」が
各宗教都市に配置され、彼女らを統括する責任者がいたことも示唆され
る。このことを踏まえると、「老女」が王室から公的にその地位を与えら
れていたことはほぼ間違いないだろう。ただし、「老女」は特定の神殿に
仕えていたわけではない。彼女らはそこに神々（の像）が「いる」神殿
ではなく、「いない」場所で神々と関わることのできる能力を備えていた。
彼女らは神殿に仕える神官では対処できない問題を解決できるからこそ重
用された、「王宮御用達の呪術師」であったと言えるだろう。

　最後に、「老女」がなぜ老いた女性でなければならなかった点について
考えたい。「老女」が女性であった理由は、神々の関心を惹くことと関係
あるかもしれない。彼女らが神々と具体的にどのように関わったのかは、
文書中に確認できないものの、女性にしかできないアプローチがあったと

想定される。たとえば、神々が「老女」の性や母性などに惹きつけられるのだと考えられていたのかもしれない。一方、「老女」の「老い」ついては、文字通りに理解すべきではない。コリンズが ^{MUNUS}ŠU.GI を Wise Woman と訳したように、神々の意思を引き出す方法を熟知した「賢女」と呼ぶ方が適切だろう[32]。ヒッタイト宗教文書には ^{LÚ}ŠU.GI「老人／老いた男」と称される者がしばしば現れる。しかし、^{LÚ}ŠU.GI は ^{MUNUS}ŠU.GI（「老女」）と対の関係に置かれることはなく、新任の神官と対比される年配の神官を指す事例があることから、単に老いた男性を指したことがわかる[33]。一方、「老女」が年長者であったことを示す文書がないことから、この名称は特定の目的のために置かれた専門職名であり、必ずしも年老いた女性を指すわけではなかったと考えられる[34]。「老女」という地位の継承は世襲なのか、あるいは外部の人間が修行を経てなるものなのかはわかっていない。しかし、「老女」の存在が時代を通じてヒッタイト文書に確認できるように、現役の「老女」は何らかの形で自らの知恵を次世代に伝えたにちがいない。歳を重ねるごとに知恵を深め、老いて後進を育成する彼女らの姿が「老女」という職名の由縁であったのかもしれない[35]。

7. おわりに

ヒッタイト文書に現れる「老女」は、くじ占いと種々の儀礼を行う女性の呪術師であった。「老女」は、メソポタミアから輸入された知識に基づいた占いや儀礼ではなく、アナトリアという土地に根差す伝統に基づいた宗教実践を行っていた。「老女」が古くからハッティ人の伝統にしたがった埋葬儀礼にかかわり、また「くじ占い」を行い、時代を経ると、アナトリア南部および東部を拠点としたルウィ人やフリ人に伝統的な儀礼を行ったこともわかる。どのような伝統にしたがっていたとしても、「老女」は、常に王の埋葬や病、即位のような、王に直接かかわる極めて重大な問題を

解決していた。

　時代によって変化はあるものの、「老女」はヒッタイト人とは異なるアナトリア在地の人々の伝統を受け継いでいる。このことから、「老女」は、その時々の必要に応じてアナトリアの各地から集められた、さまざまな文化的背景をもった呪術師と理解するべきだろう。「老女」という言葉は、ある問題を解決するためにふさわしい知恵をもった女性を指しているのであって、必ずしも年老いた女性を意味しなかった。

　「老女」のくじ占いを始め、王家にとって重要な問題を解決する際に、内臓占い、鳥占いの結果が組み合わされたのは、王家の人々が神の意思をできるだけ正確に理解しようとしたからであろう。古代中近東世界においては、国土の所有者は各都市の神であり、王はそうした神々の代理人として国土の支配を行っているのだと考えられた。ヒッタイト王家は、彼らが支配するすべての都市の神々が各々納得するような方法で信仰しなければならなかったのである。また、国家に何らかの問題が起こった場合、その原因となる神を全支配地域から探し出さなければならなかった。支配下にあるすべての都市の神々を適切に祀るためには、王家は自分たちも知らない、各地域の宗教的伝統に詳しい専門家を必要としていたはずである。そのため、ハッティ人が支配的な領域に王国が建てられた古王国時代にはハッティ人の、アナトリア南部を併合した新王国時代には、同地域で大きな人口を占めていたルウィ人の伝統に詳しい者を求めていたにちがいない。「老女」とは、そのような王家のニーズに応えるために、王国各地から集められた人々であった。

注

* 本論は、平成 27 年度大畠記念宗教史学研究助成基金「ヒッタイト語史料にみる神々と国家の仲介者としての王の役割」の助成金交付により、同年 11 月のシカゴ大学滞在中に行った研究の一部である。本論の執筆にあたっては、シカゴ大学人文学部近東言語文化学科博士課程の Hannah Marcuson 氏に多くの助言をいただいた。この場を借りて謝意を表したい。

1) ヒッタイト人の起源と前 2 千年紀アナトリアに定住した民族言語集団については、Collins (2007: 23-25 および 31-32) を参照されたい。

2) 今日使われている「ヒッタイト」という言葉は、旧約聖書に現れる「ヘテ人」の英語表記 "Hittite" に由来している。

3) ヒッタイトの宗教全般については、Taracha (2009) を参照されたい。

4) ヒッタイトの夢にかんする文書については、Mouton (2007) にまとめられている。

5) Singer (2002: 58)

6) van den Hout (2003: 88)

7) ヒッタイト文書に現れる各占い方法の詳説は、Beal (2002) が行っている。

8) ^{LÚ}ḪAL と ^{LÚ}AZU はシュメログラムであり、いずれもアッカド語の *bārû*（卜占師）を指している。これらの職名がヒッタイト語でどのように呼ばれていたのかについてはわかっていない (Beal 2002: 59)。

9) ヒッタイトの鳥占いの詳細な研究は、Sakuma (2014) が行っている。

10) Haroutunian (2004: 300)

11) Taggar-Cohen (2006: 5)

12) くじ占いの手順と結果の解釈については、Beal (2002: 76-80) を参照した。

13) Archi (1974)

14)「能動シンボル」が複数の「受動シンボル」を「取り」、正と負がいずれも含まれる場合には、全体として「受動シンボル」は「負」とされた（Beal 2002: 80）。

15) Beckman et al. (2011: 209)

16) CTH 570.1= KUB 5.6 + KUB 18.54 + KBo 53.103 (+) KUB 50.123. 以下、Beckman et al. (2011: 183-208) の編集にしたがい、筆者が和訳した。なお、本稿で引用したヒッタイト文書は、粘土板に書かれた楔形文字の手書きコピーの出版番号に従って掲載している。ヒッタイト語文書の大部分を占めるボアズキョイ文書は主に KBo と KUB という二つのシリーズに刊行されている。また、文書全体を示す際には、ヒッタイト文書カタログ（CTH）の番号を掲載している。1971 年にラロッシェによって開始された CTH プロジェクトは、現在はインターネット上に公

開されている。使用したカタログ番号は Hethitologie Portal Mainz (S. Košak and G.G.W. Müller, URL: http://www.hethport.uni-wuerzburg.de/CTH/) に従っている。

17) Beckman et. al. (2011: 209)

18) KUB 18.36 ii 11'-18'. van den Hout (1998: 113) の編集にしたがい、筆者が和訳した。

19) KUB 50.6 ii 35-47. van den Hout (1998: 183) の編集にしたがい、筆者が和訳した。

20) 新王国時代の王トゥドゥハリヤの即位にかんする一連の占い文書は、van den Hout (1998) にまとめられている。

21) ヒッタイトにおける黒魔術については、Taracha (2009: 153) を参照されたい。

22) Taracha (2009: 154)

23) 古くから「老女」が占いと魔術両方に深く関わったことを示す証拠があり、「老女」が行った特に重要な儀式の手順は、文書に記録されて後世に伝えられた（Taracha 2009: 151-152)。

24) KUB 1.16 iii 64-73. Beckman (2003: 81) の編集にしたがい、筆者が和訳した。

25) ハットゥシリ1世と「老女」の関係については、Bin-Nun (1975: 122-124) を参照されたい。

26) ヒッタイト王と王妃の葬儀文書については、Otten (1958) にまとめられている。

27) KUB 39.15 + KUB 39.19 obv. 29-33. Otten (1958: 68-69) の編集にしたがい、筆者が和訳した。

28) KUB 39.14 i 12-16. Otten (1958: 79) の編集にしたがい、筆者が和訳した。

29) Taracha (2009) が主張するように、王朝そのものがフリ人の王朝に交替したという可能性もある。

30) Hutter (2003: 227)

31) 本論では、佐々木宏幹（1992: 107）に従って、人間・社会を代表して神霊・精霊に働きかける宗教的職能者を「祭司」、神霊・精霊とトランス状態その他において直接交流・交渉する者を「シャーマン」、呪力・霊力を具体的に利用して現実的問題を解決しようとする者を「呪術師」とする。

32) Collins (2007: 181)

33) Taggar-Cohen (2006: 155)

34) ヒッタイト文書において [MUNUS]ŠU.GI が必ずしも老いた女性を指すためだけに用いられる言葉ではなかった可能性は、アッカド語 šugitu（シュメログラムで ([MUNUS])ŠU.GI）からも支持される。このアッカド語は女性の地位を表しており、子供をもうけることができない妻に代わる第二夫人の立場を指す場合が多く（CAD-Š: 200）、子供を産むことが想定されることから、「老いた」女性ではなかったと考えられる。

35) ヘブライ語聖書における女性の宗教的職能を論じたハモリ (Hamori 2015) は、ヒッタイトの「老女」とメソポタミアの女神たちに与えられた「賢女」（文字通りには「老女」）という形容辞に注目している。メソポタミアの女神たちは、夢解きや占いといった役割を果たすことに対して「賢女／老女」と形容されている。また、ハモリはヘブライ語聖書に現れるテコアの「賢女」（サムエル記下 14 章）とアベルの「賢女」（サムエル記下 20 章）についても、ヒッタイトの「老女」やメソポタミアの女神たちへの形容辞のように、「賢女／老女」という言葉が一種の職能を表すため言葉として使われているのだと主張している。

略　号

CAD : *The Akkadian Dictionary of the Oriental Institute of the University of Chicago*, Chicago.

CTH : Laroche, E., *Catalogue des textes hittites*, Paris, 1971.

KBo : *Keilschrifttttexte aus Boghazköi* (Leipzig and Berlin)

KUB : *Keilschrifturkunden aus Boghazköy* (Berlin)

参考文献

Archi, A. 1974: "Il sistema KIN della divinazione ittita", *Oriens Antiquus. Studia Biblica et Orientalia* 13, 113-144.

Beal, R. H. 2002: "Hittite Oracles", in L. Ciraolo and J. Seidel (eds.), *Magic and Divination in the Ancient World*, Leiden, Boston and Köln, 57-81.

Beckman, G. 2003: "Bilingual Edict of Hattušili I", in W. W. Hallo (ed.) *The Context of Scripture, Vol. II, Canonical Compositions from the Biblical World*, Leiden, New York and Köln, 79-81.

Beckman, G., Bryce, T. R. and Cline, E. H. 2011: *The Ahhiyawa Texts (Society of Biblical Literature, Writings from the Ancient World* 28), Atlanta.

Bin-Nun, S. R. 1975: *The Tawananna in the Hittite Kingdom (Texte der Hethiter* 5), Heidelberg.

Collins, B. J. 2007: *The Hittites and Their World*, Atlanta.

Hamori, E. J. 2015: *Woman's Divination in Biblical Literature: Prophecy, Necromancy, and Other Arts*, New Haven and London.

Haroutunian, H. 2004: "Religious Personnel (Anatolia)", in S. I. Johnston (ed.) *Religions of the Ancient World*, Camridge, Massachusetts, and London, 299-301.

Hout, T. J. P. van den. 1998: *The Purity of Kingship: An Edition of CTH 569 and Related Hittite Oracle Inquiries of Tuthaliya IV*, Leiden, Boston and Köln.

Hout, T. J. P. van den. 2003: "Omina (omens). B. Bei den Hethitern", in D. O. Edzard and M. P. Streck (eds.), *Reallexikon der Assyriologie und Vorderasiatischen Archaologie, 10. Bd.: Oannes – Priesterverkleidung*, Berlin, 88-90.

Hutter, M. 2003: "Aspects of Luwian Religion", in H. C. Melchert (ed.), T*he Luwians* (*Handbuch der Orientalistik* I/68), Leiden and Boston, 211-280.

Mouton, A. 2007: *Rêves hittites. Contributions à une histoire et une anthropologie du rêve en Anatolie ancienne*, Leiden and Boston.

Sakuma, Y. 2014: Analyse hethitischer Vogelflugorakel, in J. C. Fincke (ed.), *Divination in the Ancient Near East: A Workshop on Divination Conducted during the 54th Rencontre Assyriologique Internationale, Würzburg, 2008*, 37-51, Indiana.

Singer, I. 2002: *Hittite Prayers* (*Society of Biblical Literature, Writings from the Ancient World 11*), Atlanta.

Taracha, P. 2009: *Religions of Second Millennium Anatolia* (*Dresdner Beiträge zur Hethitologie* 27), Wiesbaden.

Tagger-Cohen, A. 2006: *Hittite Priesthood* (*Texte der Hethiter* 26), Heidelberg.

Otten, H. 1958: *Hethitische Totenrituale* (*Institut für Orientforschung, Veröffentlichung* 37), Berlin.

佐々木宏幹　1992：『シャーマニズムの世界』講談社学術文庫.

預言者ムハンマドにおける神との交流
——啓示体験と昇天体験——

青柳　かおる

1.　はじめに

　イスラームには、一般信徒とは区別された宗教職能者としての聖職者は存在しない。しかし広い意味で、神や霊的存在と交流し、人々との媒介者となる人物は存在する。神から啓示（ワフイ waḥy）を授かった預言者ムハンマド（Muḥammad）、ジン（jinn: 精霊、妖鬼）[1] と交流するマジュヌーン（majnūn: もの憑き）、神からイルハーム（ilhām）と呼ばれる霊感を与えられた聖者（walī: 神に近い者）[2] やシーア派のイマーム（imām: 指導者）[3] などがこれに該当するだろう。

　本稿では、イスラームにおける神と人間との媒介者である預言者ムハンマドを取り上げる。ムハンマドには大きく分けて、二種類の神との交流があったとされる。第一は、後にコーラン（クルアーン）としてまとめられる啓示が、神から断続的に下された体験であり、第二は、天馬に乗って最上天まで上昇し、神と会話を交わしたという奇蹟的な昇天体験である。これらの体験において、神とムハンマドとの交流はどのような形で行われたのかを分析し、神とムハンマドとの交流の意義を考えたい。

　第2節では、ジンとマジュヌーンについて述べる。イスラーム以前のアラビア半島では、ジンに憑かれたマジュヌーンが、詩人や占い師として活躍していた。ムハンマドは最初に神からの啓示を受けたとき、自分はジ

ンに憑かれたのではないかと考えたという。だがムハンマドは、自分は
マジュヌーンではなく、預言者であるという自覚を持ち、布教活動を開始
していく。しかしながら、ムハンマドは当時のメッカの人々にマジュヌー
ンとみなされる場合があり、自分は預言者であることを主張しなければ
ならなかったし、後のイスラーム学者たちによって、ムハンマドはマジュ
ヌーンではないということが議論されたのである。それを踏まえ、第3節
では、啓示の伝達方法に注目しながらムハンマドの啓示体験を分析し、マ
ジュヌーンとムハンマドを比較したい。第4節では、ムハンマドの昇天体
験を検討し、啓示体験とは異なる神との交流の特徴について述べ、後に昇
天体験がイスラーム思想に与えた影響について考えたい。

2. ジンとマジュヌーン

　イスラームにおける目に見えない超越的存在として、まず唯一神があ
る。また神の被造物のなかの超常的存在として、天使[4]、ジン、悪魔[5] が
挙げられる[6]。天使は、神と人間の中間的存在であり、光から創造され、
神の手足となって働く霊的、天上的存在である。ジンは、イスラーム以前
のジャーヒリーヤ時代（Jāhilīyah: 無明時代）[7] からアラブ人に信じられて
きた精霊である。それがイスラーム時代になっても残存し、コーランにも
述べられている。燃える火から創造され、人間と同様に、最後の審判では
裁きを受けるとされる。悪魔は、終末の日まで神に背き、人間を誘惑する
存在である。ジンや天使との関係ははっきりしない。火から創造されたと
も、ジンの一族であったとも言われるが、もともとは天使だったがアーダ
ム（アダム）に跪拝せよという神の命令に背いたため、悪魔とされたとも
述べられている（コーラン7章11–18節；中村1998, 70–71）。
　ジャーヒリーヤ時代のアラビア半島には、職能的な霊との媒介者が存
在した。それは、ジンと交流できる詩人（shā'ir）やカーヒン（kāhin: 巫

者、占い師)[8] であった。ジンに憑依された人をマジュヌーンという。ジンはしばしば話術を領分とする者たちに取りつき、彼らの雄弁な才能を引き出すと考えられていたため、詩人、巫者、占い師などはマジュヌーンとみなされた。預言者ムハンマドが当初マジュヌーンと呼ばれたのは、啓示にみられるサジュウ体（アラビア語の押韻散文形式）が、詩人、巫者、占い師に特有の表現方法だったことによる（濱田 2002）。

　ジャーヒリーヤ時代の詩人は、ジンからインスピレーションを得て、普通ではない心理状態で詩を詠んでいた。また詩人のたぐいのほかに、もう一つ、社会的に重要な役割を果たしたマジュヌーンの種類があり、それはカーヒンと呼ばれる一群の人々である。カーヒンは、古代アラビア社会で非常に高い位置を占める巫者だったが、しだいにその地位は低下し、神殿との結びつきを失って、ムハンマドのころには、巷の巫者、単なる占い師のようなものに堕しつつあった。それでもなお、夢判断、医術、失せ物の有り場所の言い当て、犯罪者の捜査などでは民衆の日常生活になくてはならない存在であった（井筒 1991, 228–229）。

　さらにジャーヒリーヤ時代の呪術（siḥr）では、縄の結び目に息を吹きかけたりする呪いの呪術が行われていた[9]。イスラームでは、神に祈願するのではなく、神以外の超自然的存在（悪魔やジンなど）の助けを借りて目的を達成しようとする行為が呪術とされる。呪術師（多くは占い師、治療師）は呪文を唱えてジンを呼び出し、命令を遂行させるという（斎藤 2002）[10]。ムハンマドは、ジンをあやつって呪術を行ったりはしなかった。むしろムハンマドは、多神崇拝とならんで呪術を大罪とみなした。したがってイスラームでは、原則として呪術は禁止されているが、実際は今日でも、イスラーム世界の各地で呪術が行われている。ただし、コーランに根拠のある呪文や護符は認められている。たとえば、コーラン 113 章と 114 章には、「私は神に助けを求めます」と唱えるイスティアーザ（isti‘ādhah）と呼ばれる悪魔祓いの文言が述べられている。また、コーラ

86

ンの文言や神の九九の名前が書かれた護符も用いられている[11]。

さて、預言者はマジュヌーンとどのように違うのだろうか。コーランでは、ムハンマドはジンに憑かれた詩人や巫者と同じではないか、と批判されたと述べられている。しかし、神から下された啓示は詩とは異なることや、ムハンマドが詩人ではないことを言明しているコーランの文言は複数存在しており、繰り返し両者の関係性を否定している。たとえば「本当にこれは、尊貴な使徒の言葉である。これは詩人の言葉ではない。だがあなたがたは、ほとんど信じない。また、占い師の言葉でもない。しかしあなたがたはほとんど気にもしない（69章40–42節）」といった章句が挙げられる[12]。

たしかにムハンマドも詩人や巫者も、サジュウ体という押韻散文形式のアラビア語を発した。しかし、アッラーから啓示を受けた預言者ムハンマドと、ジンが憑依した詩人のたぐいを同一視してはならないし、アッラーとジンを同一視することも許されない。アッラーは天地の創造主であり、全世界の絶対君主であるが、これに反してジンは神の被造物、人間と一緒に裁かれる身だからである（井筒 1991, 226）。またイスラームでは、預言者の神からの啓示と、詩人や巫者のジンからの霊感とはまったく異なるものであるとされ、ムハンマドと詩人との関係性や、啓示とジンとの関係性は強く否定される。絶対者である神と神の被造物にすぎないジンとの違いが強調され、ムハンマドが詩人やマジュヌーンと誤解されることはありえないのである。

またムハンマドは、イエスのように病気治しのような奇蹟を行うこともなかったため、何か預言者である徴を見せるように迫られることもあったという[13]。ムハンマドが預言者である証明は、コーランの韻を踏んだ美しいアラビア語の文体とされる[14]。コーランのアラビア語も、詩人たちのアラビア語もサジュウ体であるが、ムハンマドに挑戦してきた詩人たちは、誰もムハンマドが伝える啓示ほどの美しい文体の詩を作ることはできな

かったという。このように両者にはさまざまな相違点があるが、ムハンマドが預言者でありマジュヌーンとは異なっていることを表す証明として非常に重要なのが、次節で述べる特殊な啓示の伝達形式なのである。次に、どのようにムハンマドに啓示が下されたのかについて述べたい。

3. 預言者ムハンマドの啓示体験

まず、ムハンマドの最初の啓示（召命体験）において、いかに神と交流したのかをみてみよう。イブン・イスハークによる『預言者伝（*al-Sīrah al-Nabawīyah*）』によれば、ムハンマドは、シリアやイラクに赴く商人として活動し、裕福な女性商人のハディージャと結婚して幸せに暮らしていたが、しばしばメッカ郊外のヒラー山の洞窟にこもって瞑想するようになった。そのようなある日、四十歳の頃、ヒラー山で神の啓示を受けたとされる。『預言者伝』では、ムハンマドが初めて啓示を受けた場面が、以下のように記されている[15]。

神の使徒（ムハンマド）は毎年ひと月間、ヒラー山に籠った。これはジャーヒリーヤ時代にクライシュ族の人々が行っていた精進（敬虔な行い）の一つである。……
ついに神が使徒を召命した年の、神が使徒に恩寵を授けた月になった。その月とはラマダーン月である。神の使徒は、例年通りお籠もりをしにヒラー山に出かけた。家族も一緒だった。とうとう、神が恩寵により使徒を召命し、人類に慈悲をかけた夜になった。神の命をたずさえジブリール（ガブリエル）が使徒を訪れた。
神の使徒は言った。私が眠っていると、彼（ジブリール）は、文字の書かれた錦の布を持って私の前に現れ、「誦め（音読せよ）」と言った。私が「何を誦むのか」と言うと、その布で私の首を締め上げたの

で、死ぬかと思った。彼は私を放し、「誦め」と言った。私が「何を誦むのか」と言うと、その布で私の首を締め上げたので、死ぬかと思った。彼は私を放し、「誦め」と言った。私が「何を誦むのか」と言うと、その布で私の首を締め上げたので、死ぬかと思った。彼は私を放し、「誦め」と言った。私は「いったい何を誦むのか」と言った。そう言ったのは、二度と同じ目にあわされたくない一心からだった。

彼は言った。『誦め、「創造主であるお前の主の御名において。主は凝血から人間を創造した。」誦め、「お前の主は寛大このうえなく、ペンで教えた。人間に未知なることを教えた。」(コーラン 96 章 1–5 節)』

私はそれを誦んだ。誦み終わると、彼は私から去った。私は眠りからさめたが、それ(啓示)は心に書きこまれたかのようだった。

そこを出て、山の中を歩いていると、天からの声を聞いた。「ムハンマドよ、お前は神の使徒である。私はジブリール。」……(*Sīrah*, Vol. 1, 301–303; イブン・イスハーク 2010, 230–232.)

こうして、ムハンマドは神に選ばれ、天使ジブリールを通して神の声(啓示)を聞いた。そして啓示を人々に伝える義務を課された使徒(預言者の中でも、宣教の義務を持つ者)となった。ここでは、ムハンマドが神の啓示を受けた時、天使ジブリールを通して、神の啓示を授かったとされている。最初、ムハンマドは、自分はジンに憑依されたと考えたが、妻のハディージャのいとこであるキリスト教徒のワラカに相談すると、ムハンマドのところに来たのはジンではなく、神の啓示を伝える天使であり、ムハンマドは預言者なのだと励まし、ムハンマドは預言者としての自覚を持つようになったという(*Sīrah*, Vol. 1, 305; イブン・イスハーク 2010, 232–233; *Ṣaḥīḥ B*, Vol. 1, 4; ブハーリー 1994, 上巻 , 17)。

続いて、ムハンマドに啓示が下されるときの様子が述べられているコー

ランの章句とその解釈をみてみよう[16]。

> それは彼に啓示された、御告げに外ならない。彼に教えたのは、ならびない偉力の持主、優れた知力の持主である。真っ直ぐに立って、彼は地平の最も高い所に現われた。それから降りて来て、近付いた。凡そ弓二つ、いやそれよりも近い距離であったか。そしてしもべ（ムハンマド）に、彼の啓示を告げた（コーラン53章4–10節）。

初期のコーラン注釈者タバリー（al-Ṭabarī, 923年没）の『コーラン章句解釈に関する全解明（*Jāmiʿ al-Bayān ʿan Taʾwīl Āy al-Qurʾān*）』によると、「ならびない偉力の持主……彼は地平の最も高い所に現われた」は、天使ジブリールと解釈されている（*Jāmiʿ*, Vol. 22, 9–13）。しかし続く「それから降りて来て、近付いた」については、ジブリールとする解釈と、神とする解釈があったという（*Jāmiʿ*, Vol. 22, 14）。また「弓二つ」の距離にあったのは、ムハンマドと神の二人とする解釈があったという（*Jāmiʿ*, Vol. 22, 19）[17]。しかしながら、ムハンマドが直接神を目で見るということは、（後の）イスラームの常識では考えられないことであり、ジブリールと解釈されたのである（井筒2013, 351）。

またコーランには「聖霊（rūḥ al-qudus）が真理をもって、あなたの主からの啓示をもたらして来たのは、信仰する者を強固にするためであり、またムスリムたちへの導きであり吉報である（16章102節）[18]」と述べられて

図版1　ジブリールから啓示を授かるムハンマド（ラシードゥッディーン『集史』より）https://en.wikipedia.org/wiki/File:Mohammed_receiving_revelation_from_the_angel_Gabriel.jpg

いる。この聖霊は、コーラン解釈では、天使ジブリールと同一視される（*Jāmi‘*, Vol.2, 221–223）[19]。

　上に挙げた二つの章句はメッカ期のものであり、「ならびない偉力の持主」あるいは「聖霊」が具体的に何であるか示されていない。しかしヒジュラ（聖遷）後のメディナ期になると、それは天使、とりわけジブリールとして表されるようになる（牧野 2005, 112）。「ジブリールに敵対するのは、誰であるのか。本当に彼こそは、アッラーの御許しにより、先にあるものを確証し、また信者への導き、吉報として、あなた（ムハンマド）の心に（主の啓示を）下す者である（2 章 97 節）」と述べられているのである。

　このようにムハンマドへの啓示を伝えた者は、コーランでは、漠然とした存在から天使ジブリールへと変わり、またコーラン解釈においても、最初期には神から直接啓示が下されたという見解もみられたが、しだいに天使ジブリールを通して啓示が下されたという解釈が定説になったと考えられる。

　次に、啓示が下されたときのムハンマドの様子[20]について、ハディース（預言者ムハンマドの言行録）をみてみよう。ムハンマドの妻、アーイシャ（‘Ā’ishah, 678 年没）の伝えるハディースには、以下のようなものがある。

　　ハーリス・イブン・ヒシャームが神の使徒に「啓示はあなたにどのように下りますか」と尋ねたとき、彼は「あるときは、耳をつんざく鈴（jaras）[21]の音のように私に臨み、それは私にとって最も苦しいのであるが、やがて途絶えると、私は示された言葉をしっかりと心の中につかんでいるのに気づく。またあるときは、天使が人の姿をとって現れて私に語りかけ、私はその言葉をはっきりと記憶する」と答えた（*ṢaḥīḥB*, Vol. 1, 2; ブハーリー 1994, 上巻 , 15）。

ハディースによれば、第一の形式として、啓示の際には鈴の音がして、我に返るとそれが言葉になったという。これは、神から直接、啓示が下されたとも考えられる。第二の形式として、天使が現れて、神の言葉を伝えたという。このように、ムハンマドには少なくとも二つの形式で啓示が伝えられたとされ、常にジブリールを介していたのかははっきりしない。神がムハンマドの前に現れて、直接言葉を語ったとは考えられないが、鈴の音が聞こえたという場合もあったということから、この場合は神から直接啓示が下ったとも考えられる。そのため、啓示の際には、必ず天使が現れたとは限らないとも解釈できるのである。

　しかし後に、コーランがすべて書かれている「天に護持された書板 (lawḥ maḥfūz)[22]」から、最下天にそれが一度に全部下され、そこから分割されて、常にジブリールによってムハンマドに伝えられたと解釈されるようになった（大川 2013, 156–162）。結局、神、天使、預言者という三者間の関係に基づいている啓示の伝達が、イスラームにおける最も典型的な啓示の形式として認められるようになるのである。イスラームにおける啓示は、詩人やカーヒンの場合にみられるような、ジンが直接人間に乗り移る、ジン対人間という二者間の憑依現象と構造的にはっきりと区別されるということである（牧野 1996, 92）[23]。ジンが人間に憑依するように、神がムハンマドに憑依したのではない。ムハンマドと神の関係は、マジュヌーンのような憑依型ではなく、天使を仲介者とした外からの働きかけであると言えよう。

　以上のように、ムハンマドは預言者として、神から天使を通して啓示を受けたとされる[24]。ジンに憑依されたマジュヌーンとはっきりと区別するために、ムハンマドは神から直接言葉を授かったとするのではなく、間に天使が入っている点が、イスラームの啓示形式の最大の特徴なのである。イスラームでは、地上で直接神と言葉を交わしたのは預言者ムーサー

（モーセ）だけとされ[25]、ムーサーは「神と話す者（Kalīm Allāh）」という尊称を与えられている。しかしながら次節で述べるように、ムハンマドは天上界では、神と親しく言葉を交わした奇蹟体験をしたという。

4. ムハンマドの昇天体験

ムハンマドは上記の啓示体験のほかに、ミゥラージュ（mi'rāj: 梯子）[26]とよばれる昇天体験[27]をしたという。それは、ムハンマドにまつわるほぼ唯一の奇蹟体験である。まず、昇天体験における神とムハンマドとの接触がいかなるものだったのかを検討したい。

ミゥラージュとは、「彼に栄光あれ。そのしもべを、聖なる礼拝堂（al-masjid al-ḥarām）から、われが周囲を祝福した至遠の礼拝堂（al-masjid al-aqṣā）に、夜間、旅をさせた。わが種々の徴を彼（ムハンマド）に示すためである（コーラン 17 章 1 節）[28]」という一節を核としたムハンマドの昇天体験の物語のことで、これに関してさまざまなハディースがある[29]。コーラン解釈では、「聖なる礼拝堂」がメッカのカーバ神殿を指すことでは一致しているが、「至遠の礼拝堂」についてはそれを天国とする解釈[30]と、エルサレム（Bayt al-Maqdis）とする解釈[31]がある。イスラーム学者たちは両方の解釈を認め、ムハンマドはメッカからエルサレムまで水平に「夜の旅（isrā'）」を行い、その後、エルサレムから垂直に天に昇ったとすることにより、両者を調和させようとした（Schrieke-[Horovitz]; 杉田 1996, 117）[32]。その結果、ミゥラージュは、エルサレムを経由するメッカから天国への移行と解釈されるようになった[33]。

その解釈によれば、ムハンマドはメッカにおいて天使ジブリールにザムザムの泉の水で心臓を洗われ、天馬ブラークに乗ってエルサレムに至り、そこで歴代の預言者たちを先導しながら礼拝した。それからジブリールと共に天馬に乗って最下天に向かい、そこで預言者アーダムに会い、各

預言者ムハンマドにおける神との交流 | 93

図版 2　天に昇るムハンマド（ニザーミー『五部作』より）
https://en.wikipedia.org/wiki/File:Miraj_by_Sultan_Muhammad.jpg

天で過去の預言者に出会いながら[34]、第七天まで上昇した。さらに天の果てのスィドラの木[35]に至り、神から言葉を賜った（*Ta'rīkh*, Vol. 3, 1159; *Sīrah*, Vol. 2, 13–18; イブン・イスハーク 2010, 419–425; Ṣaḥīḥ M, Vol. 1, 99-101; ムスリム 1987, 1 巻, 122–125 など）[36]。

　ムハンマドは最上天で、神を見たのだろうか。昇天体験を伝えるハディースでは、神はしもべ（ムハンマド）に言葉を授けた（awḥā ilā 'abdi-hi, *Ta'rīkh*, Vol. 3, 1159）、もしくはムハンマドは主の御前に至った

(intahā bi-hi ilā rabbi-hi, *Sīrah*, Vol. 2, 18) とされており、神を見た、も
しくは神に会ったという表現は避けられている。コーランでは、来世で天
国に行った者たちへの最高の褒美が「見神（ru'yah Allāh）」であるとさ
れており[37]、生きている間は、ムハンマドであっても神を見ることはでき
なかったのではないだろうか。

　後の神学では、ムハンマドの昇天体験は可能だったのか、可能ならど
のようなものだったのかが議論された。アシュアリー学派神学者、ファ
フルッディーン・ラーズィー（Fakhr al-Dīn al-Rāzī, d.1209）[38] の百科全
書的なコーラン注釈書『大注釈書と不可視界の鍵（*al-Tafsīr al-Kabīr wa-
Mafātīḥ al-Ghayb*）』のコーラン 17 章 1 節の解釈をみてみよう。

　ラーズィーは、昇天体験の様態について意見が分かれており、大多数
は肉体（jasad）によって昇天したとするが、それは幻（ru'yā）である
とか、霊魂（rūḥ）によるという見解もあると述べている（TK, Vol. 20,
148）。次にこれほど速い、つまり一晩での昇天は不可能ではないかとい
う反論に対しては、この出来事はそれ自体可能であり、神はすべてのこと
に力を持つのであるから、ムハンマドの肉体に昇天体験が生じることは不
可能ではないとした。またムハンマドが神の玉座に昇り、ジブリールが降
りてくることはありえないという反論には、これはすべての預言者に対す
る中傷であり、昇天体験を認めることが預言者性を守ることになると言う
（TK, Vol. 20, 149–151）。次に、昇天を体験したのは、ムハンマドの肉体
と霊魂なのか、霊魂だけなのかという問題について、ラーズィーは肉体と
霊魂だとする。なぜならば、しもべ（'abd）とは肉体と霊魂の合成体のこ
とであり、ムハンマドの肉体と霊魂両方に昇天は認められるべきだからで
ある（TK, Vol. 20, 152）。

　このように後の神学では、ムハンマドが昇天体験をしたことは自明のこ
とであり、しかも肉体を伴ったとする見解が多数派である。もちろん一般
信徒は、肉体的な昇天体験をすることはできない。しかし、霊的に神に至

るというスーフィズムの神秘体験においては、ムハンマドの追体験は可能となる。ムハンマドが昇天した後、また地上界に戻ったように、スーフィーも神との合一体験（fanā': ファナー）を経て、日常生活に戻っていく。そのため、昇天体験はスーフィーの神秘体験にも譬えられる[39]。神秘主義的解釈として、スーフィーのバスターミー（Abū Yazīd al-Basṭāmī, 874 年没）は、昇天をファナーへの過程と捉え、第一天から第七天まで上昇し、ついに神と合一する夢を見たと言われている（Nicholson 1926–27）。

　ラーズィーのコーラン第 1 章（開扉章）の注釈にも、ミゥラージュを神秘体験と捉える解釈が述べられている。ラーズィーは地上界と天上界を、現象界（'ālam al-shahādah）と不可視界（'ālam al-ghayb）に対応させ、ムハンマドは、肉体的ミゥラージュにおいては神に接し、霊的ミゥラージュにおいては、霊的に神と合一したという神秘主義的な解釈をしている。

　　ムハンマドには二つのミゥラージュがあった。つまり、聖なる礼拝堂から至遠の礼拝堂、至遠の礼拝堂から神の王国の頂点への移行である。これは外面的解釈に関することである。もう一つは霊界に関するもので、彼には二つのミゥラージュがあった。つまり、現象界から不可視界、不可視界から不可視の不可視界への移行である。この二つ（現象界と不可視界）は弓二つの距離の位置にある。ムハンマドが二つを越えたことは「凡そ弓二つ、いやそれよりも近い距離であったか」に表され、「いやそれよりも近い距離であったか」とは、ムハンマドは自分自身において消滅した（自己意識を消滅させ、神と合一した）ことを示すのである（TK, Vol. 1, 278）。

　続いてラーズィーは、人間霊魂の上昇の過程について説明している。そ

れによれば、人間霊魂はまず、最下天の霊に達し、より高い第二天の霊に至り、神の足台の霊まで至る。そして主の玉座を囲む天使たち（コーラン39章75節）、玉座を担う八天使（69章17節）、物体とは関係しない神聖な諸霊に至る。この神聖な諸霊は、神のそばで神に仕え（21章19節）、神を称賛する天使たちである（21章20節）。この上昇は「全ての知者の上に全知なる御方はいる（12章76節）」とされる光の光、原因の原因、全ての始まり、慈悲の源、善の始まりである神に至るまで続く（TK, Vol. 1, 278–279）。

　このようにラーズィーは、神との合一の過程を、ムハンマドの昇天体験に譬えながら、人間霊魂の現象界から不可視界を超えて神に至る上昇として説明したのである[40]。

　スーフィズムにおける神との合一体験に至る過程では、まず魂を道徳的に変容させ、卑しい性質を消し去っていく。そして神に集中し、自己意識を消滅させ、アッラーの光に包まれるヴィジョンを得る。最終的には、「消滅の消滅」と言われる、ファナー（合一）に達した意識すら消滅した境地に至るのである。神秘修行によって人間霊魂が浄化され、自己意識が消え、神的になる。この合一体験のなかで、スーフィーはマァリファ（ma‘rifah）と呼ばれる直観知を神から授けられる。

　またスーフィーの合一体験においては、魂が身体から遊離したり、神が外からスーフィーに憑依したりするのではない。深層意識の一番奥に神的な部分があるとされ、修行によって表層意識を取り除き、深層意識の奥にたどり着いたとき、自己意識が消滅して、神的なものに包摂されるのである。

　スーフィーは、ムハンマドの霊的な昇天体験（神秘体験）に近づこうとした。スーフィズムでは、霊魂が浄化されて、神に包摂される過程を、現象界、不可視界を超えて霊魂が神に上昇する過程と説明される[41]。ただし、霊魂が肉体から飛び出して、異界に飛んでいくのではなく、霊魂が浄

化され、物質的なものが除去されて、一段一段と深い層に降りていく過程の比喩なのである[42]。

5. 結論

まずマジュヌーンは、ジャーヒリーヤ時代から存在した、ジンに憑依された人物であり、詩人、カーヒンを意味した。ムハンマドは預言者（使徒）として神の啓示を受け、それを人々に伝えた。後のイスラーム学者たちは、ムハンマドはマジュヌーンとは異なる媒介者であることを示すために、常に天使ジブリールによって神の啓示が伝えられたとした。神からムハンマドへの啓示体験は、天使ジブリールを介した三者間の形式をとるとされ、ジンによる憑依現象とは区別される。そのため神の言葉は、神から直接ムハンマドには伝えられなかったとされる。

他方で、ムハンマドは啓示のほかに昇天体験も体験し、肉体的にも霊的にも神に接近したとみなされた。その奇蹟体験はスーフィーにとっては、神との合一体験のモデルとなった。ムハンマドは昇天体験の際、最上天で直接神と会話を交わすことができたという。このムハンマドの昇天体験と神との直接的な交流は、啓示とは異なる意義を持ち、霊魂の上昇と神との合一というモチーフとなり、スーフィズムの神秘体験や神秘修行に大きな影響を与えたのである。

＊本稿は、平成27～28年度科学研究費補助金（基盤研究 (C) 課題番号15K02056)、平成28年度科学研究費補助金（基盤研究 (B) 課題番号16H03538)による研究成果の一部である。

註

1) ジンについてはコーラン72章（ジンの章）に詳しく述べられている。ジンは神と人間との間に位置する存在であるが、天使や悪魔よりも地位は低く、コーランの中ではほとんど人間と同じように扱われている。良いジンは最後の審判において天国に行くことができるが、悪いジンは地獄に落ちるという（コーラン55章33–35節；72章14–15節）。なお本稿では、コーランの翻訳は日本ムスリム協会訳を参照したが、筆者が若干言い換えた箇所がある。

2) イスラームの民間信仰において、ムハンマドとその子孫、著名なスーフィー、奇蹟を行う人などが、神に民衆の祈願をとりなしてくれる聖者として祀られてきた。イスラーム聖者については、赤堀2005; 東長2013など参照。なお、神に魅入られた者（majzūb: マジュズーブ）として聖者とされる者もあった。マジュズーブとは、神に魅入られたかのように、常軌を逸したふるまいをする人のことで、神秘修行を経ずに、一度に合一の境地に達したスーフィーのことを意味した（東長2005）。マジュズーブについて詳しくは、長谷部2010参照。

3) シーア派は、神からの霊感はイマームに限定されるとする。

4) コーラン、ハディース（預言者ムハンマドの言行録）にはさまざまな天使が登場する。ジブリール、ミーカーイール、イスラーフィール、イズラーイールの四人の大天使のほか、さまざまな役割を持つ多くの天使が存在する。ジブリールは大天使の筆頭であり、ムハンマドに啓示を伝えた。

5) 悪魔との交流については、黒魔術で扱われるテーマであるが、本稿では触れない。

6) イスラームにおける天使、悪魔、ジンについて詳しくは、竹下2013参照。

7) ジャーヒリーヤ時代のアラビア半島に住むアラブ人の間では、多神崇拝が行われていた。この多神教を批判しながら生まれてきたのが、砂漠のなかのオアシス都市メッカにおいて、商人であったムハンマドが始めたイスラームである。

8) カーヒンとは、ヘブライ語の「コーヘーン」と姉妹関係にある古い言葉であり、ヘブライ語の意味は、「祭司」、つまり神殿に仕えて神を祀る聖職者である。アラビア語でこれに該当するのが「カーヒン」である（井筒1991, 228）。

9) コーラン113章には、その時代に用いられていた、結び目に息を吹きかけるという呪術が述べられている箇所がある。なおイスラームにおける呪術、魔術については、竹下2013参照。

10) 具体的な呪術の実態については、斎藤1999参照。

11) これらの護符は、民間療法がイスラームに入った「預言者の医学」と呼ばれる治療でも用いられている。「預言者の医学」では手術は行わない。薬ではなく礼拝など

預言者ムハンマドにおける神との交流 99

の儀礼、ハーブ、護符などを使うもので、一種の心理療法である。

12) ほかには「われは彼（ムハンマド）に詩を教えなかった。それは彼に相応しくない。これは（アッラーの）訓戒まごうかたないコーランである（コーラン 36 章 69 節）」、「また彼らは、只の詩人だ。彼の運勢が逆転するのを待とう、と言う。言ってやるがいい。待っているがいい。わたしもあなたがたと共に待っていよう。……または、彼（ムハンマド）がこれを偽作したのである、と言うのか。もし彼らの言葉が真実なら、これと同じ御告げをもってこさせるがよい（52 章 30–34 節）」などがある。

13)「メッカの人々が神の使徒に徴を求めたとき、彼は月が真二つに裂けた姿を示し、彼らはその間にヒラーの山を見た（*ṢaḥīḥB*, Vol. 5, 132–133; ブハーリー 1994, 中巻 , 324）。」「時は近づき、月は微塵に裂けた。彼らはたとえ徴を見ても、背き去って、『これは相変らずの魔術だ』と言うであろう（コーラン 54 章 1–2 節）。」

14)「もしあなたがたが、わがしもべ（ムハンマド）に下した啓示を疑うならば、それに類する一章でも作ってみなさい。……もしあなたがたが出来ないならば、いや、出来るはずもないのだが、それならば、人間と石を燃料とする地獄の業火を恐れなさい（コーラン 2 章 23–24 節）。」

15) ブハーリー編纂のハディース集にも、ムハンマドとジブリールの同様のやりとりが述べられている。*ṢaḥīḥB*, Vol. 1, 3; ブハーリー 1994, 上巻 , 16 参照。

16) このコーランの章句は、最初の啓示の場面についての様子かどうかは不明である。

17) タバリーの「弓二つ」の注釈では、ムハンマドは、神を見たことがあるか尋ねられたとき、「肉眼で見たことはないが、心で見たことが二回ある」と答えたという伝承があるという（*Jāmi'*, Vol. 22, 19）。この伝承は、啓示を伝えた者を神とする解釈を補強するものであろう。

18) ほかには「本当にこの（コーラン）は、万有の主からの啓示である。誠実な聖霊がそれをたずさえ、あなたの心に（下した）。それであなたは警告者の一人となるために、明瞭なアラビアの言葉で（下されたのである）（26 章 192–195 節）」という章句もある。

19)「またわれはマルヤムの子イーサーに、明証を授け、更に聖霊で彼を強めた（2 章 87 節）」の解釈。

20) コーランには「アッラーが、人間に（直接）語りかけられることはない。啓示（ワフイ）によるか、帳（ヒジャーブ）の陰から、または使者（ラスール）を遣わし、彼が命令を下して、その御望みを明かす（42 章 51 節）」と述べられている。牧野信也は、第一型は、啓示の伝達という事態がごく一般的な形で示されているとする。第二の型は、帳の後ろから聞こえる言葉とされているが、これをアーイシャの伝える鈴の音のような啓示の伝達だとする。そして第三の型として、使者が遣わさ

れて神の意志を伝える場合では、神から使者を経て預言者へ、という三者間の関係がはっきりと認められる。人間の姿で現れた天使が語りかける言葉を預言者は聞いたのである（牧野 1996, 90–92）。

21) 牧野のハディース訳では鐘となっていたが、牧野のほかの著書では「鈴のジャラジャラという音（牧野 1996, 90）」とされており、また井筒も、ジャラスとはラクダなどにぶら下げた大きなベルのことであるとしている（井筒 2013, 370–371）。

22)「いやこれは、栄光に満ちたコーランで、守護された碑板に（銘記されている）（コーラン 85 章 21–22 節）。」

23) 啓示について普通の考え方でいくと、神が直接語りかけたということになるが、イスラーム本来の考え方では、天使ジブリールが、仲介者として神のコトバを預言者のところへもってくるということになっている。……普通の言語のように話し手と聞き手だけの問題ではなく、その間に仲介者、第三項が入ってくる。三項関係のパロール構造であり、二項関係ではない（井筒 2013, 360–361）。

24) ムハンマドはただの人間であることが強調されるが、特別な存在であることは確かである。そのため中世以降、ムハンマドは聖者であり、民衆の願いをかなえてくれるよう、神にとりなしてくれると考えられた。民衆はご利益を求めて、ムハンマドをはじめとする聖者廟への参詣を行うようになるのである。イスラームの民間信仰については赤堀 2008 参照。

25) コーラン 28 章 30–35 節参照。

26) ミゥラージュは、創世記 28 章 12 節の「ヤコブの梯子」に由来する可能性がある。たとえば、ムハンマドの前に梯子が現れ、それを昇ったというハディースもある（*Sīrah*, Vol. 2, 13; イブン・イスハーク 2010, 419）。

27) ムハンマドの昇天は、イエスの昇天とはまったく異なるので、天界飛翔という訳語が当てられることもある。

28) コーラン 17 章は「夜の旅の章」という。

29) 初期の昇天体験のハディースと、それに対するユダヤ教、キリスト教、イランの影響については、花田 1984 参照。

30) メッカから直接昇天するハディースとして、*Ta'rīkh*, Vol. 3, 1157–1159; *ṢaḥīḥB*, Vol. 4, 287–290; ブハーリー 1994, 中巻 , 328–331 などがある。

31) メッカからエルサレムへ移行するハディースとして、*Sīrah*, Vol. 2, 3–6; イブン・イスハーク 2010, 411–413; *Ansāb*, 255–256 などがある。

32) 最初期のハディースには「至遠の礼拝堂」をエルサレムとする解釈はなく、ウマイヤ朝がエルサレムの聖域性を高めようとしたことと関係するという見解もある（Schrieke- [Horovitz]）。ウマイヤ朝時代に、「至遠の礼拝堂」の名を冠したモスク（アクサー・モスク）が建造され、以後これがコーランの「至遠の礼拝堂」と同一

視されるようになった（杉田 1996, 117）。

33) エルサレムを経由するハディースとして、*Jāmi'*, Vol. 14, 418; *ṢaḥīḥM*, Vol. 1, 99–101; ムスリム 1987, 1 巻 , 122–125 などがある。なおムハンマドが一晩でメッカとエルサレム（もしくは天国）を往復したことについては、ムハンマドの周りの者たちの間でも、信じる者と信じない者がおり、多くの信徒が棄教したという（*Sīrah*, Vol. 2, 6; イブン・イスハーク 2010, 414）。後に初代正統カリフとなるアブー・バクルは、ムハンマドの体験を固く信じたので、「スィッディーク（その通りと繰り返す者、信じる者）」という尊称を与えられた。ミゥラージュは、ムハンマドを預言者と信じるかどうかの踏み絵となったようである。

34) アーダム（アダム）、イーサー（イエス）とヤフヤー（ヨハネ）、ユースフ（ヨセフ）、イドリース（エノク）、ハールーン（アロン）、ムーサー（モーセ）、イブラーヒーム（アブラハム）に出会ったとされる。

35) 楽園に生えている聖木。コーラン 53 章 14 節 ; 53 章 16 節 ; 56 章 28 節参照。

36) このときムハンマドは、神から一日五十回の礼拝を課されたが、帰りがけにムーサーに減らしてもらうように勧められ、何度も神のところに戻って交渉し、結局、一日五回になったという。

37) コーランには「その日、或る者たちの顔は輝き、彼らの主を、仰ぎ見る（75 章 22–23 節）」と述べられている。天国では肉眼で神を見ることができるのか、心眼なのかについては、神学で議論された。

38) テヘランの南の都市、レイに生まれたアシュアリー学派神学者、シャーフィイー学派法学者。思想的にはガザーリー（Abū Ḥāmid al-Ghazālī, 1111 年没）を継承し、アシュアリー学派神学に哲学を批判的に取り入れ、また神秘主義的傾向を持ち、さまざまな思想潮流を融合させた。百科全書的なコーラン注釈書、イブン・スィーナー（Ibn Sīnā, 1037 年没）の注釈書、哲学批判の著作、神学的著作、神名注釈書、薬学、幾何学、人相学などさまざまな分野の著作を残している。

39) ムハンマドの昇天物語の後世における展開については、杉田 1996 参照。ダンテの『神曲』にも影響を与えた可能性があるという。

40) ラーズィーの神秘主義的なミゥラージュ解釈と、その背景にある存在論については、青柳 2005; Aoyagi 2006 参照。

41) ガザーリーも、世界を現象界（ムルク界）と不可視界（マラクート界）に分け、二つの世界は次元を異にし、正反対であるが、相関関係もあり、そのつながりがあるために、人間霊魂は二つの世界を上昇し、神との合一に至るとしている（*Mishkāt*, 66–67）。

42) スーフィーは魂そのものを、深層を秘めた一つの構造として、魂のなかに深く入っていくと考える。道の最後の段階では、魂が肉体の外に出て、そこで神と出会うと

いうような表現をするが、それは煩悩のとりこになっていた肉体的魂が、完全に質
量性を脱して、純粋に精神的な本性に戻ったことを表す。（脱魂型の）シャーマン
のように、魂がイマージュの生息する幽暗の国に旅するのではない。スーフィーに
とって大事なのは、自分の魂の内面により深く入って行って、暗い領域の秘密を探
り、通常の条件下では働いていない心の機能を発動させようとすること、つまり意
識の深層の探求である（井筒 1998, 42）。

参考文献

一次文献

Ansāb: al-Balādhurī, *Ansāb al-Ashrāf*, Cario, 1959.

Jāmi': al-Ṭabarī, *Jāmi' al-Bayān 'an Ta'wīl Āy al-Qur'ān*, 26 vols., Cairo, 2001.

Mishkāt: Abū Ḥāmid al-Ghazālī, *Mishkāt al-Anwār*, ed. by A. 'Afīfī, Cairo, 1914.

Sīrah: Ibn Hishām, *al-Sīrah al-Nabawīyah*, 4 vols., Tanta, 1995.

ṢaḥīḥB: al-Bukhārī, *Ṣaḥīḥ: The Translation of the Meaning of Sahih al-Bukhari, Arabic-English*, 8 vols., New Delhi, 1984.

ṢaḥīḥM: Muslim, *Ṣaḥīḥ*, 8 vols. in 4, Beirut, n.d.

Ta'rīkh: al-Ṭabarī, *Ta'rīkh al-Rusul wa-al-Mulūk*, ed. by M.J. de Goeje, Leiden: E.J. Brill, 16 vols., 1964–1965.

TK: Fakhr al-Dīn al-Rāzī, *al-Tafsīr al-Kabīr wa-Mafātīḥ al-Ghayb*, 32 vols. in 16, Beirut, 1990.

二次文献

Aoyagi, Kaoru. 2006. "Spiritual Beings in Fakhr al-Dīn al-Rāzī's Cosmology, with Special Reference to His Interpretation of the *Mi'rāj*," *Orient: Reports of the Society for Near Eastern Studies in Japan*, 41, 145–161.

Schrieke, B. -[J. Horovitz], "Mi'rādj," in *The Encyclopaedia of Islam*, New edition, 11 vols., Leiden: E.J. Brill, 1960–2002 , Vol. 7, 97–98.

Nicholson,R.A. 1926-1927. "An Early Arabic Version of the Mi'rāj of Abū Yazīd al-Bisṭāmī," *Islamica* 2, 402–415.

青柳かおる 2005.『イスラームの世界観――ガザーリーとラーズィー』明石書店.

赤堀雅幸編 2008.『民衆のイスラーム――スーフィー・聖者・精霊の世界』山川出版社.

井筒俊彦 1991.『イスラーム生誕』中公文庫, 中央公論社.

井筒俊彦 1998.『イスラーム哲学の原像』岩波新書, 岩波書店.

井筒俊彦 2013.『コーランを読む』岩波現代文庫, 岩波書店. (初版, 岩波セミナーブックス, 岩波書店, 1983)

イブン・イスハーク (イブン・ヒシャーム編註) (後藤明ほか訳) 2010.『預言者ムハンマド伝』第一巻, イスラーム原典叢書, 岩波書店.

斎藤美津子 1999.「モロッコの占い師」『日本中東学会年報』14, 249–273.

斎藤美津子 2002.「呪術」大塚和夫ほか編『岩波イスラーム辞典』岩波書店, 481.

杉田英明 1996.「天路歴程譚の系譜——イスラーム世界とダンテ」蓮實重彦・山内昌之編『地中海　終末論の誘惑』東大出版会, 115–132.

竹下政孝 2013.『イスラームを知る四つの扉』ぷねうま舎.

東長靖 2005.「マジュズーブ」大塚和夫ほか編『岩波イスラーム辞典』岩波書店, 909.

東長靖 2013.『イスラームとスーフィズム——神秘主義・聖者信仰・道徳』名古屋大学出版会.

中村廣治郎 1998.『イスラム教入門』岩波新書, 岩波書店.

日本ムスリム協会訳 1982.『日亜対訳・注解　聖クルアーン』日本ムスリム協会. (ウェブ上で閲覧可)

長谷部史彦 2010.「『夜話の優美』にみえるダマスクスのマジュズーブ型聖者」山本英史編『アジアの文人が見た民衆とその文化』慶應義塾大学出版会, 213–234.

花田宇秋 1984.「イスラムの昇天物語」『明治学院大学一般教育学部付属研究所紀要』8, 149–171.

濱田聖子 2002.「マジュヌーン」大塚和夫ほか編『岩波イスラーム辞典』岩波書店, 909.

ブハーリー (牧野信也訳) 1994-95.『ハディース——イスラーム伝承集成』全三巻, 中央公論社. (全七巻, 中公文庫, 中央公論新社, 2001 として再版)

牧野信也 1996.『イスラームの原点——コーランとハディース』中央公論社.

牧野信也 2005.『イスラームの根源をさぐる——現実世界のより深い理解のために』中央公論新社.

ムスリム (磯崎定基・飯森嘉助・小笠原良治訳) 1987.『日訳サヒーフ・ムスリム』全三巻, 日本ムスリム協会. (ウェブ上で閲覧可)

「媒介者」をめぐる多数派／スンナ派と
シーア派の相克

菊 地 達 也

1.　はじめに

　「神霊、死霊あるいは生き神など、いわば霊界と人間との間のコミュニケーションの媒介者」たる「霊媒 medium」（小口・堀 1973, 760）をイスラーム教の術語の中に探すならば、カーヒン（kāhin）、マジュヌーン（majnūn）、詩人（shā'ir）などがまず挙げられるだろう。だが、これらの概念については本書掲載の青柳論文において解説されているので本稿においては扱わない。本稿は預言者ムハンマドが保持していた「媒介者」機能に着目し、それが預言者の死後にどのように継承されたのか、その継承がどのような点においてスンナ派とシーア派の対立に結びついたのか、そしてその対立がどのように収束したのかを考えることにする。

　ムハンマドの「媒介者」機能の最たるものは、超越神からの啓示を受容しそれを伝える預言者・使徒としての役割であろうが、ムハンマドはしばしば啓示の文言を解釈・解説しており、イスラーム思想のかなりの要素がコーランの最高権威たる預言者の解釈に依拠している。本稿では神あるいはその使いである天使のメッセージを伝える伝達者としての役割だけでなく、啓示の解釈者・解説者としての役割も考察の対象にする。

　預言者として 610 年頃から 632 年まで活動したとされるムハンマドは、少なくともその晩年においては宗教的権威と政治権力を掌握し、最初期

のイスラーム共同体に君臨していたと考えられる。彼が伝えた神の言葉＝コーランも、特権的な解釈者たるムハンマドの言行を記録したハディース（ḥadīth）もこの段階では書物としては成立していない。預言者が没した直後のイスラーム共同体には、彼の「媒介者」機能の代行者についての合意はなく、絶対的な規範テクストがあるわけでもなかった。最初期のイスラーム共同体は、このような初期設定のもとで出発しなければならなかった。

2. 宗教権威の継承とカリスマの日常化

比較宗教学者キャントウェル・スミスは、キリスト教と比較しながらイスラーム教の特徴を以下のように解説しており、この比較はイスラーム教の特徴を説明するためにその後もしばしば参照されてきた。

> イスラーム教におけるコーランの役割はキリスト教における聖書の役割に対応するという主張は明確に不合理と言えるようなものではない。この主張は広く支持され、第一段階における類比としては有効であると言えるかもしれない。しかし、より精密に調べてみれば、過度に単純化されていることが分かるだろう。第二段階の類比とは——その宗教における本来の意味としてはそれ自体問題がないわけではないが、[第一段階における類比よりも]いくぶんは有効であろう——イスラーム教におけるコーランの役割に対応するのはキリスト教におけるイエス・キリストの人格であるという主張である、とかつて私は提案したことがある。さらにこの延長上に私は、ムハンマドと聖パウロ（ローマ・カトリックにとっては聖ペテロ？）、ハディースと聖書とをそれぞれ対比させたい。（Smith 1981, 238-239）

「媒介者」をめぐる多数派／スンナ派とシーア派の相克 | 107

　イスラーム教徒は永遠の神の言葉とされるコーランの中に、キリスト教
徒はイエスの中に「自ら進んで現世に『下りてきた』神性」を見出すので
あり（Smith 1981, 244）、ムハンマドは啓示を伝達した人間であっても、
神性を見出すべき対象ではない。[1] イスラーム教におけるコーラン、キリ
スト教徒におけるイエスは、この世界に存在しながらも神的領域にも帰属
し、人間の世界を超越神につなぎとめる最上位の「媒介者」として機能す
る。

　スミスによる比較は的を射たものであろうが、イスラーム教がそのよう
な宗教として確定するまでには数百年に渡る論争、闘争があったことには
注意が必要である。預言者が没した直後の段階では、ムハンマドなど特定
の人間に超越的な力を認める主張があり得たし、預言者の生前には状況に
応じて彼の口から発せされていた神の言葉＝コーランは編纂の途上にあ
り、その評価についても確定していなかったのである。

　小田淑子は預言者の宗教権威の継承に関して次のように整理している。

　　イスラームの制度化も宗教の制度化としてはウェーバーやワッハの理
　　論どおり、宗教的権威の移行に基づくと考えられる。ただし特異な点
　　は、コーランの権威が独立して存在し、しかも預言者の権威がスン
　　ナ、法学者、カリフと分散されて移譲されていったことである。シャ
　　リーアはコーランとスンナをテクストとし、法学者にその解釈権が委
　　ねられ、さらにカリフなどの政治的実権者にシャリーアの施行が委ね
　　られることで機能し、それがウンマの存続を可能にしてきたと考えら
　　れる。（小田 1995, 39）

預言者の宗教権威を継承するものの一つ、スンナ（sunna）とは預言者の
慣行を意味し、それを伝える伝承がハディースである。当初ハディースは
口承によって伝えられ、9 世紀以降にハディース集という形で正典化され

た。小田の文章はイスラーム法（シャリーア sharī'a）の意義を重視して
いるため、法学者に限定した説明になっているが、預言者の解釈対象は法
学的事象に限定されない。本論の文脈においては、法学者だけでなく神学
者などをも包含し、イスラーム諸学を司る学者たちを意味するウラマー
（'ulamā', 単数形はアーリム 'ālim）を用いたい。後継者、代理人を意味
するカリフ（khalīfa）は預言者が保持していた政治権力の継承者と説明
されることが多いが、後述の通り、9世紀まではウラマーとカリフの役割
分担は必ずしも明確ではなかった。また、シーア派においてカリフに対応
する語はイマーム（imām）であるが、イマームに帰される性質や資格は
カリフとは異なっているので、その点についても留意すべきであろう。

　小田がイスラーム教の制度化もウェーバーらの理論に基づいているとし
ながらも一定の留保を見せている点について、ここで補足をしておきた
い。ムハンマドが「超自然的または超人間的または少なくとも特殊非日常
的な・誰でもがもちうるとはいえないような力や性質を恵まれていると評
価され、あるいは神から遣わされたものとして、あるいは模範的として、
またそれ故に『指導者』として評価される」非日常的な「資質」（ウェー
バー 1970, 70）、すなわちカリスマの保持者であったことを否定する者は
少ないだろう。[2] 特定個人への人格的帰依に基づく非日常的なカリスマ的
支配は指導者の死によって終焉を迎え、その後には伝統化や合理化（合法
化）を通じて非日常性と人格性が低減する過程、すなわち「カリスマの日
常化」が起きる（ウェーバー 1970, 80-84）。イスラーム教の場合、預言
者が没した632年からの数百年間は「日常化」の過程であったと言える
だろう。

　小田はイスラーム教の特異な点として預言者権威の分散移譲と共にコー
ランの権威が独立して存在していた点を挙げた。カリスマ論における
ウェーバーの主たる関心は支配形式の類型化にあり、支配を継承する候補
者として挙げられているのは基本的に個人もしくは人間集団である。しか

し、ムハンマドの宗教権威の継承について考える場合には、彼の口を通じて発せられていた神の言葉が、その死後には神性を帯びた聖なるテクストとして絶対の権威を保持していた事実を見逃すことはできず、カリスマ論の補助線としてスミスが示したような宗教学的視座を導入する必要があるだろう。[3]

　カリスマとその「日常化」に関するウェーバーの理論は、預言者没後のイスラーム思想史を考える場合にも有効であり、数は多くないものの、その理論を活用した研究も生み出されてきた。イスラーム教の視点からのウェーバー理論の補正も必要であろうが[4]、初期イスラーム思想史において生まれた様々な宗派や学派の相違を「日常化」のあり方と関連づけて理解することも可能だろう。本論ではカリスマ的指導者の継承法によってイスラーム教の諸分派を整理したワットに倣い（Watt 1960, 77-90）、次節では9世紀以前の多数派（後のスンナ派の母体）とシーア派を取り上げ、預言者の宗教権威を受け継ぐ候補者たるカリフ／イマーム、ウラマー、コーランに関する意見の相違について概括したい。[5]

3.　9世紀以前の多数派とシーア派における宗教権威

　本題に入る前に、新預言者の可能性について触れておく。カリスマ的指導者が没した後、カリスマの担い手であることを示す「諸標識」あるいは神託などの「選抜技術」によってその後継者が選ばれることは決して珍しくない（ウェーバー 1970, 81）。事実、ムハンマドの晩年以降、アラビア半島にはムサイリマ（632/3年没）など預言者を称する者が現れた。しかし、彼らは初代正統カリフ、アブー・バクル（在位632-634年）期に打倒され、ウマイヤ朝第5代カリフ、アブドゥルマリク（在位685-705年）の治世下で現れた自称預言者も異端審問に召喚され処刑された（Turner 2013, 66-71）。その後自称預言者が現れるのは稀となり、現れても広範

な支持は得られなかった。すなわち、ムハンマドを最終預言者、「預言者たちの封印」（コーラン33章40節）とする教義は早い段階に確定しており、預言者という資格でムハンマドの宗教権威が継承される可能性は極めて小さなものになっていたと言える。過激な思想を提唱するシーア派系勢力は極端派（ghulāt）と呼ばれるが、彼らの間でもイマームが預言者性を保持するという主張は珍しく、イマームが神であるという主張の方がはるかに多い。

3.1. 多数派の場合

多数派の理解では、ムハンマドが掌握していた政治権力は没後すぐにカリフへと継承され、カリフ制は正統カリフ期（632-661年）、ウマイヤ朝期（661-750年）、アッバース朝期（749-1258年）と続いた。神の使徒の「代理人」を意味するカリフが、その統治者としての役割を受け継いだのは事実だろうが、9世紀以前のカリフが預言者の宗教権威をどの程度継承し、宗教上の解釈にどの程度介入していたのかという点については必ずしも明確ではない。しかし、「神の代理人」を称するカリフがいたこと、カリフによる立ち入った法判断が伝えられていること、宗教教義をめぐる異端審問がウマイヤ朝以降しばしばカリフの名のもとおこなわれたこと、などを鑑みると、少なくとも一部のカリフが自らを預言者の宗教解釈権を継承する者と見なしていたことは確実である（Crone & Hinds 1986; Turner 2013）。

預言者没後すぐにカリフ制が樹立されたのに対して、ウラマーが社会階層として誕生するのは後代である。ウマイヤ朝期には地域的な学統が生まれ、後の学派の名祖となる法学者や神学者が現れ始めたが、彼らは正業を営みながらイスラーム諸学の研究に勤しんでいたようである。アッバース朝期にはウラマーは学派を形成するようになり、11世紀以降になると専業ウラマーを再生産する学院が設立されるようになった。

コーランが正典化された時期はかなり早い。神の言葉は口承によって
伝えられるか断片的に書き留められていたが、第3代正統カリフ、ウス
マーン（644-656年在位）期には結集がおこなわれ、ウスマーン本と言わ
れる正本が作られたと伝えられている。このウスマーン本はウマイヤ朝カ
リフ、アブドゥルマリクのもとで確定したようでありカリフの指示で配布
された。このようにコーランの編纂は国家主導でおこなわれたが、当初は
多数派の間でもイブン・マスウード版をはじめとする異本が流通してお
り、アブドゥルマリクのウスマーン本が完全に定着するまでには数世紀が
必要だった（Amir-Moezzi 2013, 144）。そうであったとしても、正典化
された啓典が預言者没後100年も経過しないうちに極めて高い権威を有
するようになり、異本が比較的早い時期に消滅した点は、イスラーム教の
一つの特徴とは言えるだろう。

　ウマイヤ朝期、在野にあったウラマーはカリフ権力の宗教への介入を警
戒していた。両者の間の緊張関係が対決という事態に至ったのは、アッ
バース朝下の9世紀前半であった。この時代に台頭していた神学派、ム
ウタズィラ学派には「神の言葉（＝コーラン）はある場所において生
成させられた被造物であり、それは書き記された文字と音声から成る」
（Shahrastānī 1997, 35）という教説があった。神の超越性を強調する彼ら
は、コーランが神と同じように永遠であることを否定したのである。アッ
バース朝第7代カリフ、マアムーン（813-833年在位）はシーア派に接近
する一方で、この学派をカリフ公認の神学派とし、ミフナ（miḥna）と呼
ばれる最大規模の異端審問を実施し、コーランの永遠性を主張するウラ
マーを弾圧した。マアムーンの試みは、預言者の宗教的後継者として台頭
しつつあったウラマーに対抗し彼らを制御下に置き、カリフ権力を正統と
異端を峻別し後者を処断する中央機関として規定しようとするものであっ
たようである（Turner 2013, 149-150; Crone & Hinds 1986, 93-96）。

　マアムーンが833年に開始した異端審問制度はその後継者により15年

以上続いたが、民衆の支持は、ハンバル学派の名祖であり弾圧に屈しなかった伝承主義者イブン・ハンバル（855年没）のもとに集まった。その後軍閥の傀儡となったカリフの権威と権力は失墜し、カリフではなくウラマーが預言者の宗教的解釈権の継承者であるという教義が多数派の間で確定した。[6] だが、ミフナの失敗によりカリフ制が否定されたわけではない。傀儡化したカリフがウラマーにとって危険ではなくなると、マーワルディー（1058年没）らによってカリフ制はイスラーム法学上の正統性を帯びた政治体制として正統化されていく（中田 1990, 79-89）。

一方、ムウタズィラ学派のコーラン観が斥けられたことにより、コーランは書物という形で地上に存在しながら、永遠性を有する超越的な書であるという見解が多数派の間での合意となった。これにより成立した図式が右の図1である。コーランはこの世界と神をつなぐ媒介とされ、預言者の宗教的後継者としてのウラマーは、コーランと正典化されたハディースの解釈者となり、二大聖典から教義や法規定を導くという権益を確保した。その一方でカリフは、宗教的解釈権をウラマーに譲り、法の執行者という地位に甘んじることになった。小田が示した宗教権威の継承の図式はこうして9世紀の中頃以降に歴史的に形成されたのである。

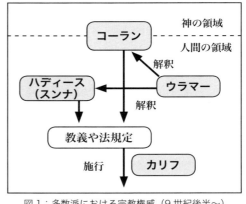

図1：多数派における宗教権威（9世紀後半〜）

3.2. シーア派の場合

シーア派は第一次内乱時（656-661年）に第4代正統カリフ、アリー（656-661年在位）の一族が統治者になるべきだと主張した人々に由来し、

「媒介者」をめぐる多数派／スンナ派とシーア派の相克 ｜ 113

ウマイヤ朝期に宗派化していったが、9世紀以前の同派については不明な点も多い。それは初期の思想と歴史が10世紀に勢力を拡大したイスマーイール派と十二イマーム派によって再解釈されてしまっているからであり、二派が極端派として排除した過激な思想が想像以上に支持されていた可能性は高い（菊地 2014, 112-128）。おそらく9世紀以前のシーア派は、単にアリー家の人間が統治者になるべきだと考える人々からアリー家の指導者を神と考える人々までを包含していた。本項では後の時代には極端と見なされた教義も視野に入れて、9世紀以前のシーア派のイマーム観、コーラン観について主に考える。

　ダバーシーは、初期シーア派について「シーア派はムハンマドの伝説を途切れないようにすることで、［その当時はまだ］根付いていたカリスマの経験を日常化させようとする直近の物理的障害を超克した。シーア派イマームの個人的権威に従うことによって——たとえそれが小規模な支持者共同体に限定されていたものだとしても——、ムハンマドの時代を突き動かしていたのと同じカリスマ的な力がイスラーム史を通じて持続したのである」（Dabashi 1993, 120）と評価する。この主張は、指導者のカリスマを低減なしに持続させている点でウェーバーの「日常化」論とは一線を画しており、その点については検討が必要であろう。しかし、イマームを預言者の権力と権威の相続者と見なし、イマームへの服従を要求した初期シーア派がそのカリスマ的な力を持続させようとしたことは間違いないだろう。そして、この延長上に現れたのが、イマームを預言者と同等どころか神の位置にまで高める教説である。

　アシュアリー学派の神学者シャフラスターニー（1153年没）は、ヒシャーム派と言われるシーア派集団の神観、イマーム観について次のように紹介している。

　　［ヒシャーム派の一人］ヒシャーム・イブン・サーリムは次のように

主張した。「いと高きお方は人間の形をしており、上部は虚ろであるが下部は固体状である。いと高きお方は光り輝く光であり、五感と手、足、鼻、耳、目、口があり、黒い光となる黒髪を生やしている。だが、血と肉は伴っていない」。……［中略］……そして、預言者は啓示を授けられ、啓示に基づいて誤った一面を知らされ懺悔をおこなうが、イマームは啓示を授けられないものの無謬性が必然的であるという点において、ヒシャームは両者を区別したという。

　　ヒシャーム・イブン・ハカムはアリーの権能について行き過ぎており、「アリーは服従が義務づけられる神である」とまで主張した。(Shahrastānī 1997, 149)

　このような主張はシーア派諸勢力の中でも周縁的なものであったのかもしれないし、後の十二イマーム派は彼らの主張を極端派的なものとして退けている。しかし、引用文中で名前が挙げられている、このグループの指導者の一人ヒシャーム・イブン・ハカム（795/6 年没）は、ムウタズィラ学派などと共にアッバース朝カリフの宮廷における公開討論に参加したため、その主張は同時代の他派によって記録されており、10 世紀以降の再解釈を蒙っていない 9 世紀以前のシーア派思想の一端を垣間見せてくれてはいる。シャフラスターニーは神の超越性を強調するムウタズィラ学派と神を擬人的に表現するヒシャーム派を比較し、後者の特質を、神を擬人的に物質的存在として表現する一方で、イマームを無謬なる者または神として規定する点に見出した。同じように神の擬人的表現と対になったイマームの神格化は、アリーの時代に生まれたとされる伝説的な集団、サバア派においてもあったと伝えられる（Shahrastānī 1997, 140; 菊地 2014, 114-115）。「玉座に座す」（コーラン 7 章 54 節）などに見られる擬人的表現によって示唆される神と被造物との連続性が、神とカリスマ的個人の連続性へと展開していくわけである。

「媒介者」をめぐる多数派／スンナ派とシーア派の相克 | 115

先の引用文においては、同じグループに属すはずの2人の指導者がイマームのあり方について異なる規定をしていた。このことは初期シーア派のイマーム観の多様性を示唆しており、イマームが肉体を伴う神と見なされることもあれば、人間であっても預言者とは違い無謬、あるいは預言者と同様に無謬とされることもあった。どのケースであっても、預言者の宗教権威だけでなく政治権力も継承するはずだったことになる。後のイスマーイール派、十二イマーム派の母体となるイマーム派においては、預言者からアリーに継承された宗教的解釈権と統治権は、父から息子への指名を通じてアリー家の歴代イマームに継承されたとされる。このようなイマーム観は、9世紀以前においては独自のコーラン観とも関係していた。

コーランの異本が多数派の間でも流布していたことは既に触れたが、ウスマーン本に対する最大の批判勢力はシーア派であった。シーア派内の諸グループの中でどの程度信奉されていたのかは不明であるが、ウスマーン本ではシーア派教義を支持する章句が多数派により改竄、改変され、一部は削除されたという主張がかつては存在していたようである（Amir-Moezzi 2013, 150-151; Lawson 1991, 283-286）。[7] 9世紀以前のシーア派諸派の間でも、コーランが神の書であることは認められており、ウスマーン本のすべてを否定するような見解は分派学書にも記録されていない。しかし、シーア派の敵であるカリフたちが主導して編纂した欽定版には瑕疵があるというわけである。そのため初期シーア派においては、現存するコーランは改竄ゆえに神からの導きを読み取りがたい書「沈黙するイマーム（imām ṣāmit）」となってしまい、本来の正しいメッセージをそこから抽出するためには「語るコーラン（qur'ān nāṭiq）」たるイマームの導きが必須であるという発想が生まれた（Amir-Moezzi 2013, 152-153）。改竄説は多数派を主導するカリフ権力に対する疑念、批判に由来していたのであろうが、イマームの宗教権威の正統化にも展開しうるのである。

以上紹介したシーア派内の諸見解を踏まえた上で図1に戻ってみよう。ムウタズィラ学派とは違う視点からコーランを永遠、無謬とする主流説に異議を呈するシーア派は、現存するウスマーン本には人為的操作による瑕疵があると主張した。したがって、当時のシーア派におけるコーランの位置付けは多数派よりもやや低いものとなるであろう。そして、イマームが神格化される場合、イマームはコーランと共に神的領域と人間的領域にまたがる「媒介者」となる。無謬性を伴って預言者の宗教権威を受け継ぐ人間と見なされる場合には、コーランの人間的領域側のやや低い位置にあり「語るコーラン」としてその解釈権を独占する。その場合、神的領域に唯一接続するコーランをさらに人間社会につなげる「媒介者」の役割はイマーム一人だけに帰されることになる。9世紀以前のシーア派諸派ではウラマーが社会階層としては育っていない。イマームが生存しその指示が信徒に伝えられうる状況下においては、預言者や過去のイマームの言行をハディース集として正典化する動機付けが不足しており、9世紀後半の段階ではハディース集編纂の営みは多数派に大きく後れをとっていた（Kohlberg, 1983, 303-304）。イマームの敵であるカリフはその宗教権威はもちろん政治権力も否定される。イマーム派系シーア派諸派においては、預言者死後の宗教権威は基本的にコーランというテクストとイマーム個人の人格に帰されることなり、このような図式は、図1に示した宗教権威の分散移譲とは完全に異なっている。

4.　スンナ派とシーア派の対立と接近

「シーア派の世紀」とも呼ばれる10世紀には同派が政治的、社会的、思想的に台頭し、宗派対立が激化した。この頃からスンナ派として自己形成しつつあった多数派においては、法学的カリフ論の整備が進み、政治的覇者の傀儡でしかなくなったカリフはかえってスンナ派世界の象徴として

「媒介者」をめぐる多数派／スンナ派とシーア派の相克 | 117

存在感を高めた。イマーム派の流れを汲むイスマーイール派が909年に
ファーティマ朝を樹立すると、宗派対立は大規模な政治的、軍事的対決に
転化し、スンナ派カリフ対シーア派イマームという対立の構図は、モンゴ
ル帝国によってカリフ制が破壊された1258年まで続く。

　しかし、数世紀に渡るこの対立の時代は、両派の違いが明確化される
と同時に、論争の中で両派が宗教的に接近していった時代でもあった。ま
た、ミフナ後に成立した図1の構造はスンナ派（多数派）の間では安定
化しており、この時代に大きく変化したのはシーア派の側であった。した
がって本節では基本的にシーア派に光を当て、両派の対立が先鋭化した
10-11世紀と、イマーム制とカリフ制が共に崩壊した後の14世紀に注目
し、「媒介者」をめぐる対立と接近について考えることにする。

4.1.　10-11世紀の十二イマーム派とイスマーイール派

　「シーア派の世紀」を彩った主体としては、ファーティマ朝を樹立した
イスマーイール派だけでなく、同系統に属する十二イマーム派も重要であ
る。彼らが支持した第11代イマームが没した874年、やがて救世主とし
て再臨する第12代イマームは幽隠（ghayba）の状態に入ったとされる。
同派においては、4人の仲介者を通じて幽隠状態の第12代イマームと信
徒との連絡が保たれていた940年までが小幽隠期、最後の仲介者の死に
より連絡が完全に途絶した940年以降が大幽隠期と規定された。宗教的
には危機的と言える状況下で大いなる救いとなったのが、945年にアッ
バース朝の帝都バグダードを制圧したブワイフ朝であった。十二イマーム
派を奉じるブワイフ朝は、アッバース朝カリフの打倒を宿願としたファー
ティマ朝とは違い、カリフを傀儡として利用することを選び、十二イマー
ム派信仰を住民に強制するようなこともなかった。それでも同派の学術や
祭礼を保護あるいは奨励したので、バグダードは一躍同派の学問上の拠点
となり、同派信徒は社会的にも躍進した。

ブワイフ朝の庇護下で質量共に充実したウラマー層が台頭し、彼らによって預言者だけでなく歴代イマームの言行をも収録したハディース集の編纂が急速に進展し（Kohlberg 1983, 304-316）、法学の研究も進んだ。新しく台頭したウラマー層が隠れイマームの宗教権威を代行できるのかという問題についてはその後数百年に渡り論争が続くことになるが、スンナ派における宗教権威を考える際には欠かせないウラマー、ハディースという要素が、10-11世紀の十二イマーム派でも顕在化したのである。

　ムウタズィラ学派思想の導入とクルアーン改竄説否定論の台頭もこの時代に起きた重大な変化であった。ムウタズィラ学派神学が取り入れられた結果、神学では理性主義的な傾向が強まり、ヒシャーム派に見られたような擬人神観的な神の描写、イマームの神格化は否定され、その後この種の主張は極端派的なものとして排除された。また、クルアーン改竄説に理解を示す学者が消滅したわけではなかったものの、10世紀以降には改竄を否定しウスマーン本を完全と見なす主張が優勢となった（Momen 1983, 76-81; Lawson 1991, 288-289）。この結果、イマームは無謬ではあっても人間の領域に留められ、コーランの位置付けはスンナ派とほとんど変わらないものになる。

　類似の傾向は同時代のイスマーイール派にも見られた。ファーティマ朝下ではウラマーに近い階層が形成され、イマームが君臨しているせいかハディース集の編纂は進まなかったものの、預言者や歴代イマームの伝承は規範的なテクストとして参照され、法学の整備にも進展が見られた。同派ではムウタズィラ学派思想の代わりにギリシア哲学が導入されたが、結果としては十二イマーム派同様、イマームが預言者と同じように無謬性を保持するとされる一方で、その神性は否定された（菊地 2005, 256-274）。同派の伝統においてはコーラン改竄説が強調されなかったこともあり、この時代のイスマーイール派にも極端派的主張の否定とスンナ派思想への接近が見出されるだろう。

一方、スンナ派との対立に目を移すと、シーア派を激しく攻撃する文書を公開しカリフがスンナ派の擁護者であることを宣伝したアッバース朝第25代カリフ、カーディル（991-1031年在位）の時代に両派の対立は最も先鋭化した。カーディルに対峙したファーティマ朝カリフ／イスマーイール派イマームはハーキム（996-1021年在位）であり、この時期には複数の同派教宣員が、スンナ派の法学的カリフ論を否定しイマームを正統化する文書を一般向けに公開した。

たとえばその中の一人アブー・ファワーリス（1022年没）は、カリフ選出のための手続きとされる共同体の合意と選挙を否定し、カリフ制の根拠とされるコーラン2章30節「本当にわれは、地上に代理人（カリフ）を置くであろう」などを典拠として「イマームは必然的に神と使徒によって選ばれるのであり、宗教共同体内によって選ばれるのではない。なぜならイマームは宗教共同体を代表する者ではなく、宗教共同体に統治権を及ぼす者だからである」と主張した（Abū al-Fawāris 1977, 9）。イマームは、社会の中からその構成員によって選出されるカリフとは違い、神と預言者の指名により選ばれ外部から「宗教共同体に統治権を及ぼす者」である点にその宗教権威の根拠があるというわけである。[8] 以上のように、コーランに示されたメッセージを特権的に解釈しうる無謬の指導者を認めるかどうかがスンナ派とシーア派の間の最大の争点となった。イスマーイール派のように無謬のイマームが統治者として君臨すると、争いは神学論争の枠には収まらなくなり、スンナ派の指導的ウラマーからはイマームの無謬性を否定する論が提示された（ガザーリー 2003, 52-54）。

この時期のシーア派二派では、スンナ派と同じようにコーランが神的領域と人間の領域の媒介となり、イマームは人間の領域に留まることになった。地上に物理的に存在するものの中でコーランのみが至高の位置を占めるというわけである。先に触れたように、十二イマーム派ほどではないにせよ、ファーティマ朝期イスマーイール派においてもウラマーに近い階

層（主な構成要素は教宣員と法学者）が形成され、ハディースが規範的な位置を占めるようになった。このような 10-11 世紀の同派における宗教権威をまとめたものが図 2 である。同派が大幽隠期の十二イマーム派と決定的に異なるのはイマームの存在である。啓

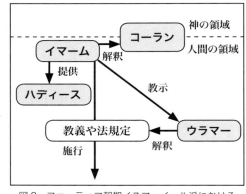

図 2　ファーティマ朝期イスマーイール派における宗教権威

示の受容を除く預言者ムハンマドの宗教的権限と無謬性を特定個人に帰す宗教権威の図式は、図 1 に見られる多数派／スンナ派の図式と鋭く対立する。麾下の教宣員が実際には独自のコーラン解釈と自らの思考に基づく書簡を執筆していたとしても、この図式下においては公的には時のイマームの教示に依拠しその裁可を得るという形式がとられた（Halm 1997, 45-46）。10-11 世紀における両派の対立は、預言者の政教に渡る権能をウラマー階層全体と象徴としてのカリフに分散させることでカリスマの「日常化」を進めたスンナ派と、その職能のすべてをイマームという個人に集約させようとするシーア派の相克を意味していた。

4.2. 14 世紀の十二イマーム派とスンナ派

　ファーティマ朝は 1171 年に滅亡し、その後イマームを奉じながらスンナ派政権と対立してきたニザール派系イスマーイール派も、1256 年、モンゴル帝国軍により本拠地アラムートを攻略されると政治的には無力化し、スーフィー教団の長に身を窶した流浪のイマームは自派を中央集権的に支配できなくなってしまった。一方、アッバース朝もモンゴル軍によって 1258 年に滅ぼされ、シーア派イマームとスンナ派カリフが対峙する構

図はこれをもって終わりを告げた。このような状況下において、中東の中心部でシーア派をリードする勢力はイスマーイール派から十二イマーム派に交代する。

14世紀の十二イマーム派思想を牽引したのは、アッラーマ・ヒッリー（1325年没）であった。イラクにおける同派学問界の頂点に立つヒッリーは、ムウタズィラ学派神学だけでなくその他のスンナ派諸学を神学、法学、伝承学に取り込み自派教学の体系化に貢献した。当時東方イスラーム世界の覇者でありモンゴル帝国の継承国家の一つであったイル・ハーン朝とは良好な関係にあり、同朝第8代君主オルジェイトゥ（1304-16年在位）のシーア派改宗にも関与した。このオルジェイトゥの命により1311年頃、十二イマーム派思想の概説とスンナ派論駁のために執筆されたのが、『イマーム性の知識に関する高貴さの道（*Minhāj al-karāma fī ma'rifa al-imāma*）』である（Jamil 2010, 231-232）。

本節第一項で見たように、11世紀のイスマーイール派によるスンナ派論駁ではカリフ制そのものが否定され、現実のカリフの個人的な不道徳が糾弾された。ヒッリーの筆致は彼らとはやや異なっている。『高貴さの道』においては、スンナ派の法学者の多くが実際には十二イマーム派思想とそのイマームに共感していたとされ、たとえばハナフィー学派名祖アブー・ハニーファ（767年没）がイマームに教えを請うたと指摘される（Ḥillī 2000, 67, 42-43）。アッバース朝カリフ（特にマアムーン）が善人として描かれることもあり、彼らと自分たちのイマームの親密さが強調される（Ḥillī 2000, 60-62）。スンナ派教義そのものが批判されることもあるが、『高貴さの道』においては、スンナ派の高位の学者たちでも十二イマーム派教義とイマームの知識と徳を認めざるを得ないというスタンスから論が展開されがちである。第12代イマームが救世主として再臨するという彼らの中心教義も、教友のイブン・ウマル（693/4年没）、ハンバル学派のイブン・ジャウズィー（1201年没）といったスンナ派の著名な教友や学

者の権威を借りて正統化された（Ḥillī 2000, 65）。

　彼らのメシア論はスンナ派ウラマーにとっては容認したがいものであろうが、それ以外の多くの教義においては、ヒッリー自身の貢献もありこの時代の十二イマーム派はスンナ派に近い語彙と方法論を採用し、学問上の交流も活発化していた（Jamil 2010, 230-231）。そのため、宗派対立はイマームとカリフが君臨していた時代のように政治的、軍事的対決に直結するものではなくなり、学問的な論争という体裁を採るケースが多くなったのである。

　学者としての名声や影響力という点でヒッリーにはるかに劣っていたが、敢然とその説を論駁したのが、シリアで活躍し19世紀以降のサラフ主義に絶大な影響を与えたイブン・タイミーヤ（1328年没）である。ヒッリーの影響力がシリアにも波及しつつあることを危惧したスンナ派信徒の要請を受け、彼は論駁の書『預言者スンナの道（*Minhāj al-sunna al-nabawīya*）』を執筆した（Jamil 2010, 235-236; Michot 2014, 109-112）。

　イスマーイール派や極端派的な宗派などを激しく攻撃し不信仰者宣告（takfīr）にも躊躇しないイブン・タイミーヤではあるが、十二イマーム派については「［預言者を哲学的に規定するイスマーイール派とは違い］預言者性に関しては全く嘘をついていないが、一部の条件においては信仰者である一方で［別の］一部の条件においては不信仰である。信仰者という一面と不信仰者という一面がある点において、ラーフィド派（十二イマーム派）はその同輩（イスマーイール派）と一線を画している」とし（Ibn Taymīya 1999, vol.1, 4）、不信仰者宣告を回避した。彼はヒッリーを学者として遇し、その主張に対して学問的な反論を展開する。そこではスンナ派ハディースを典拠とする際の学問上の瑕疵が指摘され、第12代イマームのように人間が何百年も生き続けることはありえない、といった常識に基づく批判のほか、無謬性の典拠が示されていないという資料上の問題、初代イマーム、アリーの時代よりもほかのカリフの時代の方が政治的、軍

事的に成功していた、12人のイマームが生きていた時代には彼ら以上に学識がある学者が存在していた、といった歴史認識上の問題点が指摘される（Michot 2014, 116-147）。ヒッリーとイブン・タイミーヤはウラマーに共通するスタイルや手続きに基づいて論争しており、同じ土俵の上で資料批判の精密さと資料と聖典の解釈、合理性、歴史理解について競っていると言えるだろう。

5. おわりに

13世紀後半にイマームとカリフを頂点とする統治体制がなくなると、預言者の宗教権威の後継をめぐるシーア派とスンナ派の相違点は小さなものとなった。イマーム論とカリフ論はお互いにとって認めがたいものであろうが、現行の政治秩序をめぐる闘争には発展しづらくなり、ヒッリーとイブン・タイミーヤの論争に窺えるように、過去の歴史と聖典の記述をどう解釈するかという問題に収斂していくからである。彼らの時代以降の十二イマーム派における宗教権威のあり方を示したものが図3である。

「イマームの墓廟」という項目があるが、イマーム廟への参詣には10世紀以降に法学上の根拠が与えられ、死せるイマームたちの力により贖罪、とりなし、現世利益が得られると考えられるようになっていた（守川 2007, 17-31）。スンナ派においてこの役割を担うのは聖者廟やスーフィー聖者であるが、この時代、十二イマーム派イマームは、スーフィー

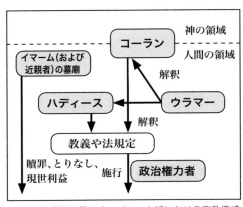

図3　14世紀以降の十二イマーム派における宗教権威

聖者とは違い人間社会の中に実在しておらず、権威や権力をめぐる人間の営みに直接関与することもない。すなわち、社会の中に非日常的なカリスマ指導者がいなくなったことになる。[9] 不在のイマームの宗教権威をどの程度ウラマーが代行できるのかという問題は 19 世紀に至るまで解決しなかったが、二大聖典を解釈しうる者はもはやウラマーしかいない。カリフ制を欠いた同時代のスンナ派では、法の執行者という役割は宗教的正統性を確保していない政治権力者に委ねられていたが、十二イマーム派も同じような状況に陥っていた。

　以上のような図式は小幽隠が始まった 9 世紀以降徐々に固まっていったものと思われるが、十二イマーム派ではすでに廟参詣が定着し、スンナ派ではスーフィズムが民衆にも普及していた 14 世紀には、両派の宗教権威の分配は非常に類似したものになっていたことが分かるだろう。宗教上の権威は、唯一無二の無謬なるものとして頂点に位置するコーラン、解釈者として聖典と人間社会を媒介するウラマー、民衆に対して神からの祝福を媒介するイマーム廟／聖者廟／スーフィーという三つの要素に分割され、預言者と同等の権威を持つ無謬の個人はもはや存在しない。このような棲み分けは非常に安定したものとなり、少なくても近代までは持続することになった。9 世紀の異端審問、10-11 世紀の宗派対立という二つの大きな山を乗り越えて形成されたこの図式をもって、カリスマの「日常化」プロセスは収束したと言えるだろう。

注

1) スーフィズムにおいては、愛の対象となる人間に神性を見出す潮流やあらゆるものを「神の顕れ」と見なす潮流が生まれたが、ムハンマドという特定個人を教義として神格化する勢力はきわめて周縁的な存在であるので、スミスの定義は一般性を得ていると言えるだろう。

2) 小田は、ムハンマドには厳密な意味で人々を救済する権限が与えられていなかった点において「その権威はウェーバーやワッハのいう人格的カリスマとは異なっていた」と評価した (小田 1995, 38)。しかしウェーバーは、霊的救済の権限を持たない「人民投票的な」支配者をもカリスマ的指導者に含めている（ウェーバー 1970, 74, 157-158)。

3) たとえばムハンマド死後の変遷に関するターナーの記述は規範テクストとしてのコーランという視点に欠け、ウラマーという変数もあまり考慮されていないため、平板な王朝史になってしまっている（ターナー 1994, 125-139)。また、ワッハやキタガワにも依拠しつつ、預言者の宗教権威を受け継ぐカリスマ的共同体、「聖なる共同体」たるイスラーム共同体に注目する、Watt (1960)、中村 (1985) などの研究もある。

4) 純粋なカリスマ／日常化したカリスマ、中心／周縁といった二元論や、カリスマ的指導者に非日常性しか認めない点は特に批判されてきたが、イスラーム研究の視点からウェーバーの理論を修正しようとする研究には、後述の Dabashi (1993) のほか、カリスマ指導者没後の歴史に複数の段階を設け、周期的なパターンを見出すことで新たなカリスマ権威の形成を説明しようとする Brockopp (2005, 129-158) などがある。

5) ワットやダバーシーはカリスマ論を用いてスンナ派とシーア派だけでなくハワーリジュ派についても分析しているが（Watt 1960, 83-87; Dabashi 1993, 121-145)、本論では紙数の都合もありこの派には言及しない。なお、ハワーリジュ派に対する Watt (1960) による「カリスマ的共同体」概念の適用はしばしば批判の対象になってきたが、Dakake (2007, 7-10) は walāya という概念を導入することで初期シーア派を「カリスマ的共同体」として規定しようとした。

6) 四大法学派の形成とそれによるウラマーの宗教的解釈権の掌握はミフナをきっかけとするものなのか、その後のサーマッラー期における混乱が原因なのかについては議論が分かれている（Turner 2013, 121)。

7) Marcinkowski (2001) は、主に 10 世紀以降の十二イマーム派文献に基づいてシーア派における改竄説はスンナ派分派学書が作り上げた虚構であると論じるが、

Lawson (1991) などは明確に文献上の根拠を示しており、改竄説がなかったという主張には無理があるだろう。

8) 教宣員キルマーニー（1020 年以降に没）は、同時代に生きるハーキム、アッバース朝カリフのカーディル、その他のシーア派系、ハワーリジュ派系イマームなど 6 名を宗教的に正統な統治者の候補者として列挙し、カーディルを攻撃した（Kirmānī 2007, 85-86）。候補者として重視されるのは統治の根拠となる宗教的正統性であり、カーディルの後ろ盾ではあったが独自の宗教的正統性を持っていないガズナ朝君主マフムード（998-1030 年在位）などは候補からはずれている。他派に対するプロパガンダを意図した著作であるためか、カーディルへの攻撃においてはイスマーイール派教義やその用語は用いられず、個人的な不道徳、学識の欠如、反イスラーム法的な行為が標的になっている。

9) 同時期のイスマーイール派は複数の分派に分裂していたが、それらは十二イマーム派のように幽隠のイマームの救世主としての再臨を待望する集団と、イマームはいても各地の信徒に指示を与えられない状況にある集団に分けられる。いずれの場合でも現実の共同体においてイマームは絶対的指導者として機能していなかったので、同派の実態は十二イマーム派に近かったと考えられる。ただし、19 世紀にイマームによる中央集権支配が実現したニザール派では、カリスマ的支配の復活が起きており、この点には注意が必要であろう。

参考文献

Abū al-Fawāris 1977: *al-Risāla fī al-imāma*, in S. N. Makarem (ed. & transl.), *The Political Doctrine of the Ismāʿīlīs (The Imamate)*, Delmar: Caravan Books.

Amir-Moezzi, Mohammad Ali 2013: "The Silent Qurʾan and the Speaking Qurʾan: History and Scriptures through the Study of Some Ancient Texts," *Studia Islamica* 108, 143-174.

Brockopp, Jonathan E. 2005: "Theorizing Charismatic Authority in Early Islamic Law," *Comparative Islamic Studies* 1-2, 129-158.

Crone, Patricia & Martin Hinds 1986: *God's Caliph: Religious Authority in the First Centuries of Islam*, Cambridge: Cambridge University Press.

Dabashi, Hamid 1993: *Authority in Islam: From the Rise of Muhammad to the Establishment of the Umayyads*, New Brunswick, NJ: Transaction Publishers.

Dakake, Maria Massi 2007: *The Charismatic Community: Shiʿite Identity in Early*

Islam, Albany: State University of New York Press.

Halm, Heinz 1997: *The Fatimids and their Traditions of Learning*, London: I. B. Tauris.

Ḥillī, al-ʿAllāma Jamāl al-Dīn al- [2000]: *Minhāj al-karāma fī maʿrifa al-imāma*, ed. by ʿAbd al-Raḥīm Mubārak, Mashhad: Enteshārāt-e Tāsūʿā'.

Ibn Taymīya 1999: *Minhāj al-sunna al-nabawīya fī naqḍ kalām al-Shīʿa wa al-Qadarīya*, ed. by ʿAbd Allāh Maḥmūd Muḥammad ʿUmar, 4 vols., Beirut: Dār al-Kutub al-ʿIlmīya.

Jamil, Tariq al- 2010: "Ibn Taymiyya and Ibn Muṭahhar al-Ḥillī: Shiʿi Polemics and the Struggle for Religious Authority in Medieval Islam," in Y. Rapoport & S. Ahmed (eds.), *Ibn Taymiyya and His Times*, Oxford: Oxford University Press, 229-246.

Kirmānī, Ḥamīd al-Dīn al- 2007: *al-Maṣābīḥ fī ithbāt al-imāma*, in P. E. Walker (ed. & transl.), *Master of the Age: An Islamic Treatise on the Necessity of the Imamate*, London / New York: I. B. Tauris Publishers.

Kohlberg, Etan 1983: "Shīʿī Ḥadīth," in A. F. L. Beeston et al. (eds.), *Arabic Literature to the End of the Umayyad Period*, Cambridge: Cambridge University Press, 299-321.

Lawson, Todd 1991: "Note for the Study of A Shīʿī Qurʾān," *Journal of Semitic Studies* 36-2, 279-295.

Marcinkowski, Muhammad Ismail 2001: "Some Reflections on Alleged Twelver Shīʿite Attitudes toward the Integrity of the Qurʾān," *The Muslim World* 91-1&2, 137-153.

Michot, Yahya Jean 2014: "Ibn Taymiyya's Critique of Shīʿī Imāmology: Translation of Three Sections of his *Minhāj al-Sunna*," *Muslim World* 104, 109-149.

Momen, Moojan 1985: *An Introduction to Shiʿi Islam*, New Haven / London: Yale University Press.

Shahrastānī, Abū al-Fatḥ al- 1997: *al-Milal wa al-niḥal*, ed. by Ṣidqī Jamīl al-ʿAṭṭār, Beirut: Dār al-Fikr.

Smith, Wilfred Cantwell 1981: *On Understanding Islam: Selected Studies*, The Hague: Mouton Publishers.

Turner, John P 2013: *Inquisition in Early Islam: The Competition for Political and Religious Authority in the Abbasid Empire*, London / New York: I. B. Tauris.

Watt, W. Montgomery 1960: "The Conception of the Charismatic Community in Islam," *Numen* 7, 77-90.

ウェーバー、マックス 1970:『支配の諸類型』世良晃志郎訳、創文社.

小口偉一・堀一郎（監修）1973:『宗教学事典』東京大学出版会.

小田淑子 1995:「イスラームの宗教性」板垣雄三 (監修)・竹下政孝 (編)『イスラーム

の思考回路』栄光教育文化研究所、13-41.

ガザーリー 2003:『誤りから救うもの：中世イスラム知識人の自伝』中村廣治郎訳、ち
くま学芸文庫.

菊地達也 2005:『イスマーイール派の神話と哲学：イスラーム少数派の思想史的研究』
岩波書店.

菊地達也 2014:「極端派（グラート）の伝統とアラウィー派」近藤洋平 (編)『中東の
思想と社会を読み解く』東京大学中東地域研究センター スルタン・カブース・グ
ローバル中東研究講座、109-130.

ターナー、ブライアン・S. 1994:『ウェーバーとイスラーム』樋口辰雄・香西淳一・筑
紫建彦訳、第三書館.

中田考 1990:「イスラーム法学に於けるカリフ論の展開」『オリエント』33-2、79-95.

中村廣治郎 1985:「Ummah の概念とその展開」慶応義塾大学東洋史研究室（編）『西と
東と：前嶋信次先生追悼論文集』汲古書院、121-136.

守川知子 2007:『シーア派聖地参詣の研究』京都大学学術出版会.

鏡と親指、子供、祭司、ヨーギン
―― 初期中世期インド密教における神託儀礼の一考察 ――

杉 木 恒 彦

1.　はじめに

　「鏡よ鏡、世界で一番美しいのは誰」という台詞は有名である。鏡など
の呪物を通して神霊が答えを示す占いや、あるいは巫女や子供やその他
シャーマン的な能力をもつ者が神霊と交流しそのメッセージを伝える儀礼
は、古代のローマやギリシアなど地中海沿岸地域や中国や日本など、世界
各地で行われてきた。インドも同様である。

　本稿では、声であれ、映像であれ、あるいは心に直接伝えるものであ
れ、能力ある人が感知できる形で神霊が下すメッセージを、「神託」と総
称しよう。本稿はインド仏教史における神託儀礼とその周辺に焦点を当
てる。神託儀礼を比較的詳しく説く最古層の仏教文献は、6世紀頃に編纂
の大乗仏教（密教）経典『スバーフの問い』（*Subāhuparipṛcchā）であ
る。同経典の神託儀礼は、インドにおける仏教外の諸伝統の神託儀礼と多
くの類似点をもつ。また、同経典はチベットや中国にも伝播し、その漢訳
（『蘇婆呼童子請問経』等）は日本の真言宗にも伝えられた。アジアの大乗
仏教の伝搬地域におけるある種の神託儀礼の形成を知るうえで無視できな
い文献である。そのためか、研究の少ないインド神託儀礼分野にあって、
『スバーフの問い』を扱う論文は比較的多い。本稿では同経典（チベット
語訳版）を主要な資料とし[1]、重要な先行研究を検討しながら論を進め

る。

　冒頭にあげた例との関連から、『スバーフの問い』の神託儀礼の特徴を
1つ述べておこう。理念上は、鏡などを用いた神託儀礼と、霊媒となる者
が神霊の憑依を受けて神託を述べる儀礼は、異なる種類の神託儀礼であ
る。だが『スバーフの問い』においては、それらは連携して1つの儀礼
体系を構成している。

　本稿は儀礼の内容の分析に重点を置く。特殊な用語の語源の解明や文献
成立史の解明は、本稿の主たる目的ではない。儀礼内容の分析を通して、
初期中世期インドにおける神託儀礼の一面を明らかにするとともに、ささ
やかではあるが媒介者研究のための事例と視点の提供を行うことが、本稿
の目的である。

2.　シヴァ教における類似儀礼

　Vasudeva は初期中世期インドのシヴァ教のマントラ道（mantra-
mārga）に属する文献群（主として『ニシュヴァーサグヒヤ（Niśvāsa-
guhya）』と『タントラサドバーヴァ（Tantrasadbhāva）』：6 〜 9 世紀頃）
を検討し、それらに説かれる、プラセーナー（prasenā）やプラティセー
ナー（pratisenā）などと呼ばれる神霊[2]の働きによる神託儀礼の分析を
行っている。神霊の働きにより、儀礼執行者の親指や月や太陽や剣や鏡や
灯火や水瓶といった依代に神託が映し出され、それを巫女となる少女（男
子の場合もある）が見取るというものである。プラセーナーの儀礼は古く
は窃盗犯を見つけるために行われたが、これらシヴァ教文献群では、イニ
シエーション儀礼の一種であるディークシャーで効果を得られない理由を
知るために行われるようになった。また、それを知るにはまず夢占いを行
い、夢占いが失敗した時にプラセーナーの儀礼を行うと規定されている
［Vasudeva 2014］。

鏡と親指、子供、祭司、ヨーギン　　131

　Vasudeva は『スバーフの問い』の分析を行っていないが、『スバーフの問い』が説く神託儀礼は、Vasudeva が検討するシヴァ教文献群のそれと同種のものである。教説の成立経緯については、様々な資料を幅広く検討したうえで結論に至る必要がある。なお、以下に見ていくように、『スバーフの問い』など仏教文献では、プラセーナー（prasenā：女性形）の語の代わりにプラセーナ（prasena：男性形）もよく用いられる。

3.　女が、処女が、媒介する
——『スバーフの問い』に先行する神託儀礼

　『スバーフの問い』に先行する関連事例を2つ、簡潔に見ておこう。
　人への憑依による神霊の口寄せを物語る古層の資料として、『ブリハド・アーラニヤカ・ウパニシャッド』（Bṛhadāraṇyakopaniṣad）（紀元前6世紀頃）があり、Smith はそれに検討を加えている。同経典には該当する話が2つある。細部に相違はあるが、双方の話とも内容の構成は同じである。すなわち、マドラ（madra）の地に住む家長パタンチャラ・カーピヤ（patañcala-kāpya）の親族女性——1つの話では娘（duhitṛ）、もう1つの話では妻（bhāryā）——に神霊ガンダルヴァが憑依し（gandharvagṛhītā）、質問者の問いに対し、彼女たちの口を通して答えを述べるという内容である[3]［Smith 2006: 228-231］。ヴェーダの宗教の神霊ガンダルヴァとマドラの地のローカルな神託儀礼が融合したものかもしれない。
　憑依される対象は、家長パタンチャラ・カーピヤの娘あるいは妻の身体である。娘は処女であるかもしれないが、妻は処女ではないだろう。もしこの娘や妻という身分に意味があると仮定するならば、性的な清らかさというより、女性であるということが、さらに可能性としては血縁上の何らかの条件（彼女たちは母娘であり家長パタンチャラ・カーピヤの妻と娘で

ある）が、霊媒となる能力の源泉なのかもしれない。

　もう1つの事例は、パーリ仏典である。これに関する Orofino の論［Orofino 1994: 614］を受けて、Vasudeva は、パーリ仏典『ディーガ・ニカーヤ（長部）』（Dīghanikāya）の『ブラフマジャーラ・スッタ』（Brahmajālasutta）の大罪のリストに、誤った生計方法として占い（pañha「質問」）が含まれていることに着目している。この占いには3種類あり、それらは、①鏡への質問（ādāsapañha）、②乙女への質問（kumāripañha）、③神への質問（devapañha）である。それぞれ、占いたいことを、①鏡（ādāsa）に神霊を降ろして質問する、②乙女（kumāri）の身体に神霊を降ろして質問する、③巫女（dāsiyā「女奴隷」）の身体に神霊を降ろして質問する、というものである［Vasudeva 2014: 371-372］。（また、同様の占いは初期のジャイナ教文献にも見られるという［Vasudeva 2014: 372］。）

　憑依される対象は、鏡、乙女、巫女である。鏡の清らかさは、性の清らかさと通じるのかもしれない。乙女という条件は、処女であることが霊媒となる人に要求される資質であることを示唆している。巫女の内容は不明であり、様々な解釈の余地がある。

　なお、『ディーガ・ニカーヤ』は、これらの占いを、否定すべき仏教外の儀礼として扱っている。だが、以下に見るように、類似の神託儀礼は、『スバーフの問い』において仏教儀礼として説かれる。時代の経過の中で、仏教外の伝統が徐々に仏教内に取り込まれていったのだろう。

4.　子供が媒介する──『スバーフの問い』

『スバーフの問い』は第7章において子供による媒介儀礼を説く[4]。この儀礼について、Orofino や大塚など[5]がすでに分析を行っている［Orofino 1994: 614-615、大塚 2013: 880-882、910-911］。だが Orofino

と大塚の間には、さらに筆者との間には、解釈と視点の相違がある。

Orofino が述べるように、この儀礼の名称は経典中に記されていない
［Orofino 1994: 614］。（漢訳［大正 no. 895a］はこの儀礼を説く章［第 8
章］の名を「下鉢私那分品」すなわちプラセーナー［あるいはプラセー
ナ］を下す［という名の］章としている。）この儀礼は全体として 1 つの
次第をなしている。だが、説かれる儀礼の局面の相違に基づいてこの儀
礼の説明を大きく 2 段に分けることができる。おそらく、もとは異なる 2
つの伝承が 1 つの次第に収められるに至ったのだろう。

4.1.　儀礼の概要

以下、該当箇所の全訳を示す。『スバーフの問い』自体には章名や見
出しは書かれていない。理解しやすいよう、注釈であるブッダグヒヤ作
『ブッダグヒヤ略釈』と『ブッダグヒヤ広釈』（ともに 8 世紀頃）の解釈
を参考に、全訳に筆者の解釈に基づく段分けと見出しを施している。2 つ
の段に施された見出し――「依代の教説：子供が依代を通して神託を見取
る」と「霊媒の教説：子供が霊媒となる」――も筆者による。角括弧内
の文言は筆者による訳の補足である。丸括弧内の文言はコメントである。
丸括弧内のコメントのうち記号 B で示した文言は、『ブッダグヒヤ広釈』[6]
による解説である。

(1) 依代の教説：子供が依代を通して神託を見取る[7]
　　(1-1) 神託が下る依代（媒介物）[8]
　　　　　親指や、鏡や、剣や、水や、水晶や、灯火や、大地や、鉄や、
　　　　　虚空や、托鉢用の鉢や、宝珠や、燃え上がる火。ここに、神託
　　　　　(gsal bar ston pa = *prasena/prasenā) がつねに生じる（B: そ
　　　　　れらの物［rdzas］が、神託の見える依代［pra se na ston pa'i
　　　　　gzhi］であり、・・・）。過去と未来と現在における天地［の者た

ち］を、さらに時間と無関係［の者たち］を、神とアスラを、あらゆる善［行］と悪行を、明示すると理解するべきである。

(1-2) 神託がきちんと下らない原因：儀礼の不備[9]

規定を守らなかったり、あるいは半分しか念誦しなかったり、あるいは［唱える］文字を減らしたり、あるいは文字を増やしたり、あるいは念誦を行わなかったり、信解がなかったり、供養しなかったり、地面が汚れていたり、雲集が太陽光を遮っていたり、子供の身体の一部が欠けていたり多かったり。以上のような場合、人への神託は下らないだろう。必要なものが完全に見えることはない。

(1-3) 準備儀礼：念誦と断食、場の整備、子供の準備[10]

神託が下るために、まず既定の通りに念誦しながら、良き日（B: 自分の日）に、マントリン（sngags pa = *mantrin「マントラを保持する者」）は（B: 子供とともに）断食を行い（B: その1日前から断食を行い）、［その日の］夕べに、土と牛糞により地面をよく塗るべきである。塗香と花と焼香と天食と灯火も捧げた後、若い子供の準備を整えるべきである（B: 子供——満16歳以下でなければならない——たちを守護し供養する儀礼を行い、新しい衣服をまとって、その清らかな場で寝る）。

(1-4) 鏡の儀軌[11]

翌朝、以下の儀軌を全て実行するべきである。（B: マントリンと子供は）沐浴し、身体に汚れのない白色の衣服をまとい、（B: マントリンは）東方を向いてクシャ草の座具の上に坐り、マントラ[12]を念じるべきである。鏡を清らかな灰（B: 護摩で生じた灰）で7回あるいは8回あるいは10回擦り浄めた後、一点専心してマントラを唱えながら（B: マントリンは自ら神の三昧に入った後、その神を依代に引き寄せ、供養し、神託を願いながら

鏡と親指、子供、祭司、ヨーギン 135

念誦を行い）、若い子供を西向きにする（B：子供を、約4ハスタほど間隔を空けて、東を向くマントリンと向き合うようにする）。［子供が］神の眼（B：護摩で生じた灰を指にとって、「神の眼を加持し給え」[13]と願いながらその灰を指で子供の眼に塗ることにより、子供に神の眼を生じさせる）で［鏡を］見たならば、［鏡に］過去と現在と未来が見えるだろう（B：神託は正午までに得られる）。

(1-5) 剣、親指、水、大地、鉄、托鉢用の鉢、宝珠、身像の儀軌[14]

［剣の儀軌──］［上述の］鏡という名の儀軌の全てを、剣の神託に適用することができる。［親指の儀軌──］親指を樹脂液で浄めた後、香りのよい穀物油を塗るべきである。［水の儀軌──］清らかな瓶を水で満たし、動かぬように置くべきである。［大地と鉄と托鉢用の鉢と宝珠の儀軌──］大地と鉄と托鉢用の鉢と宝珠を水浸しにするべきである。［身像の儀軌──］身像に塗香と花を捧げるべきである。すると、若い子供は［それらに神託を］見るはずである。

(1-6) 成就を得られるかどうか、神託や夢占いなどにより調べる[15]

神託と夢などにより成就（dngos grub = *siddhi）［できるかどうか］を調べた後、次に念誦を行うべきである。

(2) 霊媒の教説：子供が霊媒となる[16]

(2-1) 仏塔や身像の前での念誦[17]

もし確信が得られなければ（B：神託が下らない疑いがあるならば）、続いて（B：危険な神は子供たちの命を奪うので、仏や菩薩や彼らに加持された神々のマントラといった）無害なヴィディヤーマントラを唱えるべきである。私［持金剛］に所属する、何であれ清らかな［金剛部族の］マントラを、布薩を行った後に熱

心に受持し、仏舎利［を内蔵した］仏塔の前で唱える。あるいは、傷のない身像の前で唱える。動揺する身体と言葉と意識や手と眼と眉間といった数々の身体部位をよく制御し、そこに心を集中させながら、心を慈しみの状態に保ち、クシャ草の座具に坐する。心を集中させている間、10万回あるいは20万回念誦する。私［持金剛］のマントラであるこの「フーン（hūṃ）」によって（後述の「フーン　お憑き下さい　憑依者よ（hūṃ gṛhṇāveśa）」というマントラを唱えることにより）、木にすら降りる。ならば、人に［降りることは］言うまでもない。

(2-2) 憑依される少女・少年の特徴[18]

次に、霊媒（dbab pa'i snod"［神霊が］下る容器"）たち［として適切であるかどうか］が吟味されるべきである。［霊媒は、］10あるいは12、10あるいは8、あるいは7、あるいは4、あるいは3歳[19]の若い娘である。あるいは、2あるいは5［歳］の少年でもよい。関節の骨や脈が浮き出ておらず、良い容姿であり、肢体に欠けるところがなく、眼は大きく、色白であり、顔は月のようであり、歯は高さが揃っていて尖っており、指は並び方が良く美しく、足首はくびれ、臍は繊細で美しく、胸と首は麗しく、体毛も毛髪も1本1本黒くて濃く、腹は垂れておらず3本の皺があり、色艶は良く、力と美しさを備え、心喜ばしく目が離せず、一目では満足できない［ほどに魅惑的であり］、他［伝統］の神に心を向けない者が、霊媒である。

(2-3) 準備：断食、供養、子供たちの整備[20]

吉日に1日間断食した者（B：マントリンと子供の双方が断食する）は、焼香と花輪と白檀と花と灯火で供養するべきである。固形食と米粥など多くのバリ供物（穀物の供物）を、神とアスラとヤクシャたちに捧げるべきである。霊媒たちは、沐浴し、白色の

鏡と親指、子供、祭司、ヨーギン　　137

衣服をまとい、東を向き、装飾を身に着けない。

(2-4) 子供への供養と、神を降ろすマントラの念誦[21]

　塗香と花などを、彼女［あるいは彼］に捧げるべきである。（B：安息香で）焼香しながらマントラを唱えるべきである。「hūṃ」のマントラを最初に唱えてから、「gṛhṇāveśa」と唱えるべきである（つまり、「フーン　お憑き下さい　憑依者よ（hūṃ gṛhṇāveśa）」と唱える）。

(2-5) 神降ろし、神への供養、神託、神にお帰り頂くこと[22]

　［霊媒たちが］眼を見開いて閉じることがなければ、［憑依が］完了したと理解し、恐れずにその時に［憑依した神霊に以下のように］質問するべきである。閼伽水と焼香を捧げた後、（B：他の障魔たちが子供に憑依しないように守護するために）最高なるヴィディヤーマントラを心に念じ、敬礼し、「どの方位の神ですか」と質問するべきである。過去と未来と現在に関することで必要なことをよく考えて、［その神に］お告げを願うべきである。楽や苦や成就を得るか得ないかを知ったら、それをその通りに受けとめ、すみやかに［その神に］お帰り頂くべきである。

(2-6) この儀軌を異なる方法で行った場合[23]

　無害なマントラを唱えるこれらの儀軌により、霊媒の内に人により［神霊が］入る。だが、異なるやり方で行う愚か者は、（B：有害な神霊が降りて子供を連れ去ったり、そもそも神が降りなかったりするので、）全ての人々により非難されるだろう。

(2-7) 静寂な神霊が降りた子供の眼つき[24]

　［眼は］静寂で、注意深げで、大きく、広く、長く、確固としていて、大いに眩く、光を放ち、赤く見え、閉じたり開いたりすることなく、神の眼のようである。霊媒への神降ろしはそのように起こる。

（2-8）ラークシャサなど攻撃性ある神霊が降りた子供の眼つき[25]

　　眼がとても赤く、円く、大きく見開き、とても不愉快そうで、と
　　ても恐ろしげな眼差しで、閉じることなく、怯えのない目つきを
　　するならば、ラークシャサやマホーラガやヤクシャが降りた者の
　　眼である。

（2-9）お帰り頂くことができない場合の対処法[26]

　　もし霊媒から［神霊が］出ていかなければ、妙吉祥の偈を唱え
　　たり、あるいはマハーバラ（stobs po che = *Mahābala）ある
　　いはハーサー（dgod ma = *Hāsā）あるいは鉤（lcags kyu =
　　*aṅkuśa）のマントラを唱えたり、あるいは『完全なる集成とい
　　う経』（rab tu 'dus pa'i mdo sde）を読誦したりするべきである。
　　獅子座のアルカ樹あるいはパラーシャ樹の護摩木を酥油で塗り、
　　100回火中に投じ、割れてない胡麻粒に蜜あるいは酥油を塗り、
　　残忍に護摩を（Ｂ：追放の護摩を）21回行うべきである。

（2-10）功徳[27]

　　（Ｂ：以上の神託を受けた後、）以前と同じように、マントラの儀
　　軌を誓約（dam tshig）の通りに余すところなく実践するならば、
　　自分の意に沿う成就を得る。マントリンは、長い期間、煩悩が生
　　じない。

　以上が全訳である。（1）依代の教説において説かれていることは、要
するに、子供が依代（媒介物）を通して神託を見取るというものである。
灰などで浄めた鏡などの道具（祭司の親指、鏡、剣、水、水晶、灯火、大
地、鉄、虚空、托鉢用の鉢、宝珠、燃え上がる火、身像のいずれか）を依
代とし、儀礼的に子供に神の眼を得させ、依代に映し出される神託をその
子供が読み取る。つまり、子供は依代を用いて神霊と人を間接的に媒介す
る。祭司は依代に示される神託を見ることができない。祭司自身の親指

を依代として用いる場合であっても、そこに神託を読み取るのは子供である。(2) 霊媒の教説において説かれていることは、霊媒である子供の中に人格ある神霊が入るというものである。霊媒となる子供の身体は、神霊と人を直接に媒介する。

Smith はシヴァ教文献群における憑依儀礼について「プラセーナー」(prasenā) と「良性の憑依」(svasthāveśa) という 2 つのキー概念に注目しているが [Smith 2006: 422][28]、(1) と (2) はそれぞれ Smith の言う「プラセーナー」と「良性の憑依」を主要素とする内容と考えてよい。

なお、Orofino も大塚も Smith も重視していないが、(1) と (2) いずれのプロセスにおいても子供とは別に祭司(「マントリン」すなわち教団の主要成員となる密教行者)[29] がおり、祭司が儀礼の準備や進行を司り、子供に準備を施す。この点は本稿で後に議論する予定である。文献には明記されていないが、祭司には、子供を通して得られた神託の内容を、儀礼のクライアント(つまり祭主)に対し分かりやすく、しかも権威を以って、解説する役割もあるのだろう。

4.2. 依代の教説と霊媒の教説の関係

(1) 依代の教説と (2) 霊媒の教説の相互の関係をどのように理解すればよいだろうか。それらの関係について、2 通りの解釈が可能である。

1 つ目は、(2) の教説は (1) の教説の一部を詳述するものとする解釈である。すなわち、(2) の教説は、(1) の教説による方法でうまくいかなかった場合にどうすべきか(全訳 (2-1))を説明するとともに、(1) の教説において詳述されていない、媒介者となる子供の条件と、子供が神の眼を得る (1-4) ための儀礼プロセスの詳細を説明したものとする解釈である。子供は霊媒として神の憑依を受けることにより、自身の眼を、依代に示される神託を見取ることのできる神の眼へと変じることになる。Orofino はこの解釈をとる [Orofino 1994: 615]。だが、この解釈をとる

と、儀礼中に子供が向く方位についての規定が（1）（西を向く）と（2）（東を向く）で異なる（全訳（1-4）（2-3））という問題にぶつかる。しかし、子供はまず東を向いて神の憑依を得た後、西を向いて依代の神託を見取ると理解することにより、この問題を解消することはできる[30]。

　2つ目は、（1）と（2）はそれぞれ異なる儀礼プロセスを説明しているとする解釈である。すなわち、祭司（マントリン）は原則として（1）を行い、それで神託を得ることができなければ（全訳（2-1））、（2）を行うこともできる、というものである。大塚はこの解釈をとる——「次に下鉢私那法と阿毘舎法について見てみたい。この両方は一種の占術といえる。本経所説の下鉢私那（Prasena）法とは、さまざまなものに Prasena と呼ばれる神霊的な尊格を下して、過去・現在・未来の三世における吉凶・災福・善悪等の相を占う呪法をいう。また阿毘舎（Āveśa）法とは、童男・童女に天部や鬼神などを憑依させ、吉凶・災福・善悪等の相を語らせる呪法をいう。」［大塚 2013：880-882］。（なお、「下鉢私那（鉢私那を下す）法」「阿毘舎法」という儀礼の名称は、大塚が漢訳中の語を用いて付けたものである。だが前述のように、漢訳はこれら2つの次第を説く段を合わせて「下鉢私那分品」としている点にも注意が必要である。）注釈者ブッダグヒヤもこの解釈をとっていると考えてよい。だが、この解釈には、なぜ（1）の教説では子供の条件が詳述されないのか、なぜ子供が神の眼を得るための儀礼プロセスが詳述されないのかという問題がある[31]。この問題に対し、ブッダグヒヤはそれらを補う注釈——その注釈の内容は（2）の教説の内容と異なる——を行っている（全訳（1-4））。

　どちらの解釈が経典編纂者たちの意図に沿うものであるかを決定することは難しい。おそらく、この曖昧さは、もとは異なる2つの伝承を1つの次第に収めたことに起因するのだろう。確かに言えることは、いずれの解釈をとるにしろ、本経典においては、これが全体として1つの儀礼次第を構成しているということである。

4.3. 神託を下す神霊

どのような神霊が神託を下すのか。(1) の教説では、大塚の上述の説明や Orofino が述べるように［Orofino 1994: 614］、神霊プラセーナあるいはプラセーナー（gsal bar ston pa、gsal ston、pra se na = *prasena/prasenā）である（全訳 (1-1)）。前述の Vasudeva の述べる神霊プラセーナーに該当する。だが、『スバーフの問い』におけるプラセーナ（あるいはプラセーナー）が神霊の名称であるとしても、筆者はこれに、神霊の人格をめぐる以下の分析を付け加えたい。静寂であるとか攻撃的であるとかいった、神霊自身の人格はこの儀礼の中で問題となっていない。神霊がもつ個性はもっぱらその神託という機能のみにある。それゆえ、上述の文献中の用語を神霊の名称ではなく「神託」（視覚イメージで示される神託）と翻訳しても違和感はなく、むしろそう訳した方がしっくりする。（それゆえ、上記の全訳では「神託」と訳している。）ここでは「プラセーナ／プラセーナー」は神霊名であるとともにその神霊の機能である「神託」も意味すると考えるべきである。

これに対し (2) の教説では、神託を下す神霊の人格——静寂な神霊か、あるいは攻撃性ある危険な神霊か——が重視されている（全訳 (2-1)(2-6)）。おそらく、物ではなく子供の身体内に直接に神霊を降ろすことから、その子供にとってのリスクの高さのゆえに神霊の人格が問題となるのだろう。それを吟味するために、憑依した神霊に対し祭司があなたは誰かと問うプロセスや、憑依された子供の様子から神霊の種類を判断するプロセスが、この儀礼次第に組み込まれている（全訳 (2-5)(2-7)(2-8)）。また、憑依した神霊が子供の身体から出ていかない場合、強制的に神霊を追い出す方法も説かれている（全訳 (2-9)）。

では (1) における神霊と (2) における神霊は同一なのか別なのか。どちらとも解釈できる。だが、たとえ存在としては同一であっても、上述

のように（1）の儀礼局面と（2）の儀礼局面では異なる機能を発揮していると分析しなければならない。

4.4. 媒介する子供たちの条件

どのような条件の子供が神託を媒介するのか。

（1）の教説では、指や手足の本数など子供の四肢に過不足がないということ（全訳（1-2））以外、子供の条件について説明がない。ブッダグヒヤは「16歳以下の子供」という規定を与えている[32]（全訳（1-3））。

（2）の教説では、概要中にリストされている優れた外貌と忠実な信心（他の伝統の神に気持ちを向けない）をもつ、年齢が3歳か4歳か7歳か8歳か10歳か12歳の少女、あるいは2歳か5歳の少年である（全訳（2-2））。それぞれの数字の意味は理解しかねるが、年齢規定から、男女いずれの性であれ、性的な生理現象が始まっていないこと、あるいは処女・童貞であること、いずれにしろ性的に清らかな子供であることが必要とされていると推測できる。また、これら少女や少年が、『ブリハド・アーラニヤカ・ウパニシャッド』の事例が示唆するように祭司自身の子供である必要があるかどうかは、分からない。なお、『ブッダグヒヤ広釈』は条件として、「福徳ある」（yon tan dang ldan pa）子供であるとも述べる[33]。漠然としているが、上述の外貌と信心を指して「福徳ある」としているのかもしれないし、あるいは（前世から）功徳を積んでいるといった道徳的条件を述べているのかもしれない。

条件を満たす少女や少年は、儀礼に先立って、祭司とともに、浄めなどの準備を行う。祭司は断食を行うが、ブッダグヒヤによれば子供も断食を行う（全訳（1-3）（2-3））。

4.5. 神託を得る目的

どのような目的で神託を得ようとするのか。大塚の述べるように、（1）

（2）とも、その目的は「過去・現在・未来の三世における吉凶・災福・善悪等の相」を占うことである（全訳（1-1）（2-5））。だが、Orofino も大塚も注目していないが、そのような目的のうち、より修行に直結した目的が経典中に特記されている。すなわち、儀礼実行者は、自分自身が成就を得ることができるかどうかを占い、成就を得るための念誦法への取り組みを考える材料とするという目的である（全訳（1-6）（2-5）（2-10））。

　もちろんクライアントの成就の可否を占うことも含意されているのだろう。ともあれ、これにより、この儀礼を執行する者は、信徒のために儀礼を行う祭司であるだけでなく、自分の修行の進展の補助としてこの儀礼を必要とする修行者であることが想定できる。前述のように、比較的初期のシヴァ教文献群では、プラセーナーの儀礼は、ディークシャー儀礼で効果を得られない理由を知るために行われる。修行の進展の補助のためにこの儀礼が行われるという点では共通している。

4.6.　媒介中の子供の意識と語りの人称

　神託を媒介している最中、子供は自分の意識を保っているのか。また、媒介者は神託を何人称で語るのか。Orofino も大塚も論及しないが、これらは媒介儀礼の分析でしばしば問題になる。とはいえ、それらを『スバーフの問い』は明確に説明しない。しかし、状況の記述から以下のように推測することはできる。

　まず、（2）の教説は（1）の教説の一部を詳述したものと解釈する場合、子供は神霊による憑依を受けている状態にあり、子供に憑依した神霊に対し祭司が敬礼し質問するプロセスもあることから（全訳（2-5））、子供は自分の意識を保っていてもよいが、子供の中で神霊の意識が働いており、憑依した神霊本人が子供の眼を通して神託を見取り、子供の口を通して一人称でそれを語ると推測できる。

　（1）の教説と（2）の教説は互いに異なる儀礼プロセスを説明している

と解釈する場合、(1) の儀礼では、神霊が子供の中に直接入るわけではなく、また子供は自分の眼で神託を見取る役割をもつことから（全訳 (1-4)）、子供は自分の意識を保ち、観察者として神託に向き合い、基本的に三人称で語るのだと推測できる。これに対し、(2) の儀礼では、上の段落で述べたように一人称で語ると推測できる。

4.7. 儀礼中に子供が向く方位

Orofino も大塚も特に注意を払っていないが、儀礼中に子供が向く方位は (1) と (2) で異なっている。その相違は双方の儀礼内容の相違と関連があるように思われる。

(1) の教説では、東を向く祭司と対面できるように、子供は西を向く（全訳 (1-4)）。西は、一般に東を向く礼拝者と対面する仏や菩薩や神が向く方角である。子供が西を向くということは、神の眼を以って神託を読み取る子供が神と同様のものとして扱われているということの表われかもしれない。

(2) の教説では、子供は東を向く（全訳 (2-3)）。東を向く礼拝者と同じ方位であり、この子供の中に神霊が降りる。周知の通り、7 世紀頃に成立の金剛頂経系密教において、本尊瑜伽（自分と結縁した守護尊と一体となるヨーガ）を行う修行者は東を向いて仏と一体化するのだが、子供が東を向くことには、この本尊瑜伽の原初的な考え方の表われかもしれない。（この教説では祭司が向く方位は説明されていない。）

4.8 憑依を表現する用語

(2) の教説で、祭司は「フーン　お憑き下さい　憑依者よ（hūṃ gṛhṇāveśa：直訳は「フーン　つかみなさい　入る［者］よ」）」というマントラを唱える（全訳 (2-4)）。このマントラから、√grah（「とらえる」）と √āviś（「入る」）がともに憑依の側面を表現する動詞であることが確認

鏡と親指、子供、祭司、ヨーギン | 145

できる。ここでは、「つかむ」を原義とする √grah という言葉は、対象者の身体中に入るわけではないが対象者に張り付いて影響を与える「とりつき」というより、āveśa（「入る［者］」）の動作であることから、入って影響を与えるという意味で対象者を「つかむ」ことを言い表しているように思われる。

4.9.　媒介する少女と、タントラの諸伝統におけるヨーギニー

　この儀礼に登場する少女は、8世紀以降のタントラの諸伝統における聖なる女たち（ヨーギニー Yoginī やダーキニー Ḍākinī やドゥーティー Dūtī など）とは基本的に異なるカテゴリーの女性と考えるべきである。後者の女たちは、一般に幼い少女というより、生理がすでに開始した、豊穣の能力がイメージされる女たちだからである。

5.　子供の使用の必然性──『理趣広経』 『チャクラサンヴァラ・タントラ』

　子供を用いる神託儀礼は、その目的（過去・現在・未来の様々な事柄を占うこと）を達成するための唯一の手段であろうか。そうではないと考えるべきである。『スバーフの問い』の（1）の教説の最後部に「神託と夢などにより成就［できるかどうか］を調べた後」[34] と述べられているように、夢占いなど別の方法も認められている。（これに対し、前述のシヴァ教文献群では、プラセーナーの儀礼は夢占いが失敗した時の手段として行われる。）

　唯一の手段でないことは、『理趣広経』（Paramādya、7～8世紀頃）にも明白である。『理趣広経』（ならびにはアーナンダガルバ［Ānanda-garbha、9世紀頃］による同経典の注釈『アーナンダガルバ釈』）には、依代となる物（『アーナンダガルバ釈』によれば鏡と親指と壁と水と灯火の

先端と刀身）に神託が下る儀礼が説かれる。だがそこでは、神託を感知する人を子供に限定してない。さらに、神託を、それら依代を通して見るだけでなく、聞いたり嗅いだり舌で味わったり肌で感じたり心で感じ取ったりというように、6種の知覚器官を通して感知することも説いている[35]。また、『チャクラサンヴァラ・タントラ』（Cakrasaṃvaratantra、9世紀頃）も依代を使用する神託儀礼——剣、水、親指、灯火、鏡にプラセーナ（神託 pra se na = *prasena）を下す儀礼——を説くが、子供は用いられず、この儀礼を行うヨーギン（yogin「ヨーガを保持する者」いわゆるヨーガ行者）が自ら神託を見取る[36]。子供でなくてもヨーギンならば過去や現在や未来の未知の事柄を見ることができるという発想は、次節で検討する『ヴィマラ・プラバー』にも見出せる。

6.　儚い性の喜びから離れた人が媒介する
——『ヴィマラ・プラバー』

『ヴィマラ・プラバー』（Vimalaprabhā）は、11世紀頃にカルキ・プンダリーカ（Kalki Śrīpuṇḍarīka）により作成された、『カーラチャクラ・タントラ』（Kālacakratantra）の注釈書である。そこには、『スバーフの問い』に見られた（1）依代の教説に対応する内容が扱われ（ただし *prasena/prasenā の語は pratisenā となっているが、同様に神霊名とすることも「神託」と訳すことも文脈上可能である）、依代である鏡に神託を見取る子供の能力が何に由来するのかが説明されている。以下、全文を引用する[37]。

　　［対論者の説 ——］少女（kumārikā）が (1) 神託の鏡（pratisenāda-rśa）[38] に見るヴィジョン（pratibhāsa）は、師（guru）の恩寵（prasāda）ではないか。なぜか。少女には師によりマントラと神の

加持（mantradevatādhiṣṭhāna）[39]がなされているからである。これ
に関して、少女には師によりマントラと神の加持がなされており、そ
の加持の力により少女は神託の鏡にヴィジョンを見るのであり、マ
ントラと神の加持から離れてではない。それゆえ、師の教令（ājñā）
の恩寵により、ヨーギン（yogin）は三界をただ虚空界におけるヴィ
ジョンにすぎないものと理解する。ここに、どうして教令に縛られた
者（つまり、師により教令を与えられた者）の意図が生じようか。

　それゆえ説かれる——実にこれに関して、(2) 愚者たちは「師の教
令の恩寵により少女の中にマントラと神の加持が生じる」と説くだろ
うが、それは否である。なぜか。師には神託の鏡にヴィジョンが生じ
ないからである。これに関して、もし師の教令の恩寵によりマントラ
と神の加持が少女に生じるのであれば、どうして師にも同じ加持が生
じないのか。どうして少女に加持を行ってから (3) 過去と未来と現在
の未知の知識を問うのか。もし彼自身に加持があるならば、その神託
の鏡にヴィジョンを見て、［その内容を］彼は自分自身で語る。だが、
そうではない。それゆえ、師の恩寵により少女にマントラと神の加持
［があると］は言えない。ヨーギンの場合も同じである、と。

　しかし、少女にマントラと神の加持があるならば、その原因があ
る。

　(4) 少女には、性交（dvīndriyasaṃgharṣaṇa）による儚い喜び
（cyutisukha）の感受がないので、加持がある。世間でも「少女の喜
びのように」と知られている。それゆえ、(5) 少女は、マントラと神
の加持の力により神託の鏡にヴィジョンを見る。他の、性交の喜び
をすでに感受している女子ではない、と。(6) 若い男神の加持の場合、
男子が神の加持を［得て］、女子が［ヴィジョンを見るのと同じよう
に］男子も［ヴィジョンを］見る、と。(7) 同じように、ヨーギンた
ちも、最高なる不滅の喜び（paramākṣarasukha）を修習することに

より、外的な儚い喜びを放棄することから、少女の状態になって、過去と未来と現在を見る。自分の心の加持の力によるのであり、師の教令の恩寵によるのではない、と。

この教説の目的は、子供による神託儀礼の詳細な次第を説くことではない。その目的は、なぜヨーギンが過去と現在と未来の未知の事柄を知る能力をもつのかを説明することである。神託儀礼において少女や少年が過去と現在と未来に関する神託を見取る能力があるのと類似の理由で、つまりヨーギンはそれら少女や少年と類似の状態にあるので、未知の事柄のヴィジョンを見る能力があるという説明である（下線部（3）（7））。だがそれゆえに、本稿の論を進めるうえで有意義な教説である。

文章中の、媒介する子供の能力の根拠に関する主張をまとめよう。

この儀礼において少女・少年（下線部（6））が神託のヴィジョンを見取ることができるのは、その少女・少年の中にマントラと神の加持[40] が生じるからである（第1段落［対論者の主張］と下線部（5））。この「マントラと神の加持」における「神の加持」が具体的に何を指すのかは分からない。神託を下す神がそれを見る力を子供に施すことを意味するのかもしれないし、あるいは『スバーフの問い』の（2）の教説が述べるような、何らかの神が子供に憑依することを意味するのかもしれない。いずれであれ、ここで重要なことは、なぜ少女・少年にマントラと神の加持が生じるのかである。

師（すなわち祭司）は少女・少年にその加持を与える儀礼次第を施す。だが、少女・少年に加持が生じるのは、直接には、師（祭司）の恩寵力によるのではなく（下線部（2）ならびに第1段落［対論者の主張］も参照）、少女・少年が性交による儚い喜びを知らないから——端的に言えば、処女・童貞であるため性交による射精などの利那的な恍惚を知らないから——である（下線部（4））。なお、この性交の喜びは「儚い」「外的

鏡と親指、子供、祭司、ヨーギン　　149

な」と表現されており、ヨーギンがヨーガの修習により得る「最高なる不滅の喜び」の対極にある。心身が性の儚い喜びから離れているがゆえに、少女・少年とヨーギンは共通の能力をもつのである（下線部（7））[41]。上記引用文に続いて、文献は「最高なる不滅の喜び」のない非梵行者（abrahmacārin、つまり性交に従事している者）のケースを述べることから[42]、ここでのヨーギンは性交での射精を放棄している修行者と見なせる。なお、神託のヴィジョンを見る子供が男子である場合には加持する神も男性、女子である場合には神も女性であるとしている（下線部（6））。媒介者とその者を加持する神の性別は一致する。

　このような『ヴィマラ・プラバー』の内容は、すでに Orofino や Smith により検討されている［Orofino 1994: 613］［Smith 2006: 449-450］。だが、Orofino と Smith の分析には以下のいくつかの点が不鮮明である。

　まず、『スバーフの問い』の（1）依代の教説では明記されていなかった、神託を見取る子供の条件が、性交を知らないこととされている。これは『スバーフの問い』の（2）霊媒の教説における子供の条件と類似する。だが類似であって、全く同一というわけではない。以下の2つの相違点を見出すことができる。

　『ヴィマラ・プラバー』が重視する点は、少女・少年という年齢と通過儀礼により区分される文化的カテゴリー（そのカテゴリーに属する者には性行為の経験がない）というより、現在、性交により性を漏らすことをしておらず、よって性の儚い喜びから心身が解放されていることを常態としているかどうかである。要するに、媒介能力の根拠がいくぶん内面化・普遍化されている。現在の心身の状態が問題であるので、性交経験のない子供と、成長していてかつて性交を行ったかもしれないが現在「最高なる不滅の喜び」のヨーガに従事しているヨーギンを、類似のものと主張することが可能になる。なお、儚いものへの心のとらわれは、仏教では一般に克

服されるべき迷いの状態である。また、性を漏らさないことが呪的力の源泉であるという発想はインド宗教に古くから存在する。

　また、『ヴィマラ・プラバー』においては、性の儚い喜びから離れていることは、神託を見取る能力の直接の原因ではなく、マントラと神の加持を得るための原因である。マントラと神の加持こそが、神託を見取る能力の直接の原因である。これらの要素の因果関係の詳細は『スバーフの問い』には明らかにされていなかった。

　ところで、『スバーフの問い』では、明らかに、儀礼執行者である祭司により子供の準備が進められ儀礼が実行されている。そこでは、祭司による儀礼次第の導き（『ヴィマラ・プラバー』における師の恩寵はそこに含まれるだろう）は重要であろう。これは『ヴィマラ・プラバー』の説と矛盾するのか。そもそも『ヴィマラ・プラバー』においては、儀礼を執行する師には何ら積極的な意義は認められていないのだろうか。

　以下のように解釈することは可能である。『ヴィマラ・プラバー』の主張は、マントラと神の加持がなぜ子供に生じるのかという点において師の導きの第一原因性を否定しているのであって、師の導きの意義をあらゆる面において否定しているわけではない。また一般論的に、師による儀礼のお膳立てなしで、性交経験がない子供に加持が生じて鏡に自動的に神託を見取ってしまうということは、儀軌として考えにくい。筆者は、条件を備えた子供がそれを見るに至るまでの次第を提供することが、師の導きの意義であると考えたい。『ヴィマラ・プラバー』の主張はこの解釈と矛盾するものではないだろう。

7.　結論——儀礼の構造、祭司（マントリン）とヨーギン

　以上の議論の主要な点を、いくつかの新たな考察を加えながらまとめることにより、結論としたい。

鏡と親指、子供、祭司、ヨーギン　　151

　『スバーフの問い』が説く神託儀礼の教説は、大きく（1）依代の教説と（2）霊媒の教説の2つの段より成る。前者では、鏡など特定の物を依代とし、そこに神霊により神託が示され、神の眼を得た子供がそれを見取る次第が説明される。後者では、子供自身が霊媒となり、神霊が子供の身体の中に降りる次第が説明される。その際、攻撃性のある危険な神霊でなく静寂で安全な神霊が降りるよう、次第が進められる。これら（1）と（2）の教説の関係を、2通りに解釈することができる。すなわち、（2）の教説は、（1）の教説の一部（すなわち、媒介者となる子供の条件と、子供が神の眼を得るための儀礼プロセス）の詳細を説明したものとするのが1つ目の解釈である。これに対し、もう1つの解釈は、（1）と（2）はそれぞれ異なる儀礼プロセスを説明しており、原則として（1）を行い、それで神託を得ることができなければ（2）を行うこともできる、というものである。

　なぜ媒介能力をもつのか。霊媒儀礼の先行事例となる『ブリハド・アーラニヤカ・ウパニシャッド』の事例では、子供というより女性であること、さらに特定の血縁にあることが、媒介能力と関連があるかもしれない。『ディーガ・ニカーヤ』には、処女であることを霊媒の資質とする神託儀礼が言及されていた。『スバーフの問い』では、霊媒の教説において、性別ではなく年齢が問題であり、女であれば年齢が3歳か4歳か7歳か8歳か10歳か12歳の少女、男であれば2歳か5歳の少年——ここには、生理が始まっていないとか、処女や童貞であるといった、性的な清らかさを保つ子供であることが含意されていよう——で、優れた外貌と信心をもつことが、神託のための神霊の憑依を受ける条件である。『ヴィマラ・プラバー』によれば、マントラと神の加持を得ていることが、依代に神託を見取る能力の源泉である。そして、そのような加持を得るための条件は、性交による儚い喜びから心身が解放されていることである。それゆえ、処女・童貞である子供は神託を見取る媒介者となり得るし、類似の心身状態

にある大人のヨーギンもその能力をもつとされる。この説は、媒介能力の根拠を内面化・普遍化しようとするものである。以上のように、神託儀礼における媒介能力の源泉は様々である。とはいえ、観点を変えれば、いずれの資料の場合も、リミナルな存在（女性や子供やヨーギン）がもつ非日常的な様々な性質が、非日常的な神霊を媒介する資質に転化されているという点では、共通している。

　記述が比較的詳細な『スバーフの問い』によれば、依代の教説であれ霊媒の教説であれ、この神託儀礼には、主要な構成員として、子供の他に祭司（「マントリン」）がいる。この点は重要である。もっぱら神託儀礼のために祭司が備えるべき資質があるのか、あるとしたらどのような資質かについて、経典は特に説明をしない。おそらく、ここでの祭司つまりマントリンは、「マントリン」という一般的な呼称が示唆するように、教団のイニシエーションと受戒の過程を経た[43]、マントラを唱えて修行や儀礼を行う通常の密教行者を想定しているのだろう。そのような祭司が作り上げる儀礼の中で、子供は神託の媒介をする。この意味で、儀礼の主導権は祭司にある。祭司の視点からすれば、依代を用いるのであれ霊媒を用いるのであれ、神託儀礼は、子供による媒介プロセスを内包した祭司による媒介儀礼である。いささか単純な図式化だが、リミナルな存在である子供は神霊（非日常的存在）と人々（とりわけ祭司）を媒介し、祭司は子供と神霊の交流を導き（そのために祭司は自分の親指を依代として用いる場合もある）、神託を得た子供とその他の人々（クライアントとなる信徒）を媒介する。このような〈子供―祭司〉の複層的な媒介構造――より詳細には、〈依代―子供―祭司〉、〈子供（霊媒）―祭司〉、あるいは〈依代―子供（霊媒）―祭司〉という複層的な媒介構造――は、おそらく、細部に相違はあっても、様々な宗教伝統の神託儀礼にある程度共通して見られる構造であろう。

　だがこの構造は、『チャクラサンヴァラ・タントラ』や『ヴィマラプラ

バー』においては、ヨーギンにより曖昧なものとなる。ヨーギンは子供のように祭司に使われる者ではなく、かつ子供を使う祭司でもなく、〈子供―祭司〉の複層的媒介構造を経ずに自分自身で神託すなわち未知の事柄を感知する能力をもつ。なぜなら、『ヴィマラプラバー』の説を用いて推測するならば、ヨーギンは、祭司（マントリン）と同様に教団のイニシエーションと受戒を経て修行に従事する密教行者であると同時に、その修行により子供と類似の心身の状態を得ているからである。

　依代の教説であれ霊媒の教説であれ、『スバーフの問い』によれば、この儀礼の目的は、神託により過去と現在と未来の様々な未知の事柄を占うことである。それらの中には、儀礼執行者が自分自身、成就を得ることができるかどうかを占うという目的も含まれる。子供を使う祭司もまた仏教者であり、修行者であることが要請されている。仏教外の何らかの伝統に由来するこの神託儀礼は、仏教（密教）の尊格のマントラを唱える等の仏教化を施され、修行の行方を占うという形で、仏教（密教）の修道体系の中に位置を与えられている[44]。

　＊本稿は、平成27年度・28年度科学研究費補助金（基盤研究(C) 課題番号24520055）による研究成果の一部である。

注

1) 本稿の主資料となる『スバーフの問い』のサンスクリット原典は現存しない。その
   チベット語訳1本（D no. 805、P no. 428）と漢訳3本（大正 no. 895a［三巻本］、
   大正 no. 895b［二巻本］、大正 no. 896）が使用可能である。それらのうち、『ス
   バーフの問い』のインド編纂の注釈書『ブッダグヒヤ広釈』（D no. 2672、P no.
   3497）と『ブッダグヒヤ略釈』（D no. 2671、P no. 3496）——これらもサンスク
   リット原典は現存せず、チベット語訳のみ使用できる——と細部が一致するのはチ
   ベット語訳である。それゆえ、本稿ではチベット語訳を、インド原本の内容をより
   忠実に伝えている可能性の高い版とみなし、主テキストとして使用する。

2) Vasudeva によれば、神霊の名称として、prasenā や pratisenā の他に、prasīnā、
   prasannā、senikā が用いられる［Vasudeva 2014: 369-370］。

3) 『ブリハド・アーラニヤカ・ウパニシャッド』、Skt ed., 3.3.1-2 と、Skt ed., 3.7.1-
   23。

4) 『スバーフの問い』、Tib. D 131a4-132b3、P 192b4-194a2。

5) 本稿ではインド仏教の儀礼として同儀礼を研究した論文のみを先行研究としてい
   る。（中国仏教における同儀礼、日本仏教における同儀礼の研究論文は扱わない。）
   程度の違いはあるが、多く先行研究が同経典のこの神託儀礼に触れている。その
   うち、ここでは主要と思える Orofino と大塚の研究をとりわけ扱う。なお、いく
   つかの関連論文の中で言及される Smith による同儀礼の分析［Smith 2006: 430］
   は、本人も明記しているように、基本的に Orofino による分析の踏襲である。

6) 『ブッダグヒヤ広釈』、Tib. D 82b7-84b1。

7) 『スバーフの問い』、Tib. D 131a4-131b4、P 192b4-193a4。

8) 『スバーフの問い』、Tib. D 131a4-a5、P 192b4-b5 —— mthe bong me long ral gri
   chu dang shel / mar me sa gzhi lcags dang nam mkha' dang / lhung bzed nor bu
   dag dang me 'bar ba // 'di la gsal bar ston pa rtag tu 'byung / 'das pa dang ni ma
   'ongs da ltar byung / mtho ris sa steng dus dang mi ldan yang / lha dang lha min
   dge dang mi dge ba'i // las rnams thams cad gsal bar ston par rtogs /

9) 『スバーフの問い』、Tib. D 131a5-a7、P 192b5-b7 —— cho ga nyams pa'am yang
   na phyed bzlas pa'am / yi ge chad dam yi ge lhag pa 'am / bzlas brjod ma byas
   dad pa med pa dang // mchod pa med cing sa gzhi mi gtsang dang / sprin gyi
   tshogs kyis nyi zer bsgribs pa dang / byis pa yan lag nyams shing lhag pa dang /
   de lta bu la mi yi gsal ston pa // 'bab par mi 'gyur dgos pa yongs mi ston / (yongs)
   P; yong D)

鏡と親指、子供、祭司、ヨーギン 155

10) 『スバーフの問い』、Tib. D 131a7-b1、P 192b7-b8 —— gsal ston dbab phyir
sngon du cho ga bzhin / bzlas shing tshes grangs bzang la sngags pa yang /
smyung byas dgongs kar sa dang lci ba yis // (dgongs kar] D; gos dkar P) ba ko
(?) tsam gyis sa gzhi legs par byug / byug spos dang ni me tog bdug spos dang /
lha bshos mar me dag kyang phul nas su / byis pa gzhon nu sta gon gnas par bya
//

11) 『スバーフの問い』、Tib. D 131b1-b2、P 192b8-193a2 —— de nas nang par cho
ga 'di kun bya / khrus byas lus la gos dkar gtsang bgos te /(bgos] D; dgos P)
shar phyogs kha bltas ku sha'i stan steng du / 'dug nas gsang sngags rjes su dran
par bya //(kha bltas] D; kha bstan P) me long thal ba gtsang mas lan bdun nam /
brgyad dam yang na bcur ni phyis nas su / rtse gcig sems kyis gsang sngags zlos
bzhin du / bus pa gzhon nu nub tu kha bstan nas // lha yi mig gis bltas na 'das pa
dang / da ltar dang ni ma 'ongs mthong bar 'gyur /

12) この「マントラ」と直後に言及される「マントラ」がどのマントラを指しているか
は、『ブッダグヒヤ広釈』によっても不明である。

13) 「加持」(*adhiṣṭhāna：文字通りの意味は「上に立つ」) とは、神的な力が及んだり
もたらされたりすることであり、英語では一般に empowerment と訳される。人
格的な神霊が身体内に入り、その者の身体と意識に影響を及ぼす（その者の身体と
意識を支配したり、あるいはその者の意識とコミュニケーションをとったりする）
憑依（āveśa 等）と区別できるが、儀礼の文脈によっては仏や神が身体に入ること
（憑依すること）を加持とする場合もある。

14) 『スバーフの問い』、Tib. D 131b2-b4、P 193a2-a3 —— me long zhes bya'i cho ga
mtha' dag ni / ral gri gsal bar ston la sbyar bar bya // mthe bo rgya skyegs khu
bas bkrus nas su / 'bru mar dri zhim dag gis bsku bar bya /(bkrus] P; bskus D)
bum pa gtsang ma chus bkang mi g-yor gzhag / sa lcags lhung bzed nor bu chu
yis dgang //(gzhag] P; bzhag D lcags] em.; bcags D; sbtsags P) sku gzugs la ni
byug spos me tog dbul / de nas bus pa gzhon nus blta bar bya /(byug spos] D;
byug pos P)。なお、ここで言及される依代は、全訳 (1-1) にリストされた依代よ
り少し少なく、また身像が加えられている。編纂・伝承上の何らかの経緯があると
思われる。

15) 『スバーフの問い』、Tib. D 131b4、P 193a3-a4 —— gsal bar ston dang rmi lam la
sogs pas / dngos grub brtags te de nas bzlas brjod bya //

16) 『スバーフの問い』、Tib. D 131b4-132b3、P 193a4-194a2。本稿がここから (2)
の教説が始まるとしたのは、ブッダグヒヤの解釈に従ったものである（『ブッダグ
ヒヤ略釈』、Tib. 46b2-b5）。ブッダグヒヤは、ここで (2) とした教説を、(1) の

教説の方法でうまくいかなかった場合にとる手段であると解説している。

17)『スバーフの問い』、Tib. D 131b4-b6、P 193a4-a6 —— gal te yid ches par ni ma
gyur na / de nas rig sngags mi gdug bzlas brjod bya /(mi gdug] D; mi bdug P)
nga yi gsang sngags dag pa gang yang rung / gso sbyong byas nas nan tan bzung
nas su // rgyal ba'i ring bsrel mchod rten drung du bzlas / yang na sku gzugs ma
nyams spyan sngar bzlas /(spyan sngar] D; drung du P) lus dang ngag yid lag
pa mig dang ni / smin mtshams yan lag rnam par g-yo ba dag // rab tu bsdams
nas de la yid gzhol zhing / byams la gnas shing ku sha'i khres la 'dug / ji srid
du ni rtse gcig gnas 'gyur pa / de srid bar du 'bum mam nyis 'bum bzlas //('bum
mam] D; 'bum 'am P) nga yi gsang sngags hūṃ zhes bya ba 'dis / shing la 'ang
'bab na mi la smos ci dgos /

18)『スバーフの問い』、Tib. D 131b6-132a2、P 193a6-b1 —— de nas dbab pa'i snod
rnams brtag par bya / bu mo gzhon nu lo bcu 'am bcu gnyis pa // bcu 'am brgyad
dam bdun nam bzhi 'am gsum / yang na khye'u 'ang rung ste gnyis sam lnga /
(bdun] D; bcu bdun P ◇ lnga] D; lta P) tshigs rus rtsa mi mngon zhing gzugs
bzang ba / yan lag rdzogs shing mig dkyus ring la dkar // kha bzhin zla 'dra
mche ba mnyam la rno / sor mo thags bzang mdzes la long bu nub / lte bzab
cing mdzes la nu ma jing legs / ba spu re re skra yang gnag la stug //(bzab] DP;
gzabs の意味？ ◇ jing] DP; mjing pa の意味？) lto ba mi rlo gnyer ma gsum
dang ldan / mdog kyang bzang zhing mnga' byad dang yang ldan / gang la yid
dga' lta ba brtan par 'gyur / lta bas kyang ni ngoms par mi 'gyur dang // lha
gzhan dag la mi phyogs dbab pa'i snod /(snod) D; gnod P)

19)「10歳」が2回言及されている。今は、複数の伝承を機械的に融合した結果か、あ
るいは編纂上（あるいはチベット語への翻訳上）の混乱であると解釈しておく。

20)『スバーフの問い』、Tib. D 132a2-a3、P 193b1-b2 —— tshes grangs bzang la
nyin zhag gcig tu ni /(gcig tu] D; cig tu P) smyung ba byas pas bdug spos
phreng ba dang / tsa ndan me tog mar me rnams kyis mchod //(tsa ndan] D;
tsan dan P) bza' dang 'bras chan la sogs gtor ma mang / lha dang lha min gnod
sbyin rnams la sbyin / dbab pa'i snod rnams khrus byas gos dkar bskon / shar
phyogs kha bltas rgyan ni rnam par spangs //(kha bltas) D; kha bstan P)

21)『スバーフの問い』、Tib. D 132a3、P 193b2-b3 —— byug spos me tog la sogs de
la sbyin / bdug pas bdug cing gsang sngags bzlas brjod bya /(bzlas brjod] D;
las brjod P) hūṃ gi gsang sngags thog mar bzlas nas su / gṛ hna ā be sha zhes brjod
par bya //(hūṃ gi) D; hūṃ gis P ◇ gṛ hna ā be sha) em.; gri hna ā be sha D;
ghri na a be sha P)

22)『スバーフの問い』、Tib. D 132a3-a6、P 193b3-b5 ── mig ni gdangs shing 'dzums par mi byed na / rdzogs par gyur par shes par byas nas su / 'jigs pa med par de tshe dri bya ba / mchod yon dang ni bdug pa phul nas su //(de tshe] P; da tshe D) rig pa mchog gi gsang sngags dran byas nas / phyag 'tshal nas ni lha phyogs gang yin dri / dus gsum dag gi bdag gi dgos pa gang / de ni legs par dgongs la bka' stsal cig //(dus gsum dag gi] D; dus gsum dag ni P) bde dang sdug bsngal dngos grub thob mi thob / shes nas de yang de bzhin gzung nas su / de ma thag tu slar yang gtang bar bya //

23)『スバーフの問い』、Tib. D 132a6、P 193b5-b6 ── mi gdug sngags bzlas cho ga 'di rnams kyis / dbab pa'i snod la mi yis phebs gyur gyi /(mi gdug] D; mi bdug P) gang zhig blun pas gzhan du brtsams na ni / de ni mi rnams kun gyis dpyas par 'gyur //

24)『スバーフの問い』、Tib. D 132a6-a7、P 193b6-b7 ── zhi zhing gzhungs la rgya che dkyus kyang ring / brtan zhing gzi chen mdangs ldan dmar bar snang / (gzhungs] D; bzhungs P) 'dzums zhing 'byed med lha yi mig dang 'dra / dbab pa'i snod la lha babs de ltar 'gyur //

25)『スバーフの問い』、Tib. D 132a7-b1、P 193b7 ── mig ni rab tu dmar zhing zlum por 'dug / bgrad cing rab tu mi sdug 'jigs 'jigs lta /(bgrad] D; bsgrad P) 'dzums pa med cing 'jigs med blta ba na / srin po lto 'phye gnod sbyin babs pa'i mig //(lto 'phye) D; lto 'phya P)

26)『スバーフの問い』、Tib. D 132b1-b2、P 193b7-194a1 ── gal te (Ota 193b8) babs pa'i snod ni mi gtong na / shin tu bkra shis tshigs bcad brjod pa 'am / stobs po che'am dgod ma 'am lcags kyu bzlas / yang na rab tu 'dus pa'i mdo sde bklag //(dgod ma] P; dgor ma D) seng ge gdan gyi a rka'am pa la sha'i / yam shing mar gyis bskus pa brgya yang bsreg / ma grugs til ni sbrang rtsi'am mar gyis bskus / gtum pos sbyin sreg nyi shu rtsa gcig bya //

27)『スバーフの問い』、Tib. D 132b2-b3、P 194a1-a2 ── snga ma bzhin du gsang sngags cho ga dag / dam tshig ci bzhin ma lus sbyar na ni / bdag gi yid dang mthun pa'i dngos grub thob / sngags pa yun ring nyon mongs mi 'gyur ro //

28) なお、Smith はこれらの概念による区別を『スバーフの問い』の神託儀礼に関して述べているわけではない。ちなみに、Smith の言う「良性の憑依」とは、(病気をもたらす病魔にとり憑かれて苦しむといったような、儀礼を行う側の自発的な要請ではない、ネガティヴな憑依ではなく)神託を得るために儀礼を行う側が自発的に要請して神霊を霊媒に憑依させるようなポジティヴな憑依を指す [Smith 2006: 422]。

29) 経典中の「マントリン」(sngags pa = *mantrin) という用語は、単に祭司だけで
はなく、マントラを保持し唱えて修行したり儀礼を執行したりする密教行者を広く
意味するが、ここでは文脈上「祭司」と訳した。マントラを唱えて儀礼を執行する
ことはマントリンの一側面である。

30) 方位の相違の問題を解消するこの解釈は、筆者による。Orofino はこの問題の検討
を行っていない。なお、Orofino は全訳 (1-4) の「(B:マントリンは) 東方を向
いてクシャ草の座具の上に坐し」の箇所を、子供が東を向いてクシャ草の座具の上
に坐すことと解釈しているが [Orofino 1994: 615]、筆者は、文脈から、ブッダグ
ヒヤの注釈の通り主語をマントリンと解釈する。

31) 大塚はこの問題を検討していない。

32) ブッダグヒヤの述べる「上限 16 歳」は子供としてやや年齢の高い規定である。
ブッダグヒヤの意図は、この儀礼では子供は依代から見取った神託内容を説明する
役割があるので、それなりにしっかりした語りのできる年齢の子供である必要があ
る、ということなのかもしれない。

33) 『ブッダグヒヤ広釈』、Tib. D 84a2 —— snod ces bya ba ni byis pa yon tan na
dang ldan pa la lha dbab pa'i skal pa yod pas snod du rung zhes bya ba'i don'o //
—— 【日本語訳】「容器」(snod) とは、福徳ある子供には、尊格下る機運があるの
で、容器（器）として相応しい、という意味である。

34) 『スバーフの問い』、Tib. D 131b4、P 193a3-a4 —— gsal bar ston dang rmi lam la
sogs pas / dngos grub brtags te … //

35) 『理趣広経』、Tib ed. 1.18.63-69。『アーナンダガルバ釈』、Tib. D 128a7-b7。『理
趣広経』、Tib ed. 1.18.62、『アーナンダガルバ釈』、Tib. D 128a6- a7 も神託儀礼
であり、子供が言及されていない。

36) 『チャクラサンヴァラ・タントラ』、Tib. ed.（ならびに Tib から復元された Skt
ed.）43.13. チベット語訳（音写）pra se na のサンスクリット語は、同経典に対
する Bhavabhaṭṭa による逐語的注釈によれば、prasena である（Skt ed.（Pandey
2002）, p. 556, l. 18、Gray 2007: 345）。

37) 『ヴィマラ・プラバー』、Skt ed., 5.3.（Vol. 3, p. 88, ll. 11-29、チベット語訳の
対応箇所は Tib. D no. 1347, 251a3-b5）—— nanu kumārikā pratisenādarśe
yat pratibhāsaṃ paśyati tad ācāryaprasādaḥ, kasmāt? kumārikāyāṃ
ācāryeṇa mantradevatādhiṣṭhānasya kṛtatvāt / iha kumārikāyām ācā-
ryeṇa mantradevatādhiṣṭhānaṃ kṛtam, tenādhiṣṭhānavaśena kumārikā
pratisenādarśe pratibhāsaṃ paśyati, na mantradevatādhiṣṭhānarahitā / tasmād
guror ājñāprasādena yogī traidhātukaṃ pratibhāsamātram ākāśadhātau
paśyati, iha kasyacid ājñābaddhasyābhiprāyo bhaviṣyati, tasmād ucyate

鏡と親指、子供、祭司、ヨーギン　｜　159

—— iha hi yad vaktavyaṃ mūrkhair guror ājñāprasādena kumārikāyāṃ
mantradevatādhiṣṭhānaṃ bhavati, tan na, kasmāt? ācāryasya pratisenādarśe
pratibhāsābhāvāt / iha yady ācāryājñāprasādena mantradevatādhiṣṭhānaṃ
kumārikāyāṃ bhavati, tadācāryasyāpi tad evādhiṣṭhānaṃ kiṃ na bhavati,
*yena[→kena] kumārikāyām adhiṣṭhānaṃ kṛtvātītānāgatavartamānaparok
ṣajñānaṃ pṛcchet / yadi tasyaivādhiṣṭhānam asti tadā pratisenādarśe tatra
pratibhāsaṃ dṛṣṭvā svayam eva kathayati, na caivam / tasmād ācāryaprasādena
kumārikāyāṃ mantradevatādhiṣṭhānaṃ vaktuṃ na śakyate, evaṃ yogino
'pīti / kiṃ tu kumārikāyāṃ mantradevatādhiṣṭhānaṃ bhavati, tatkāraṇam
asti, yena kāraṇena kumārikāyāṃ dvīndriyasaṃgharṣaṇāc cyutisukho-
palabdhir nāsti tena kāraṇenādhiṣṭhānaṃ bhavati / loke 'pi prasiddhaṃ
"kumārīsurataṃ yathā" / tena kāraṇena kumārī mantradevatādhiṣṭhānabalena
pratisenādarśe pratibhāsaṃ paśyati, nānyā yuvatī dvīndriyasukhopalabdheti
/ kumāradevatādhiṣṭhāne yuvā devatādhiṣṭhānaṃ yuvatī yuvāpi paśyatīti /
evaṃ yogino 'pi paramākṣarasukhābhyāsavaśād bāhyacyutisukhaparityāgāt
kumārikāvasthāntaragatā atītānāgatavartamānaṃ paśyanti, svacittādhi-
ṣṭhānabalena, na guror ājñāprasādeneti /

38）チベット語訳において pratisenādarśa に対応する訳は pra phab pa'i me long（「鏡
　占いの鏡」）（Tib. D 1347、251a3）。引用文中、以下に登場する同語句のチベット
　語訳も全てこれと同じである。
39）チベット語訳において mantradevatādhiṣṭhāna に対応する訳は sngags dang lha'i
　byin gyis brlab pa（「マントラと神の加持」）（Tib. D 1347、251a3）。引用文中、
　以下に登場する同語句のチベット語訳も全てこれと同じである。本稿では、この語
　句中の mantra と devatā の語の関係についてチベット訳の解釈に従っている。
40）「加持」については本稿の注 13 を参照せよ。
41）これが引用文の主張である。この論に沿って考えると、1 つ面白い解釈ができる。
　師は自ら神託のヴィジョンを見るのではなく、少女・少年にそれを見取らせるのだ
　が、そうであれば、師はヨーギンとは異なり性の儚い喜びに従事する者、つまり非
　梵行者で、「最高なる不滅の喜び」のヨーガに従事していない、妻帯の祭司という
　ことになりそうである。『ヴィマラプラバー』は、本稿に引用した箇所の直後（下
　の注 42 も参照）に、性交に従事する者であっても天文占星術を用いて道の事柄を
　知ることができると述べている。これは、ここで言う妻帯の祭司を意識して述べた
　ものかもしれない。
42）『ヴィマラ・プラバー』Skt ed., 5.3.（Vol. 3, pp. 88, ll. 30-31.
43）『スバーフの問い』が説く戒とイニシエーション（灌頂）については、大塚がすで

に検討を行っている［大塚 2013：853-870］。これは大きなトピックであることから、本稿で論を加える余裕がない。

44) 本稿ではマントリンとヨーギンを異なる実践者のカテゴリーとして扱ったが、これはあくまで本稿が扱う神託儀礼の教説（マントリンを祭司に対応させる）に限ってのことである。別の教説では、マントリンとヨーギンはしばしば置きかえ可能である。そもそも「マントリン」も「ヨーギン」も固定的な身分というよりその者の行の状態を言い表す概念であり、ある者が同時にマントラの念誦に従事するマントリンでありかつヨーガに従事するヨーギンであることは全く奇異ではない。また、ここで述べたように、本稿の神託儀礼のケースでも、祭司（マントリン）とヨーギンは、ともに同じ修行者（求道者）としての側面をもつことも無視してはならない。

略　　号

D　　　　　チベット大蔵経デルゲ版
em.　　　　emendation（修正）
P　　　　　チベット大蔵経北京版
Skt ed.　　サンスクリット語校訂テキスト
Tib.　　　 チベット語訳
Tib ed.　　チベット語校訂テキスト
大正　　　　大正新脩大蔵経
＊（サンスクリット語）　チベット語訳から推定により復元したサンスクリット語

一次資料

『アーナンダガルバ釈』【Tib.】dPal mchog dang po'i 'grel ba（D no. 2512）。

『スバーフの問い』【Tib.】Phags pa dpung bzang gis zhus pa zhes bya ba'i rgyud（D
　　no. 805, P no. 428）、【漢訳】① 蘇婆呼童子請問経（三巻本、大正 no. 895a）、②
　　蘇婆呼童子請問経（二巻本、大正 no. 895b）、③ 妙臂菩薩所問経（大正 no. 896）。

『ブッダグヒヤ広釈』【Tib.】'Phags pa dpung bzang kyis zhus pa'i rgyud kyi tshig gi
　　don bshad pa'i brjed byang（D no. 2672、P no. 3497）。

『ブッダグヒヤ略釈』【Tib.】'Phags pa dpung bzang kyis zhus pa'i rgyud kyi bsdus
　　pa'i don（D no. 2671、P no. 3496）。

『ブリハド・アーラニヤカ・ウパニシャッド』（Bṛhadāraṇyakopaniṣad）【Skt ed.】
　　Olivelle 1998: 29-165、【英訳】Olivelle 1998: 29-165、【日本語訳】湯田 2000:
　　1-172。

『理趣広経』（*Śrīparamādya）、【Tib ed.】dPal mchog dang po zhes bya ba theg pa
　　chen po'i rtog pa'i rgyal po、『理趣広経』の翻訳研究会 2013。

『ヴィマラ・プラバー』（Vimalaprabhā）【Skt ed.】Upadhyaya 1986, Vol. 3、【Tib.】
　　D no. 1347, P no. 845。

参考文献

Gray, David B., 2007. *The Cakrasamvara Tantra (The Discourse of Śrī Heruka) A Study and Annotated Translation.* The American Institute of Buddhist Studies, Columbia University's Center for Buddhist Studies & Tibet House US, New York.

Gray, David B., 2012. *The Cakrasamvara Tantra (The Discourse of Śrī Heruka) Editions of the Sanskrit and Tibetan Texts.* The American Institute of Buddhist Studies, Columbia University's Center for Buddhist Studies & Tibet House US, New York.

Olivelle, Patrick, 1998. *The Early Upaniṣads: Annotated Text and Translation.* Oxford University Press, New York and Oxford.

Orofino, Giacomella, 1994. Divination with Mirrors: Observations on a Simile Found in the *Kālacakra* Literature. *Tibetan Studies*, Vol. 2 (*Proceedings of the 6th Seminar of the International Association for Tibetan Studies,* Fagernes 1992), pp. 612-628.

Pandey, Janardan Shastri, 2002. *Śrīherukābhidhānam Cakrasaṃvaratantram with the Vivṛti Commentary of Bhavabhaṭṭa*, Vol. 2. Central Institute of Higher Tibetan Studies, Sarnath.

Smith, Frederick M., 2006. *The Self Possessed: Deity and Spirit Possession in South Asian Literature and Civilization.* Columbia University Press, New York.

Upadhyaya, Jagannatha, 1986. *Śrīlaghukālacakratantrarājaṭīkā Vimalaprabhā*, Vols. I-III. Central Institute of Higher Tibetan Studies, Sarnath.

Vasudeva, Somadeva, 2014. *Prasenā, Prasīnā & Prasannā*; The Evidence of the *Niśvāsaguhya* and the *Tantrasadbhāva. Cracow Indological Studies*, Vol. 16 (*Tantric Traditions in Theory and Practice*), pp. 369-390.

大塚伸夫 2013.『インド初期密教成立過程の研究』, 春秋社.

湯田豊 2000.『ウパニシャッド──翻訳および解説──』, 大東出版社.

『理趣広経』の翻訳研究会 2013. Śrīparamādya 校訂テクスト第 1 章.『大正大学綜合佛教研究所年報』35, pp. 134-166.

シャマニズム世界における2種の媒介者
―― 内モンゴル・ホルチン地方を事例に ――

サランゴワ

1. はじめに

　シャマンが他の宗教的職能者と大きく異なる点は、霊界と直接交信することにある。これはシャマニズムの最も重要な特徴である。人間が霊界とコミュニケーションをとるには、①シャマンに憑依した霊と直接とる、②シャマンが霊から夢、霊感、お告げなどで受けた内容を1人称、あるいは3人称で伝えるという方法が存在することが既に知られている。内モンゴル東部に位置するホルチン地方のシャマニズムには、2種類の媒介者が存在する。霊とシャマンである。霊は、霊界で媒介役を務める。霊界と人間の交流は多彩である。本稿は、人間界と霊界の媒介者のありようを具体例を挙げて詳細に説明することを試みる。

2. モンゴルのシャマニズム

2.1. モンゴルのシャマニズム信仰

　モンゴル人の伝統信仰は、シャマニズムである。シャマニズムにおいて、宇宙は天界と中間である人間界と大地を含めた地下界の三界からなる。シャマニズムはモンゴル人の世界観の中核をなしている。それは、天の神を頂点に置き、祖霊を崇拝し、自然、動植物を含めた万物に命が宿っていると信じるアニミズムをベースにしている。シャマンは、天の神をは

じめ霊界のお告げを人間に、そして、人間の意思を霊界に伝える。この世を、あの世を含めた霊界とつなぐ架け橋、すなわち媒介者の機能を果たしてきた。

　チンギス・ハーンの時代に、モンゴル・シャマニズムの発展が頂点に達したと考える人が多い。元朝（1271-1368）の時代、開祖フビライ（在位1260-1294年）は政治目的で仏教を国教と定めた。しかしながら、モンゴル人全体に仏教への帰依を強制しなかった。そのため、仏教は、モンゴルの貴族階層に信仰されたが、民衆一般に浸透することはなく、人々は相変わらずシャマニズムを信仰していた。このような状況は16世紀前半まで続いた。

　2.2.　モンゴルの歴史における影響力のあるシャマンの媒介エピソード
①事例1、チンギス・ハンという尊称の由来
　『新元史・巻一百二十五・列伝第二十二』によれば、チンギス・ハンという名は、1206年に、その家老モンリク・エチゲという人物の息子ココチュ・テプテングリ（天の使）というシャマンが「天神」の意味でテムジンに奉った尊称である[1]。

　　　チンギス・ハン　　　　　1206年のチンギス・ハンの即位式（『集史』パリ本）

②事例 2、チンギス・ハン四男トルイの死ついて

　『元朝秘史』によれば、三男で、モンゴル帝国第2代皇帝のオゴダイ（1186-1241）が1232年に病に罹った際、シャマンが、「皇族から1人を犠牲にすると治る」と託宣した。四男のトルイ（1192-1232）がオゴデイの身代わりとなるために、シャマンの呪いを掛けた酒を飲み干して亡くなった［バヤル注釈　1980（1998）：1378-1387］。

モンゴル帝国第二代皇帝―オゴデイ

オゴデイ（『集史』より）

トルイとその妻（『集史』より）

ラシド・ウッディーン（1249-1318）

2.3. 調査地の概要－内モンゴル・ホルチン地方とは

内モンゴル自治区地図（2006『内蒙古自治区地図冊』、中国地図出版社）

通遼市地図（中華地図サイト www.hua2.com）

ホルチン地方は内モンゴルにおいてシャマニズムが生き残った数少ない地域である。

仏教を広めるため、シャマニズムが弾圧されて、内モンゴルにおいて、東部のホルチン地方と北部のフルンボイル地方以外はシャマンがほとんど見られなくなった。内モンゴル西部のバヤンノール市オラド南旗のモンゴル人は代々シャマンを招いて、アタというテングリを祭祀してもらっていたが、弾圧を受けてシャマンがいなくなったため、チベット仏教のラマを招いてテングリを祭祀してもらうようになった[2]。

力強いシャマンとして人気のある金宝シャマン[3]の家（2014年8月）。

自宅の一室で、クライアントに贈呈されたお礼の旗が壁一面に掛けられている。

人口10万人の町に住む龍梅花シャマン[4]の自宅。

携帯を通じて、日本のクライアントの相談を受けている(2014年8月)。

農村に住む紅霞シャマン[5]の自宅と収穫された玉蜀黍(2013年10月)

紅霞シャマンの祭壇

守護霊の力によって、飛んできたと言われるフレル・オンゴッド(銅像の神偶)

3. ホルチン地方のシャマニズム

3.1. ホルチン地方のシャマニズムの用語

ブォ(buu)とは、男性シャマンを指す用語であり、シャマンの総称で

もある。亡きシャマンの霊が後継者に憑依すると、ブォと自称する。なぜなら、その霊は、肉体を失っても、生前からの意識をもち続けているからである。ブォの語源は、男性器であり、モンゴル人の生殖器崇拝に由来している。女性シャマンは、オドゲン（udugen）、エトゲン（itugen）、あるいはエドゲン（idugen）と言う。語源は、女性器を指す語で、同じく生殖器崇拝に由来する。生殖器は命の根源であり、神でもある。

　ホルチン地方では、驚愕の際に男女を問わず、①ウトグ、あるいは、②ウトグ・ボルドグ（男性器）、③ボルドグと叫ぶ。ウトグは女性器で、女性シャマンを指すオドゲン、エトゲン、エドゲンと同じ語源であり、意味も同じである。ウトグと言えば、すぐ、女性器と分かるため、音を少し変えて柔らかくして発音することがある。たとえば、ウトグをウチグと発音する。また、人間は恐怖を感じたり驚いた際、神の加護を求めて、テングリ・ボルハン（天神・仏）、あるいは、ボルハン・テングリ（仏・天神）と言う。このようなとき、性器を表す言葉を思わず口に出しているのは、性器を神として考えているからである。性器と併せて天神と仏を指すテングリとボルハンを使っていることからもそれが伺える。いまでは、なぜ、性器の名称を使うのか一般人には理解できなくなっている。シャマンは、媒介者としてだけでなく、神としても考えられている。現在、有名なシャマンが神・仏・生き仏として尊敬され、「ボルハン・バッシ」（仏師匠）、「アミド・ボルハン」（生き仏）と呼ばれている。

3.2.　シャマンになるプロセスとシャマンの守護霊

　シャマンの守護霊とは、シャマンをシャマンにした霊界の精霊で、人格をもつ存在である。シャマンになる過程は、次の通りである。

① 　守護霊の後継者選び。つまり、シャマンになるには、守護霊の後継者選びが前提となっている。

② 　シャマン病の発生。守護霊は、後継者を選んだ後、選びのお知らせと

して後継者に痛みを贈る。言い換えれば、後継者を病気や不幸にして
その選びを知らせる。これをホルチン地方で、「ブォ・イン・エブチ
ン」（シャマン病）、「ウルジティ・エブチン」（めでたい病気）と表現
する。学術的にシャマン病、あるいは、巫病と言われる。

③　治病活動。後継者は、最初は守護霊に選ばれたことを知らないので、
現代的な病院の治療を求めて回る人が多い。

④　シャマン病の判明。薬を服用しても治らないのでシャマンの治療を求
めると、守護霊に選ばれたことが告げられる。

⑤　弟子入り。シャマン病者は、シャマンになるため、シャマンに弟子入
りして師弟関係を結び、修行を開始する。目的は、守護霊の口を開か
せ、守護霊とバランスが取れた関係を結ぶためである。

⑥　守護霊が口を開く。守護霊は、後継者に憑依して質問に答え、生前の
経歴を打ち明かす。

⑦　一人前のシャマンになる。守護霊が口を開いたら、ホルチン地方で
は、一人前のシャマンと認められる。続いて、守護霊の力で占いや治
療を行う。

　ホルチン地方のシャマンの守護霊の種類は次の通りである。

①　亡きシャマンの霊。つまり、人間の死霊。
　　亡きシャマンの霊に選ばれてシャマンになることは、2000年までホ
ルチン・シャマニズムの主流だった。祖先崇拝を示している。亡き
シャマンの霊の記憶は、生前から死後へと続いている。肉体が滅びて
も、霊魂は生前の記憶とともに存続する。

②　動物の霊。
　　現在、動物の霊に選ばれてシャマンになるケースが増えている。狐、
蛇、針鼠、蜘蛛、鼬などである。

③　自然の霊。

守護霊が憑依すると、①声色や身体の動きに大きな変化が起きる。守護霊が亡きシャマンの霊の場合、女性の霊が憑依すると女性のふるまい、男性の霊が憑依すると男性のふるまい、年寄りの霊が憑依すると年寄りのふるまいをする。②生前の特徴が現れる。たとえば、

a. 手足や目が不自由だった場合、その特徴が現れる。棒を持って、前を探りながら歩く。

b. 亡くなる直前の様子が現れる。特に、目の表情が特徴的である。死と再生はシャマニズムの永遠のテーマであり、人類にとってもそうである。守護霊が乗り物であるシャマンに憑依することは、シャマンの身体を通して再生を果たしている。そのため、守護霊によって、生前の死ぬ直前の姿が現れる。トランス中ずっと白目か瞬きしない。目が突き出て、瞳が開いた状態になる現象が見られる。トランスの時に、目を開いたままの場合、師匠シャマンがそれを閉じるよう導き、それ以降、弟子シャマンの守護霊が憑依するとずっと目を閉じたままになる事例もある。

c. 遊牧民、狩猟民の身振りが現れる。例えば、馬に乗って肩を振りながら走るしぐさをする。守護霊が動物の霊の場合、動物の特徴を示す。狐、鼬の精霊が憑依すると、両手を床につけて、両手両足で走り回る。その動作は非常に早く、録画する筆者が追いかけられず、極めて振動が速く感じる。また、蛇の精霊が憑依すると這って進んだり、両手を合わせて上へもちあげ、手と全身を揺らす動作をし、蛇行を示す。

3.3. 死者と生者の交流

死者と生者は互いにどう呼び合うか。

① 守護霊は後継者（現役のシャマン）を以下のように呼ぶ。

ウル・フルグ（子である乗り物）。すなわち、守護霊はシャマンを乗

り物として使っているという意味である。ウルは、モンゴル語で「子供」の意味で、愛称である。逆に、守護霊が乗り物に怒った場合、乗り物の体に憑依すると、「無知」という意味でアドグス（獣）と呼び、怒りを表す。

② 守護霊は会衆を以下のように呼ぶ。

a. オラン・ニルハ（赤子）

b. ニルハ（幼い子）。これは、亡きシャマンから見れば、今生きている人々は皆年下である。

③ シャマンとその家族ならびにクライアントは、シャマンの守護霊を以下のように呼ぶ。

亡きシャマンの霊の場合、以下の呼び方がなされる。

a. 男性の場合、祖父、あるいは曾祖父。

b. 女性の場合、祖母、あるいは曾祖母。

c. エジド（主）、シュトゲン（守護霊）。

これらの呼び方から分かるように、守護霊は、まるでシャマンの家族のような存在とされている。

動物の霊の場合、以下の呼び方がなされる。蛇の精霊、狐の精霊、イタチの精霊など、動物由来の精霊を総じて仙界と中国語で呼び、仙界側のものとして分類する。また、種類によって呼び方が異なる。蛇の精霊をロス（地霊の総称）と呼び、狐の精霊を、漢民族の影響を受けて、中国語で道封あるいは、胡仙と呼ぶ。

3.4. シャマンと守護霊の関係

シャマンにとって、守護霊は神であり、師匠であり、シャマン能力の源泉であり、相談相手で、博捜家である。守護霊とシャマンは互酬性を持ち、共生する関係である。守護霊にとって、シャマンは、①乗り物で

ある。シャマンの身体を通じて、シャマンの身体と口を介してその存在と機能をあらわにする。霊力を示し、占い、治療を行う。②シャマンの身体を通じて直接にこの世の人間と交流する。①と②の場合、守護霊にとって、シャマンは容器で、その身体を媒介して人間と交流する。③シャマンに様々な託宣、助言、問題解決策を啓示する。この場合、シャマンは自意識を保っているため、媒介者となる。シャマンがクライアントに啓示する際、アレンジする場合がある。

4.　さまざまなコミュニケーション

4.1.　霊界と人間界の交流

　肉体が滅びても、霊魂が生き続け、この世にさまざまな影響を及ぼすと信仰されている。一般の人は、日常生活において、夢で先祖に会い、僧侶やシャマンの助言を受ける。たとえば、夢で亡き親や祖父母、先祖が頻繁に現れた際、自ら原因を探ったり、身内、シャマン、ラマに相談したりして、適切な措置を取る。その原因はさまざまである。先祖が、自分の存在を意識してほしかったり、墓参りに行ってほしかったり、供え物をほしがったりしていることが挙げられる。幸運に恵まれた際、「先祖の善行のおかげ」、「先祖が〔数珠を〕爪繰ったおかげ」（仏教の影響）と思う。それによって、先祖と子孫の関係のバランスが取れる。

　シャマンの身体を通じて、守護霊などの霊と人間の交流が行われる。憑依には、シャマンがクライアントへの対応を求めて守護霊を招き呼び、身体に憑依させるという、シャマンの意図によるものと、招き呼んでいないが、守護霊がシャマンの身体に突然憑依し、会衆と直接交流したり治療を行ったりする、守護霊の意図によるものがある。その際、守護霊が、シャマンの身体に憑依して、人間と直接に交流する。その場合、シャマンの意思は入り込まない。

シャマニズム世界における２種の媒介者 | 173

　ホルチン地方では、シャマンには、クライアントの治療に当たって、さまざまな思いが生じる。そのなかで、治療力の源となっている守護霊の影響に関する事例を挙げよう。

　【事例1】　2007年1月、オニソ・シャマン[6]のところに、60代の男性クライアントが訪れた。目的は、肩の痛みの治療を受けることであった。そのときちょうど骨接ぎの得意な40代の女性弟子が師匠であるオニソ・シャマンの家にやってきていたので、オニソ・シャマンは女性弟子に治療してあげるよう頼んだ。しかし、その後、何も言わず、オニソ・シャマンは自ら治療を行った。その原因を聞くと、彼は「守護霊が（感じさせる形で）私が治療を行うよう指示した」と説明した。

　【事例2】　2015年12月、サララン・シャマン[7]のところに、30代の女性クライアント[8]が家族に連れられてやってきた。このクライアントは精神に異常をきたして2ヶ月たっており、ここに来るまでにすでに20人のシャマンに診てもらい、通遼市の精神病院に入院もしていた。シャマンは守護霊の力で治癒することができたが、そのクライアントを治療したくなかった。ホルチン地方では一般に、シャマンは、多くのシャマンから様々な治療を受けたクライアントを治療したがらない。なぜなら、そのようなクライアントは病因が複雑なため、症状が重くなっているからである。なぜこのようになるかというと、シャマンによって治療法が異なるからである。治療者の中には、悪霊が守護霊として憑いてシャマンになる人もいるし、様々な薬を服用させる治療者もいる。そのため、クライアントは、悪霊や薬のダメージを受けて、心身が非常に弱まった状態に陥る。それにより症状がひどさを増すことすらある。

　ところが、サララン・シャマンがクライアントを治療したくないと思っていた時、彼女は急にトランス状態に入り、守護霊が自らクライアントに治療を行って治癒した。クライアントは正常な意識状態に戻ったのである。

これら2つの事例は、守護霊がシャマンの思いを押し切った例である。前者はシャマンが自意識がある状態で行い、後者はシャマンが意識があったりなかったりと自己コントロールができない状態で守護霊が自ら治療を施した例である。媒介という視点から見れば、前者は、シャマンが守護霊の意図を実行し、後者は、守護霊が自ら治療行動を行っている。

4.2. 生霊同士の交流

生霊とは生きている人間の霊のことである。ではなぜ生きている者同士の交流と言わないかというと、霊魂と関係があるからである。人が驚いたり恐怖を感じたりした時、霊魂が身体から離れることがある。その際、世をさまよう亡霊や動物の生霊に誘拐されることがある。魂が身体を離れて時間が経つと命が危ないので、患者の母親か祖母、またはシャマンが魂を呼び戻す治療を行う。シャマンは、魂を探しに旅に出かける。この旅をシャマンは、寝ているときと意識の平常状態の両方で行なう。すなわち、シャマンのゴル・スゥンス（中心たる魂）が身体を抜け出て、野外や山、森などから患者の魂を探し回る。その間、アミン・スゥンス（命の魂）が身体に憑いているため、シャマンは意識の平常状態、すなわち、意識を保ち続ける。その旅の途中で見たものをその場で語ってくれるシャマンがいる一方で、何も説明することがなく、旅を続け、魂を取り戻したかどうかだけを伝えるシャマンもいる。

4.3. 霊・守護霊同士の交流

亡きシャマンの霊たちは互いに交流する。その事例を挙げて説明しよう。

4.3.1. 後継者を選ぶ場合

シャマンは存命中に、他のシャマンと交流したり、仲良くなったり、弟

子を育てたりする。そして、死後も生前の縁が続き、あの世において交流を続ける。1人のシャマンに数人の亡きシャマンの霊が憑き、機能することがある。つまり、シャマンが複数の亡きシャマンの霊を守護霊にもつ。シャマンが亡くなると、シャマンに憑依していた霊たちが、誰を後継者に選ぼうかと一緒に話し合って、共同で後継者を決める。また、生前仲がよかったシャマン同士のどちらかが亡くなると、その霊は、仲がよかったその人を後継者にするという事例もみられる。師匠が生前、自分のある弟子と仲がよかった場合、死後、その弟子に憑依することがある。その際、師匠の亡き霊が弟子の守護霊と話して許しをもらう。師匠の霊が、先に弟子に憑いている守護霊と話すことなく勝手に弟子に憑依しようとすると、追い出される場合がある。類似の事例を1つ挙げよう。

　2007年当時、37歳の桂美という修行中の女性[9]の弟子シャマンに彼女の守護霊が憑依したが、何もお告げをせず、ひたすら泣き続けた。現場にいた皆は、その意味を理解できなかった。後になって、桂美弟子シャマンは次のように説明した。「泣いていた守護霊は、父方の末祖父[10]である。実は、兄[11]を乗り物にしようと選んだ。しかし、兄に憑いた守護霊に追い出された。その後、わたしを乗りものとして選んだ。前回、守護霊が退出後、なぜ泣いたかと質問したら、『追い出されたので悔しくてたまらない』と感じさせる（言葉が心の中に浮かぶ）形で教えてくれた」。桂美弟子シャマンは守護霊が憑依すると、自意識があり、守護霊が体を使って何をしているかが分かるが、コントロールできない。これについて、桂美は次のように説明した。「守護霊が憑依して泣いていたことは分かっていた。非常に恥ずかしく感じたが、止められない。守護霊が退出した後、泣いた原因を聞くと、感じさせる形で答えてくれた」。

4.3.2.　シャマンに助言、霊力を与える場合

　ホルチン地方の神歌は、守護霊を「バイチャガル・イヘテイ・エジド」

と褒め称えている。直訳すれば、「博捜家である守護霊」という意。すなわち、クライアントの情報をいろいろと探して答えてくれるという意味である。1人のシャマンに数人の亡きシャマンの霊、また、動物の霊が憑いている場合、クライアント対応の際、互いに協力し合う。包月季シャマン[12]が次のように語る。「クライアントに依頼された内容が、守護霊に難しいものもある。そのとき、守護霊がわたしのほかの守護霊と相談したり、霊界のより力のある守護霊に依頼したりして答えを出してくれる」。包月季の話から次のことを理解できる。つまり、ここでは二重依頼が起こっている。シャマンが守護霊に頼むと、守護霊がさらに上の守護霊に頼んでいる。包月季シャマンは、意識の平常状態で守護霊に依頼する。守護霊が感じさせる形で答えを出してくれる。その答えを包月季シャマンがクライアントに伝える。あるいは、守護霊を身体に憑依させて、直接クライアント対応をしてもらう。

　シャマンは、クライアントの抱える問題や症状によって、依頼する守護霊を変えることがある。たとえば、亡きシャマンの霊は、悪霊を追い払う能力が高い。狐の精霊は占いに得意で、しかも、トランスにならなくても意識の平常状態で質問に答えてくれる。蛇の精霊は、骨の治療が得意である。韓美芝シャマンに憑いている虎の精霊は、皮膚炎、特に慢性化し化膿している患部、皮膚の外のできものの治療が得意である。治療はトランス状態で行われる。化膿したできものを韓美芝シャマンの口を使って吸い取って治療する。その際、韓美芝シャマンは完全に意識を失ったトランス状態になるため、虎の精霊が何をしているか、完全に知らない。韓美芝シャマンが意識を戻した後、家族から聞き、それについて、「自意識があれば、自分がどうしてもやらないと抵抗するでしょう」と語った。

　これ以外も、クライアントになかなか離れない力の強い悪霊が憑いた場合、シャマンに憑いている守護霊同士が話し合って、対策を考え、それをシャマンに助言し、霊力を与えることがある。つまり、複数の守護霊の力

を1つにして、力を発揮してもらう。その際、いくつかのやり方がある。シャマンにとって、太鼓は欠かせない存在である。太鼓を叩き、神歌を歌って守護霊を呼ぶ。悪霊を太鼓で追い払う。他の守護霊を招き呼んでいるとき、呼んでいないが勝手に入ってきた霊を太鼓で追い払う。太鼓のもう1つの機能は、守護霊を集め、憑依させることである。複数の守護霊を同時に身体に憑依させると、体がその「重さ」で耐えられない場合がある。その際、守護霊を太鼓に集める。そして、太鼓でクライアントの体をこすったり、追い出したりする。ここで、シャマンの道具は、守護霊を集め、入れる媒体である。

4.4. シャマン同士の守護霊の交流

ホルチン地方では、シャマンが死んだらその霊魂はシャマンのあの世に赴くと言われる。シャマンのあの世は、白雪山の1本の生い茂る樹の内にある。シャマンのあの世で、6人のリーダーにより、生前の行為と力に応じて、居場所すなわちステータスが与えられる。亡きシャマンの霊は、そこで修行を行い、力を強め、時期になると乗り物を探し、守護霊として機能する。シャマンのあの世において、亡きシャマンの霊は、6人のリーダーによって管理されている。月亮シャマン[13] の守護霊が2011年旧暦9月9日（新暦10月5日）、降臨して次のように語っている。「わしは、ウフッセン・スゥンス（死んだ霊）である。実はこのように乗り物に憑依して、皆さんを騒がせたくない。ステータスで静かに過ごしたい。しかし、わしたちにリーダーがおり、守護霊となって力を発揮するよう無理やりさせられた」と文句を漏らした。亡きシャマンの霊が霊界において上のリーダーに支配されていることがわかる。

生前仲がよかったシャマンの守護霊同士があの世で交流することはできるが、それぞれの乗りものに同時に憑依して語り合うこともある。

2015年8月、通遼市ホルチン左翼中旗ドンダ村にホナ・シャマン[14] の

自宅でインタビューを行っているとき、数日前に別の村で会ったハス・シャマン[15] がたずねてきた。話によると、両シャマンの守護霊は生前知り合いだった。現在、天と神樹祭祀の際、両シャマンは互いに協力し、交流を続けている。その中に守護霊の教示の内容が含まれる。それによって、守護霊が喜ぶという。

　月亮シャマンと金宝シャマンは、師弟関係にある名シャマン同士である。両シャマンの守護霊が、生前仲がよく、一緒に厳しい修行を行ってシャマンの力を高めた。修行中、生活をともにし、食べ物を分かち合った。また、クライアント対応に難しさを感じた際、あるいは、強い悪霊に取り憑かれたクライアントの治療の際、互いに協力しあった。月亮シャマンと金宝シャマンは、180km 離れて住んでおり、師弟関係になるまで互いの存在を知らなかった。金宝の守護霊が、金宝がまだシャマン病のことを知らないとき、自分の生前の仲良しの乗り物である月亮シャマンに夢を与え、金宝の住む村、名前、特徴を教えてあげて、探しに行って弟子として育てることを要望した。しかし、月亮シャマンはそれを無視した。それがなんと 3 年も続いた。ある日、月亮シャマンがクライアントに招かれて、金宝の住む村から 10km はなれた村に行った。そして、金宝についてたずねると、隣村にその人物がいることが判明した。そこで、金宝を呼んできた。月亮シャマンが事情を説明すると、金宝が月亮に弟子入りした。弟子入りして、4 年目で金宝の守護霊が口を開いたので金宝は 1 人前のシャマンとなった。現在、一日平均、30 人を治療し、多い場合、200 人の対応に当たっている。

　両シャマンの守護霊は、それぞれの乗り物に憑依して、交流することを非常に好む。

　2012 年旧暦 9 月 9 日（10 月 23 日）、両シャマンはそれぞれの守護霊に言われて、共同で祭天儀礼を行った。その日の夜、両シャマンは同時にトランス状態になった。両シャマンの守護霊同士がそれぞれの乗り物に憑依

シャマニズム世界における２種の媒介者 | 179

両守護霊が再会を喜び合って、両手を交差して握手している。

金宝シャマンの守護霊は、両手の親指を出して、２人の生前の仲の良さを牛の２本の角に喩えている（2012年10月）。

して交流を行った。

　守護霊同士がそれぞれの乗り物に憑依して交流する際の特徴は以下の通りである。
① 一人称で語る。
② シャマニズムの世界観の中で語る。
③ 生前当時の言葉を用いる。現代語も使う。純粋なモンゴル語で語る守護霊もいる。

　　市場経済を生きる現代のホルチン・モンゴル人にとって、中国語を混ぜることがなく、純粋なモンゴル語で話すことは無理である。しかし、守護霊が生きていた時代は、漢民族の影響がまだ少なかった。そのため、中国語の影響のない、あるいは少ない、母語でしゃべる。守護霊たちは、中国語を混ぜて話すようになった現代ホルチン方言も知っている。たとえば、ある言葉に対して、「君たちの言葉で言えば」と説明を加える場合がある。

④ 生前と死後の内容を語る。この記憶は生前から今まで続いている。
⑤ 当時の地名で語る。
⑥ 当時の社会について語る。当時の社会環境に基づいて語る。たとえば、豊かな暮らしを「皇帝の〔ごとき〕幸せ」に匹敵すると喩える。
⑦ 現代の社会について語る。たとえば、病気の種類が昔より多い、生

活が昔より豊かになった、現代人は昔の人と違う、苦労を知らない、
シャマンは苦行をしなくなった、などと語る。

⑧　霊界と人間の関係について語る。

⑨　霊界同士の関係を語る。

⑩　予見、予言。

⑪　教育、戒め。

4.5.　一般人の亡き霊同士の交流

　ホルチン地方では、人間に3つの霊魂があると言われる。死後、1つは
亡骸に憑いて墓を守り、1つは世をさまよい、もう1つは転生する。墓場
において、死者同士の霊が領地をめぐって争いが生じる場合がある。これ
は、一族のなかではなく、周辺のほかの墓場の間で見られる。それをどの
ようにして知るかと言うと、子孫に不調や不幸が生じ、シャマンやラマの
託宣によってそれが判明する。すると、ラマやシャマンが墓場に行ってお
経や呪文を念じて互いに侵害しないようにきちんと道を分けてあげる。そ
れによって墓場にいる亡き霊同士の争いが収まり、子孫が不調から解放さ
れ、運もよくなる。

4.6.　自然霊同士の交流

　森羅万象に命があるという霊魂観がシャマニズムのベースである。自然
界の霊や主たちの交流に関する伝承が数多く残っている。たとえば、山の
霊と水の霊の交流や争いである。ホルチン地方で、守護霊がまだ口を開い
ていない、修行中の弟子シャマンが動物の守護霊を招き呼んだとき、必ず
「どこで修行をしているか」と質問する。ロスと呼ばれる蛇の精霊と狐の
精霊は、名山や寺院をあげることが多い。ロスが憑依すると、シャマンの
口を借りて、「どこそこの仏教寺院でラマたちがお経を唱えることを聞い
て修行を行い、霊力を高めた。修行している場所には他の精霊もおり、交

流していた」と語る。

4.7.　自然界の霊と死者霊の交流

　特に亡きシャマンの霊や動物の霊は、霊界で修行を行い、霊力を高める
が、自然界の霊から力を得ることがある。自然霊の力をシャマンを通じて
民衆のために生かすことができる一方、逆に祟りを受けることもある。環
境開発によって居場所を失った自然界の霊が、亡きシャマンの霊と一緒に
なって、シャマン病者に苦痛を与える事例も見られる。その場合、シャ
マンは自然霊を慰めたり、祭ったり、誤ったりして、弟子シャマンから切
り離す措置を取る。守護霊を招き呼び、口を開いてもらい、受け入れてあ
げることで、弟子シャマンが一人前のシャマンとなり、苦痛から解放され
る。一般人も、こうした居場所を失った、あるいは居心地が悪くなった自
然霊や人間の亡き霊や動物の生霊・死霊のたたりを受けることがある。こ
の場合、シャマンやラマは要求を満足させて追い払う。

4.8.　自然界の霊と人間の交流

　これは、天と地、オボ、神樹祭祀によって具現化されている。雨乞いの
ための祭天儀礼のとき、儀礼が行われている最中、それまで晴れ晴れと
なっていた天気が急変して、黒い雲が現れ激しい雨が降り注ぐことがあ
る。その場合、シャマンや人々は、「祭主の思いがシャマンによって天に
届けられた」と認識する。ホルチン地方では人々はよく、失せ物探しや、
病気の快癒、仕事の順調を期待して神々に拝んだり、祈祷したりする。そ
れができたら、天の神をはじめ、神々の守護を受けたと信じ、酒を捧げて
お礼の意を表す。

5. 守護霊の招き寄せ―憑依・トランス

　守護霊を呼び寄せる祭に、基本的に使われるのは太鼓である。これ以外、呪文やお経の力でよぶこともある。

5.1. シャマンは太鼓を叩き神歌を歌って守護霊を呼ぶ

　守護霊を招き呼ぶ神歌がある。ホルチン地方のシャマンのあの世である白雪山に生い茂る1本の巨樹から守護霊を招き呼ぶ。ホルチン地方で、守護霊を呼ぶ神歌を俗人が勝手に歌ってはいけないとするタブーがある[16]。世をさまよう精霊がその歌を聞いたら、歌った人に憑依するからであると言われる。神歌は、霊界に人間の声を届ける媒介役を果たしている。

5.2. ジルヘン・タルニ（心臓たる呪文）によって呼ぶ

　シャマンの守護霊ごとに心臓たる呪文とある。既述したように、神歌を歌って守護霊を呼ぶが、心臓たる呪文で守護霊を呼ぶ場合もある。その時、太鼓を叩き、神歌を歌うが、心臓たる呪文をも念じる。この呪文は、守護霊を無理やり降ろすことができる。すなわち、守護霊と直接つながる呪文である。一般的に、女性シャマンが月経中の際、守護霊が降臨しない。しかし、急用がある場合、シャマンは心臓たる呪文を念じて守護霊の降臨を促す。夜中、零時以降、守護霊は降臨したがらない。ホルチン地方で、零時以降、守護霊を招き呼ばない習慣がある。なぜなら、零時以降は一日の前半が始まるからである。守護霊は、当日の夜降臨するしきたりがある。ホナ・シャマンが、数年前に、ある取材者の要望に応じて、零時過ぎたにもかかわらず、守護霊を神歌を歌って招き呼んだ。守護霊がなかなか降臨しないので、心臓たる呪文を念じて呼んだら守護霊が降臨した。こ

シャマニズム世界における2種の媒介者 | 183

のことが守護霊の怒りを買い、ホナの顔を殴りに殴って、「わしが降臨する時間が過ぎていることを知りながら、わしの心臓たる呪文を念じて呼ぶなど、この痴れ者が」と言って退出してしまったという。この意味で、守護霊の心臓たる呪文を念じると、守護霊は必ず降臨するが、それが守護霊の意に必ずしもあっていると言えない。たとえ、この呪文で守護霊を動かすことができても、コミュニケーションができるかどうかは別の問題である。

　シャマンの守護霊は、基本的に自分の乗り物に憑依して機能するが、もし別のシャマンが他のシャマンの心臓たる呪文を知っていれば、それを念じて、治療の力になってもらうこともできる。そのため、シャマンは守護霊を呼ぶ心臓たる呪文を師匠や家族を除く、他人には絶対教えない。場合によっては、家族にも教えない。包月季シャマンによると、病因が複雑なクライアントの治療の際、自分の守護霊の力だけに頼るのでは不十分と感じた際、強い守護霊をもっている弟子の守護霊の心臓たる呪文を念じて、治療の助けとなってもらう。

　守護霊は心臓たる呪文を夢や啓示などで乗りものに教える。

5.3.　師匠がもつ呪文の力で弟子の守護霊を呼ぶ

　師匠シャマンが、守護霊の力により強い呪文を持つことがある。呪文によって力の強弱があるが、守護霊が強ければ、強い呪文の力をそのまま発揮させることができる。だが、逆の場合、発揮できない。シャマン病者が師匠に弟子入りし、守護霊を呼ぶと、なかなか降臨しない場合がある。3、40分も神歌を歌い続けて、やっと降臨する場合もある。その際、師匠シャマンがもっている強い呪文で、弟子の守護霊の意を問わず、すみやかに降臨させる。オニソ・シャマンの弟子たちの守護霊が降臨するのは非常に早い。数秒から2、3分経たないうちに必ず降臨する。

5.4. チベット仏教の経文で呼ぶ

チベット仏教がモンゴルに伝来以降、仏教に帰依することを反対した黒いシャマンと、順応した白いシャマンが出現した。白いシャマンの中にチベット仏教の呪文を念じて、守護霊を呼ぶシャマンがおり、今も伝承されている。

6. 人間界と霊界のコミュニケーション

人間が霊界とコミュニケーションをとるには、以下の方法がある。

① シャマンに憑依した霊と直接とる。シャマンはトランス状態にある。その際、霊・守護霊がシャマンの身体を自分の身体として使っており、シャマン本人の意識を媒介していない。霊魂・精霊が、シャマンの体を通じて、手に触れ、見える形となって現れる。シャマンの身体を通じた霊の可視化である。

② シャマンが、霊から夢、霊感、お告げなどで受けた内容を1人称、あるいは3人称で伝える。ここでは、シャマンは媒介役を果たしている。

③ 先祖が子孫に対して要求や不満がある場合、あるいは、先祖が困った場合、子孫にさまざまな方法で知らせる。それがラマやシャマンによって明らかとなる。

6.1. 霊と人間の交流―人間側の通訳者

守護霊がシャマンの身体に憑依して、託宣を行う際に発する言葉が非常に聞き取りにくい場合がある。なぜ聞き取りにくいかというと、①守護霊が年寄りのため。生前、高齢のため息苦しく感じた経験があれば、死後、守護霊となって乗り物に憑依する際にその特徴が現れる。②長年話してい

ないため。これは、新米シャマンの守護霊に見られる。シャマンが死後、長い年月を経て乗り物を選んだ場合、長年肉体を持って話していないため、話し出すときに苦しい表情を示す。③乗り物の身体が弱いため。シャマン病の苦しい経験によって、シャマンの身体が極度に弱い状態に陥ったりする。これは、シャマンの死と再生を意味する。身体がまだ回復できていないときに守護霊がいきなり力強く憑依するとシャマンの身体が耐えられない。そのため、守護霊がそれにあわせて乗り物の身体を使う。それによって、託宣の際の声が弱く、聞き取りにくい現象が発する。シャマンの守護霊の場合、古い言葉、あるいは、昔は母語のモンゴル語で表現していたが今は中国語で表現するようになった語をそのまま使ったりする。シャマンの家族の中に、それを会衆に通訳あるいは解釈してくれる媒介者が存在する。この場合、媒介の機能を果たす介助役が守護霊の言葉を分かりやすく伝える。そのまま伝える場合もあれば、伝聞形式を使う場合もある。

6.2. 霊界における霊媒介者

6.2.1. 守護霊のふるまいを解釈する霊界の媒介者

　内モンゴル・ホルチン地方で、一人前のシャマンが治療に困った場合、シャマンの守護霊ではなく、助けるために憑依して治療を行ってくれる霊界の媒介者がいる。また、修行中の弟子シャマンに次の現象が見られる。守護霊がまだ口を開いて質問に答えていない場合、守護霊が言葉ではなくひたすらさまざまな手振り身振りで意思を伝えることがある。守護霊がシャマンの身体から退出した後、別の守護霊がすぐ憑依して、丁寧に解釈してくれる。これは、霊界側の媒介者霊である。

　霊界の媒介者は、まだ口を開いていない守護霊の意思を師匠シャマンと会衆に伝える。また、弟子シャマンに憑いている他の守護霊が口を開く時、守護霊の治療能力と機能およびシャマンに対する要求を告げる。さらに、他の弟子シャマンの守護霊と弟子シャマン本人の心身の状態を師匠

シャマンと会衆に説明する。場合によって、師匠の私心を会衆に公開し、その思いを正そうとする。霊界の媒介者を務める精霊は、弟子シャマンとその守護霊、弟子シャマンと師匠シャマン、師匠シャマンとその守護霊の関係をより良いものにし、方向を正し、成長を促し、裁判官の役を務めるためその存在は大きい。

　また、一人前のシャマンがクライアントの治療のため守護霊を招き呼んでいるとき、守護霊の力で治癒し難い場合、霊界の媒介者が代わりに憑依して治療を行なってくれることがある。この意味で、霊界において、シャマンの守護霊の力をよく知り、行動を観察している霊界の媒介者が存在する。シャマンが治療において、自らいろいろ守護霊の助けを求めることがあるが、ここでは、シャマンとその守護霊の意図と関係なく、人間を助けるため、霊界の媒介者が自ら行動している。

6.2.2.　通訳を務める霊界の媒介者

　シャマンの守護霊たちはさまざまな言語（憑依言語）を用いる。それはシャマンが習うのではなく、いきなり口から出るものである。守護霊は、生前の出身地によって、方言が異なったりする。ホルチン地方のシャマンの守護霊に、ハルハ、バルガ、ブリヤート、アラシャ、ウラン・ハダ、シリンゴルなど地方の方言が見られる。守護霊が話す方言・異言語の種類は以下の通りである。モンゴル語方言、中国語やチベット語や日本語や朝鮮語といった外国語、仏教系の言語や霊界の言葉、動物の言葉、たとえば、ロスの言葉や狐の言語などである。シャマンが異言語を発するのは、シャマンがトランス状態にある時と意識が平常状態にある時の双方で見られる。守護霊を亡きシャマンの霊、動物の霊、自然の霊に分類するが、それぞれに言語があり、守護霊の中に多言語に達者なものもいる。

　ホルチン地方ではかつて、生前、母語のモンゴル語以外、中国語、チベット語、満洲語、日本語を習得したシャマンがいた。死後、シャマンの

守護霊となった後も、この5つの言語を操れる。数年前ある青年に、旧満洲国時代にホルチンで亡くなった日本人の霊が憑いて、日本語で話した。その際、5つの言語が話せるシャマンの守護霊が、青年に憑依した日本人の亡き霊と日本語で話した。続いて、内容を会衆に自ら通訳した。もう1つの事例だが、生前、日本で生まれ育ち、日本で亡くなった日本人のシャマンの霊が、ホルチンに赴き、モンゴル語を習得した。シャマンに憑依すると、まず日本語で話し、その後、内容を自らモンゴル語に訳した。その日本語は現在の日本語と異なり、聞き取れない。憑依言語としての日本語と言えよう。

　守護霊が生前操った言語のみを話す場合、その言語を理解する別の守護霊が憑依して訳してくれる事例も見られる。1970年生まれの男性の山宝シャマンに「ソロンゴス・イン・テテ」（朝鮮のひいおばあちゃん）[17]と呼ばれる朝鮮半島出身の守護霊がいる。憑依すると朝鮮語で話すが、周りの人には意味が分からない。そのため、守護霊が退出すると、すぐ別の守護霊が憑依して、内容を通訳してくれた。ここで話している朝鮮語も、現在の朝鮮語と異なり、憑依朝鮮語である。

　このように、シャマニズムの世界における媒介者を務める霊界側の精霊は、多彩であり、人間の心身の成長を助け、霊と人間の関係をより豊かで、より円滑なものにする。その過程で霊界の媒介者霊の価値が実現され、霊自身を含めた、霊と人間両方のケアがなさている。

6.2.3. 協力し合う守護霊たち、機能を分担し合う守護霊たち

a.　治療において、複数の守護霊が力を合わせて治療を行う場合がある。

b.　1人のシャマンに複数の守護霊がいる場合、それぞれの守護霊の得意分野によって、守護霊を選び招き寄せる。たとえば、現在、狐の精霊は占いが得意であるとされ、人気である。しかも、意識の平常状態でクライ

アントの対応に応じる。占いをしてもらいたいクライアントの場合、狐の精霊に見てもらう。ロスは骨の治療に得意なので、骨に関する治療の際、ロスの精霊を呼ぶ。

6.3. シャマンの意識状態

シャマンが霊界と交流するには、トランス状態と意識の平常状態という2種のパターンがある。トランス状態では、守護霊が1人称で語るが、意識の平常状態では、1人称と3人称が用いられる。

トランスには以下の2種のパターンがある。

【脱魂】

① 夢における脱魂。シャマン本人の魂が人間界や霊界を旅する。見た物、やったことが夢のように感じる。これを語り聞かせたり、クライアントの問題解決策を得たりするため、ここでは、シャマンは媒介者の役を果たしている。死者の霊を含めた霊界（あの世を含む）の者たちと交流する。

② トランスにおける脱魂。シャマンが、行方不明の人や家畜、落としもの、身体を抜け出た魂を捜すために行われる。その際、シャマンが旅の途中で見たものをリアルに語り聞かせてくれる。

【憑依】

守護霊がシャマンの身体に一時憑依することによって、シャマンに意識の変容状態が生じる。憑依する時間に2種のパターンがある。

① 一時憑依

a. トランス状態における守護霊の一時憑依

守護霊を招き呼び、身体に乗り移らせることによって、トランス状態が発生する。そして、クライアントの対応が終わると守護霊がシャマンの身体から退出することによって、意識が平常状態に戻る。これは、一時憑依

である。

b. 意識の平常状態における守護霊の一時憑依

　守護霊が乗り物の意識を平常状態に保ったまま憑依してさまざまな助言を与える。龍梅花シャマンは、クライアント対応の際、まず、必ず18本の線香を炊く。続いて、椅子に座ると深いあくびを数回し、頭と身体を震わせる。これは、守護霊が憑依したしるしであるが、龍梅花シャマンの意識が保たれている。そして、数珠を手に持ち、線香の煙と線香に残っている灰の曲がる方向、灰の落ちた様子を見て占いをする。守護霊が体に憑依して答えを教えてくれると同時に、映画のように線香の煙の上に見せてくれるという。クライアント対応の時間は、数分から1時間に及ぶ場合がある。線香が炊き切れる前に託宣が終了するが、対応し切れなかった場合、もう一度18本の線香を炊く。線香を炊かないで見ることは稀である。海花シャマン[18] は、クライアント対応の際、ひたすら煙草をすい続ける。「煙草の煙に映像のように見せてくれる」と語る。

②　シャマンの平常意識状態でみられる常時憑依

　インタビューすると、「見ようとするとすぐ見ることができる。それは、守護霊が常に身体に憑いているからである」と語るシャマンがいる。1人のシャマンに脱魂と憑依がそれぞれ起こる。

6.4.　意識が平常状態で守護霊と交流する方法

　シャマンによって、精霊の声を聞き、姿を見、風と香りを感じることができる。また、普通の人間でも、霊視能力を持ち、霊的存在の風と香りを感じる人がいる。

【霊・守護霊の声を聞く】

　シャマンは、日々の生活において、守護霊とよく会話する。バガナ・シャマンは、「自分は好奇心旺盛のため、よく守護霊にいろいろ質問をする。自問自答のようであるが、答えてくれるのは守護霊。耳元に聞こえた

り、胸の中に聞こえたりする。守護霊によって、答えの仕方が違う。女性守護霊は非常に優しい」と説明した。守護霊の答え方に以下の形があることを理解させてくれる。①霊感を感じさせる。②耳のそばで教える。③胸中に語る。④霊によって、声としゃべり方がそれぞれ異なる。

【霊・守護霊の姿を見る】

守護霊の姿は、①目の前に浮かぶ、②夢で見る、という方法で見える。

【霊・守護霊の風】

霊・守護霊の風を感じるシャマンがいる。守護霊の種類によって、たとえば、亡きシャマンの霊、動物の霊によって、風の高さ、方向、温度が異なると言われる。人間の霊は、ひざから上、動物の霊はひざから下の風を感じる。守護霊によって、風が熱く感じたり、冷たく感じたりする。ホルチン地方で、よく、守護霊が身体に入るとき、自分の魂が腋の下から抜け出て、守護霊が頭頂の「泉門」から入る。守護霊が退出するとき、腋の下から出て行き、シャマンの魂が泉門から入る。そのため、守護霊が出る際に、シャマンの体を支えるとき、腋の下に手を入れてはいけないというタブーがある。もし腋の下に手を入れると、守護霊が出にくくなり、さらに、シャマンの守護霊が身体を離れて時間が経てば経つほど、体が苦しむからと言われる。月亮シャマンがトランスになると、順番にクライアントの対応を早く済ませ、守護霊を早く帰らせようとする。筆者の調査で、月亮シャマンが、3時間10分で、守護霊が退出した後、非常に苦しんでいた。その夫は、「時間があまりにも長かった」と説明した。

【守護霊の香り】

守護霊の香りを嗅ぐシャマンによると、亡きシャマンの霊と動物の霊の香りは異なる。亡きシャマンの霊の場合、男性女性によって異なり、動物の霊の場合、野生動物の匂いがする。

6.5. 就寝中のトランスにおける交流

① 脱魂型トランス

ホルチン地方では、シャマンが夢の中で、さまざまな場所を旅することがある。これについて、あるシャマンは次のように説明する。「守護霊が自分の魂を連れて、飛びながらあちらこちらへと見物させる。美しい山や川、湖、森、寺院など」。「生え茂る巨樹を見た。とても美しい。それは、シャマンのあの世である」。守護霊に魂がつれられて魂が抜け出て旅していると考えるシャマンがいれば、魂が自ら抜け出て旅していると考えるシャマンもいる。後者は就寝中における脱魂トランスと考えられている。

② 憑依型トランス

ホルチン地方で、シャマンが就寝中に急にトランス状態になることがある。どのような状況でこの現象が起きるか。事例を挙げよう。

a. 守護霊が乗り物の治療を行う

シャマン病者には慢性疾患を患っている人が少なくない。それは、シャマン病が発生したときから続いている。最初にシャマン病と知らなく、いろいろな治療を受け、薬を服用して、身体的にダメージを受けた場合、痛みが一人前のシャマンになってもしばらく続く。これに対して、守護霊が乗り物に憑依して乗り物を治療してくれることがある。吉一シャマン[19]の守護霊は、複数の狐の精霊である。子宮の疾患があったため、守護霊が吉一シャマンが寝ているときに憑依して、頭をオンドルにつけて身体をさかさまにして、治療を行ってくれた。このような治療が100日間続いて完治したという。

b. 巫病者の家族に守護霊の受け入れを促す

シャマン病者が守護霊を受け入れることをシャマン病者の家族が拒むことがある。この場合、その守護霊が家族全員が眠りについたとき、急に降臨して、トランスになることがある。これを受けて、家族が起き上がる

と、「自分は悪いものではないので受け入れよ」と促すことがある。これは男女シャマン病者を問わず見られる現象である。若い女性シャマン病者は酒を一滴も飲まないが、守護霊が降臨すると、ひたすら飲み続ける。また、守護霊が家族を指示してお料理を作らせて、一晩中飲んだり、しゃべったりする。家族がその対応に追われる。これを受けて、家族が守護霊を受け入れることを約束する。

　c.　シャマンに罰を与える

【事例1】クライアントの対応に対する不満。

　ある者が治療を求めてやってきたとき、シャマンは、様々な理由から治療せずに、帰すことがある。たとえば、シャマンが麻雀に夢中になって、治療を行ないたくない場合である。

【事例2】守護霊に対し不敬な行為をする。信仰心が浅い。

【事例3】しばらく守護霊を招き呼ばなかった。

【事例4】禁忌を破ったため。守護霊が乗り物に食の禁忌を課すことがある。

　上述したことを行なった場合、シャマンの就寝中に守護霊が降臨して、殴ったりする。見た目には自分が自分を殴っているようであるが、肉体はシャマンのもので、行為は守護霊のものである。

6.6.　夢における交流

　シャマニズムの世界において、夢は霊界と交流する重要な手段である。夢における交流は、精霊や死者から一方的になされることが多い。夢は、シャマンが霊能力を獲得する最初の兆候である。夢はシャマン能力の源泉でもある。シャマンへの教育はしばしば夢の中で行われる。

　守護霊が夢でいろいろ教示を与え、治療法を教える。たとえば、翌日にやってくる患者の治療法を先立って教えてくれる。骨接ぎシャマンによく見られる。

【守護霊が夢で現れる姿】

①もともとの姿、②老人男性、あるいは、老人女性、③シャマン本人の祖父や祖母の姿、④シャマン本人の曽祖父や曾祖母の姿、⑤白衣の医者の姿、⑥動物の姿、例、蛇、龍、狼など。

【夢における治療】

① 患者への治療

シャマンの守護霊が患者の夢に現れて患者に治療を行う。

【事例】 1950年生まれの定年教師ナスト[20]は、1970年代末、30歳のとき、肝硬変となり、病院から見放された。妹の勧めを受け、ウ・デブジャブ・シャマン（1927–1988）の治療を乞うた。夜、白衣姿の5人の医者が自分に手術してくれている夢を見て、翌日から身体が徐々によくなり、ついに完治した。今まで再発したことがなく元気である。

② 守護霊が乗り物（後継者）を治療する

シャマンが寝ているときに、自分の祖父や祖母、あるいは顔見知りの老婆や老爺、鳥、が自分を撫でたり、薬をくれたり、可愛がったりする夢をみる。それによって、身体がよくなる事例がある。就寝中のトランスにおいて、守護霊が実際に治療することがある。夢の中における治療行為は外から見れないが、シャマン本人は夢で見られる。

ナストが筆者に夢の中で受けた治療を説明しているところ。

自分を治療してくれたウ・デブジャブ・シャマンとその妻の遺影を祭壇に安置して、家の守護神として祭っている。

7. まとめ

以上、媒介者という視点でホルチン地方のシャマニズムにおける2種の媒介者、つまり、シャマンとシャマンの守護霊、および霊界の媒介者について具体例を挙げて述べた。その特徴をまとめてみよう。

①　シャマンは、霊界と直接交信する、人間と霊界の媒介者である。

②　霊はシャマンの身体を介して、人間と直接交流することがある。その場合、シャマンは媒介役を果たしていない。すなわち、シャマン本人の意識が排除されている。

③　霊界に人間と霊界を結ぶ媒介者が存在する。それは、霊と人間の関係をより正しく、より円滑にしている。この意味でその役は非常に重要である。

④　霊界には秩序があり、シャマンの守護霊のあの世のリーダーは、守護霊の意を押し切ることがある。

⑤　霊は普通の人の目には見えないが、シャマンたちにとっては、肉体をもたないリアルな存在である。守護霊によってシャマンが成長する。

⑥　シャマンは、霊界と人間界の両方の癒しである。霊界側の媒介者霊が人間と霊界両方の癒しである。

⑦　シャマンの能力の源泉である霊界の精霊・守護霊の霊力と知識、知恵がシャマンを介して露にされ、説明され、伝承され、さらに民衆に受け入れられ、語られ、広められている。モンゴル、チベット、ド族[21] などの英雄叙事詩や物語の語り部は夢の中で物語を教えられたり、楽器を取ると自ら口から内容が出たりする。意識が保たれた憑依状態になって語る。霊界の力によるものである。

⑧　媒介者としてのシャマンは、他者に治療を行うが、本人にとっても治療となる。これは、守護霊がシャマンの身体を使って、霊力を発揮する

からである。シャマンの身体を通じてその力と存在が示され、守護霊は癒され、喜びを得る。守護霊がその見返りとして、身体と家運をよくしてくれる。逆に、シャマンが積極的に治療を行なわないと守護霊の力が発揮されない。それに対して、守護霊が怒り、シャマンの身体を苦しめ、いろいろな障りを引き起こさせる。そのため、媒介者という存在は、常に守護霊と自己とクライアントの中で生き、霊界と人間界にまたがっている。

⑨　霊界の媒介者と人間界の媒介者が存在するからこそ、霊と人間の関係がよりバランスの取れたものになっている。

⑩　情報と交通の手段が発達した現在、ホルチン地方のシャマンは、地域住民の対応のみにとどまることなく、地域を越えて周辺の地域、さらに国境を超えてクライアントの対応に応じている。いわば、グローバル化している。シャマンの媒介者能力が地域や国という空間と距離と民族というアイデンティティを越えて機能して、その役割・機能を発揮している。

注

1) http://max.book118.com/html/2015/0303/12905620.shtm

2) 当地方出身で、千葉大学から博士号を授与された友人で、内モンゴル社会科学院に務めるアラタンチムゲ氏の証言。

3) 1967年生、男性。20歳のとき巫病によって、失明。

4) 1964年ジャロード旗生まれ。クライアント対応の際、自意識が保った状態で守護霊と交信を行う。

5) 1979年生、女性、農民。

6) 1955年生、男性、世襲型シャマン。

7) 女性、世襲型シャマン。

8) 1981年生。この2ヶ月で、転々と受療して回って、2万中国元（約40万円）を費やした。

9) 1970年生、中卒、元ニット工場の作業員で、現在は大学の売店の販売員。

10) ホルチン地方では、父方と母方とを問わず、祖父の兄弟を順番をつけて祖父と呼ぶ。たとえば、祖父の兄を「大おじいちゃん」、3番目を「3おじいちゃん」と呼ぶ。

11) 兄はゲレルトといい、1965年生、大卒、高校のモンゴル語教師。2005年から弟子入りしている。

12) 1966年生、女性、農民。1967年生まれの夫とともにシャマン。

13) 1954年生、農民。1994年成巫以来、農作業は夫と長女夫婦に任せ、治療に専念してきた。その守護霊は、父方の祖父で、生きていたら、150数歳である。祖父の記憶は、生前から今まで続いている。

14) 1971年生、女性、農民。

15) 1970年生、男性、農民。

16) 調査中、子供がシャマンの神歌を覚えて、注意を聞き入れず神歌を歌ってトランスになり、親が送り返す方法を知らなく、慌ててシャマンに送り返してもらった事例がしばしば聞こえる。

17) 「テテ＝ひいおばあちゃん」とは、ここでは尊敬語である。

18) 1968年生、元肉屋経営者。今はシャマン業に専念している。

19) 1967年生、女性、農民。

20) 元小学校校長。

21) 中国甘粛、青海省に住むモンゴル系の民族。自称チャガン・モンゴル（白いモンゴル）。

参考文献

江川純一、久保田浩編　2015：『「呪術」の呪縛　上巻』（宗教史学論叢 19）リトン
サランゴワ　2011：「内モンゴル・ホルチン地方におけるシャマニズムの再活性化の文
　　化人類学的研究」千葉大学大学院社会文化科学研究科提出博士論文（出版準備中）
『集史』　https://ja.wikipedia.org/wiki/%E9%9B%86%E5%8F%B2
棚次正和　2012：「生者と死者のスピリチュアルケア」東洋英和女学院大学死生学研究
　　所編『死生学年報 2012　生者と死者の交流』5-28 頁。
東アジア恠異学会編　2015：『怪異を媒介するもの　アジア遊学 187』勉誠出版
宮本神酒男写真展　http://mikiomiyamoto.bake-neko.net/mugenshaman.htm
ミルトン・メイヤロフ　2001：『ケアの本質—生きることの意味』（田村真・向野宣之
　　訳）ゆみる出版（Milton Mayeroff, On Caring, Harper & Row, 1971）

モンゴル語
オ・プルブ　2006：『モンゴルのシャマニズム』中国・民族出版社
バヤル注釈　1998（1980）：『モンゴル秘史』内モンゴル人民出版社

中国語
2006『内蒙古自治区地図冊』、中国地図出版社
『新元史・巻一百二十五・列伝第二十二』　http://max.book118.com/html/2015/0303/
　　12905620.shtm
中華地図サイト　www.hua2.com

巫祝の子　孔子

井ノ口　哲也

1.　はじめに

　儒教は宗教か？　こういう問いかけは、従来から数多くなされてきた
が、筆者にとっては、愚問である。次節で紹介する資料の記述のように、
孔子（前551〜前479）の教えを儒教とみなすのであれば、儒教の祖と
される孔子の出生や家系、青少年期の孔子の置かれた環境などを考察する
と、孔子の教えにもともと宗教的要素が多分に含まれていることは、明白
だからである。

　本稿は、できるだけ平易に儒教の宗教的要素を説明するべく、まず最初
に、儒教が若年層にどのように理解されているのか、このことから書き始
めたいと思う。

2.　儒教への初歩的理解

　儒教とは、何か？

　この問いに答えようとする取り組みは、古くから今日に至るまで脈脈と
続けられてきており、研究論著もあまた出されている。いま、その一つ一
つに言及する暇を見出だせないが、儒教の定義に成功した例を、筆者は知
らない。

　この難問に対し、日本において、一定程度のレヴェルで回答することが

可能な、いちばん若い年齢層の人たちは、どういった人たちであろうか？
大学生では、当然、ない。それは、おそらく、高等学校の教科「倫理」を
選択履修している高校生であろう。なぜなら、日本の教育課程では、「倫
理」の教科書を通じ、儒教もしくは孔子の教えについて、はじめて詳しく
学習する機会があるからである。

　本稿を執筆している平成28（2016）年度は、検定済の「倫理」の教科
書が、計七種、学校現場で使用されている。ここでは、まず、この七つの
教科書において、儒教もしくは孔子の教えについて、どのように記されて
いるのかを（紙幅の関係上すべてではないが必要に応じて）列挙してみよ
う。このことによって、人生の青少年期における儒教への初歩的理解をう
かがい知ることができるからである。

【教科書Ａ】[1]

　孔子は、政治について多くを語ったが、現実をこえた神秘的現象に
ついては「怪力乱神を語らず」とした。また、「いまだ生を知らず、
いずくんぞ死を知らんや」と述べ、理知の力ではわからない死後の
問題を考えるよりも、眼前の人生をよりよく生きることにつとめるこ
とがたいせつである、と説いている。孔子の関心は、あくまで現実の
人生の問題、人としていかに生きるべきかの課題に向けられていたの
である。ここに彼の現実的、合理的な考え方をみることができよう。
『論語』は、孔子とその弟子たちの言行録である。

【教科書Ｂ】[2]

　仁の思想　中国古来の血縁的秩序のなかに、他者への愛につらぬか
れた円滑な共同社会を見いだし、それを普遍的な人間関係の理法へと
高めたのが、孔子の教え、すなわち儒教である。

　孔子は、春秋時代の末期に魯の国に生まれた。孔子の母は、葬礼や

招魂儀礼にたずさわった、「儒」とよばれる宗教者階層の一員だったともいわれる。彼は、礼にもとづく統治を完成させたといわれる聖人周公旦にあこがれて学問にはげみ、周の衰退とともに失われた礼の復興につとめた。

孔子の教えは、彼と門人たちの言行を集録した『論語』に伝えられている。孔子は、祭祀儀礼に深く通じていたと伝えられるが、しかし、彼の関心は自然の神秘を探究することにはなかった（「怪力乱神を語らず」）。また、死後の安心を直接に問うこともなかった（「未だ生を知らず、焉んぞ死を知らん」）。彼の探究はもっぱら、現実社会のなかにおける礼の意義と、礼にもとづいて実現すべき人間の正しいあり方に向けられていた。この人間としてもっとも望ましいあり方を、孔子は、「仁」ということばであらわした。

【教科書C】[3]

孔子と儒教　魯の国（現在の山東省）に生まれた孔子は、他者とともに支えあって生きるところに、人として歩むべき道である道徳があると説いた。孔子の教えとその伝統は、儒教（儒学）と呼ばれる。孔子は、道徳を学んで徳を身につけた高い人格を完成させることが、人生の目的であると説いた。

〈中　略〉

神秘的なものと死に対する態度　孔子は、「不思議な力や神秘的な現象については語らなかった（怪力乱神を語らず）」とされるように、理性の理解をこえた、神秘的な力や死後の世界については、あえて語らなかった。むしろ、そのような不思議なことに安易にたよることをいましめ、現実の人生においてみずからの人間性を磨くことの大切さを説いた。儒教は、日常生活の中でいかに行動するべきかを問い、みずからの人格の向上をめざす人間形成のための道徳なのである。

【教科書D】4)

仁と礼　孔子の生きた春秋時代末期は、周王の支配が名目化し、列国が互いに覇を競い、また各国も内部的に争いの絶えない争乱の時代であった。儒と呼ばれる巫祝層に連なるのではないかと推測される孔子は、この乱世にあって若いころからさまざまな儀礼を実地に習い、さらにその本来の意味を求めて『詩』や『書』の古典を学んだと思われる。それは、孔子自身「朝に道を聞かば、夕に死すとも可なり」とまで語ったように、道すなわち人間の真実の生き方を求めてのことにほかならなかった。

【教科書E】5)

孔子はあくまでも現実の社会で、人々が安全に幸福にくらすことができるために何が必要かを問うた。その意味では彼は現実主義者であり、儒教は宗教ではない。神や人間を超えたものには頼らない（「子、怪力乱神を語らず」）。また死後の世界など、現実世界を超えたものを議論することも重視しなかった（「いまだ生を知らず、いずくんぞ死を知らん」）。その意味では彼は合理主義者であった。

【教科書F】6)

孔子の道　諸子百家の中でも、後世に最も大きな影響を与えたのは、孔子を祖とする儒家の思想であった。

〈中　略〉

また『論語』に「怪力乱神（怪しげな力や神秘）を語らず」とあるように、孔子は神秘的なものに積極的な関心をもたなかった。また「いまだ生を知らず、いずくんぞ死を知らんや」と、あえて死の問題を語ろうとしなかった。もっぱら孔子の関心は「朝に道を聞かば、夕

に死すとも可なり」とまでいった道にあった。

【教科書G】[7)]

　『論語』にみえる孔子の教え　孔子は、諸子百家のなかでも、もっとも早い春秋時代の末期に活躍した。彼は最盛期の周王の事業と制度を復興すれば、平和な世界が実現すると考えた。そのために、子が親に対して尽くす孝と、弟が兄に対して尽くす悌という家族道徳を人間関係の基礎にすえ、これにもとづいた政治がおこなわれることを理想とした。この理想的な社会秩序を、文ということばで表現する。

　文が形をもって表現されたものが礼楽である。孔子は周の礼楽を尊重することによって、当時の社会の乱れを正そうと考え、多くの弟子を教育した。

　孔子と弟子たちの問答は、のちに多くの書物に収録された。代表的なものが『論語』である。漢の時代に儒教が確立すると、孔子は聖人としてあがめられ、『論語』は経典として尊重されるようになる。

　これら七つの教科書は、教科書ごとに、当然、執筆陣が異なる。したがって、各教科書間で、儒教もしくは孔子の教えに関する記述に差異が生じており、ピタリと一致するものは無い。それでも、各教科書の記述を通覧して得ることのできる共通点は、ある。この共通点を手がかりに、儒教の捉え方について、三つの点を述べておく必要があると思う。

　一つは、宗教的要素を含む儒教の捉え方である。

　教科書Aには「孔子は、両親や祖先への祭祀儀礼を重んじている。」[8)]や「祖先祭祀の宗教にもとづき、孔子が説いた人倫の教説（礼教）を儒教という。」[9)]とあり、教科書Bには「孔子の母は、葬礼や招魂儀礼にたずさわった、「儒」とよばれる宗教者階層の一員だったともいわれる。」（上掲引用部分）や「孔子は、祭祀儀礼に深く通じていたと伝えられる」（上掲

引用部分）や「宗教者階層の出身で、少年のころから葬祭の礼や呪術的な儀礼に親しみ、また古典を中心とする学問にはげんだと伝えられる」[10] とあり、教科書Dには「儒と呼ばれる巫祝層に連なるのではないかと推測される孔子は、この乱世にあって若いころからさまざまな儀礼を実地に習い、さらにその本来の意味を求めて『詩』や『書』の古典を学んだと思われる。」（上掲引用部分）や「儒に見られた呪術的要素」[11] とあって、これらは儒教の宗的要素を示す記述である。

　二つは、儒教と儒学の違いについてである。

　教科書Aは、「「孔子を祖とする儒家の教学を儒学という。」[12] とあり、「祖先祭祀の宗教にもとづき、孔子が説いた人倫の教説（礼教）を儒教という。儒教は前漢時代に漢王朝の国教となり、20世紀にいたる中国漢民族文化を代表する思想となった。」[13] とあり、「儒学（儒教の学問）」[14] とあり、祖先祭祀に基づく孔子の教えを儒教とし、儒家の教学や儒教の学問を儒学とする。教科書Bは、「儒学の成立」という項目に「春秋時代から漢の時代にかけて、儒教の経典が数多く作成された。そのおもなものは、のちに四書（『論語』『孟子』『大学』『中庸』）・五経（『詩経』『書経』『易経』『春秋』『礼記』）として重視された。漢代以降は、五経を主としてこれらの経典を研究する儒学が成立し、経典の理論的統一と体系的な解釈に力が注がれた。」[15] とあり、儒教の経典を研究する学問が儒学であるとする。教科書Cは、「孔子の教えとその伝統は、儒教（儒学）と呼ばれる。」（上掲引用部分）とあり、これだけでは儒教と儒学の弁別ができていない感じがするが、「儒教の広がり」という項目に「儒教は漢の時代から中国の中心的な思想になり、四書五経（『論語』『孟子』『大学』『中庸』の四書、『詩経』『書経』『易経』『春秋』『礼記』の五経）を中心に、儒学として広く学ばれ、やがて、朝鮮や日本などの東アジアにも伝えられて、人びとの道徳の基礎になった。」[16] と記されており、テキストを通じて学ぶ対象となった儒教を儒学であるとする。教科書Dは、「儒家の思想（儒教・儒

学)」[17] と記されるのみであり、儒教と儒学の明確な線引きが不明である。教科書Eは、「儒家の思想は、漢の前3世紀末から後3世紀初めの時代までに、理論的にまとめられた。これらは五経（『詩経』『書経』『易経』『春秋』『礼記』）とよばれ、これらを研究して儒教の理論を統一しようとする儒学が成立した。」[18] という文章に「儒教と儒学」という注がついていて「儒教は個人の修養や社会道徳を主張する立場を指す。その後、儒教が漢以降に国家の道徳となっていくと、儒教の文献を整理することが必要になり、儒教研究としての儒学が始まる。儒学は董仲舒の訓詁学から朱子学、陽明学さらには清の時代まで受け継がれた。」[19] と注され、儒教と儒学が明確に区別されている。教科書Fは、「春秋時代から漢代のはじめにかけて、のちに四書および五経として重視されることになった儒教の多くの教典が成立した。……。漢代以降の儒家の思想をそれ以前と区別して儒学というが、……。」[20] と記され、漢代以降の儒家の思想を儒学とする。教科書Gは、儒教について「孔子に始まるとされる儒教」[21] と記される程度であるが、「漢の時代に儒教が確立すると、孔子は聖人としてあがめられ、『論語』は経典として尊重されるようになる。」（上掲引用部分）と漢代を画期として儒教が確立することが述べられている。以上の七つの教科書からは、儒教と儒学の分水嶺は、漢代にあることが分かる[22]。このように、高等学校の「倫理」では、漢代を境に儒教と儒学を区別して説明する傾向がある[23]。

　三つは、上掲引用部分で示したとおり、孔子が神秘的なものや死について重視せず、むしろ現実社会での人間のあり方に関心が向いていた、とする論調である。これは、実は「儒」の意味を考える際に関連することなので、特に死に対する孔子の姿勢について後述する。

　以上、高等学校「倫理」の記述に基づく儒教への初歩的理解からは、漢代より以前の儒教、特に孔子の時代の「儒」とは何か、ということを理解しなければならないことを教えられる。ただ、高校生が学習する「倫理」

の教科書の内容は、今日までの研究成果の反映であり、そのエッセンスが記されたものである。では、研究者たちは、「儒」について、どのように解釈してきたのであろうか。

3. 儒とは、何か？

　日常生活において、突然、仏教の仏の意味を、あるいは道教の道の意味を説明するよう求められた時、仏や道についてはどうにか説明できる人はいると思われる。しかし、突然、儒教の儒の意味を説明するよう求められた時、果たしてどれだけの人が一定程度の答えを返すことができるであろうか？

　儒とは、何か？

　儒の意味を真に追究するには、清末までの儒教一尊体制下における言説では、儒を研究対象として突き放して検討することに支障がないとは言えない。そこで、以下では、中華民国期以降の研究を見ていくことにしたい。併せて、日本の近現代の研究も見ていきたい。

　清朝が崩壊し中華民国が成立した1912年の白河次郎氏（1874～1919）の儒に関する論文がある。白河氏は、

　　　儒教及び儒学の名は、無論原始的ではないけれども、孔子の教徒又は学派を称して、偶ま之れと対立しつゝあった他の学派からして、之れを『儒』と呼んだことは甚だ古いことであります。[24]

と述べ、「儒」は、他学派からの呼称であることを指摘した。白河氏は、さらに、「儒」とは、道に通じ、政治上の実績を挙げる能力をもち、学芸道徳に秀でている高潔な人格の教育者である旨を述べ、「其の表準的人格」を周公と孔子とした[25]。ただ、この白河氏の説明では、「儒」の原義が分

巫祝の子　孔子 ｜ 207

からないし、実は『論語』において「子、子夏に謂いて曰わく、女、君子の儒と為れ、小人の儒と為る無れ、と。」（雍也篇）とあるように、孔子自身が「儒」という語を使用しているのを確認できるので、孔子とその弟子たちには自分たちが「儒」であるという自覚があったはずである。

中華民国期に儒の原義を問い、その後の議論の導火線的役割を果たしたのは、1934 年に発表された胡適氏（1891 ～ 1962）の「説儒」という論文である。胡適氏は、儒とは、もと殷の宗教集団を指すとした。この胡適氏の見解に対して、馮友蘭氏（1895 ～ 1990）は翌 1935 年に「原墨儒」という論文を著し、儒とは、知識と学問を身につけ民間で教授する専門家であるとした。[26]

そして、日本では、白川静氏（1910 ～ 2006）が、儒を下層のシャーマンであると解釈した[27]。白川氏の見解は、基本的な部分を維持しつつ、その後も少しずつ肉付けされていくが、最終的には、白川静『新訂　字統』に記された、以下のとおりの見解になった。

　　儒　声符は需。需は下級の巫祝が雨乞いをすることをいう。儒はその階層から起こったものであるから、儒という。〔説文〕八上に「柔なり。術士の偁なり」とあり、〔礼記、儒行〕の〔鄭目録〕に「儒の言たる、優なり、柔なり。能く人を安んじ、能く人を服す。又、儒なる者は濡なり。先王の道を以て、能く其の身を濡す」とするが、これらの義は儒学が国家の正教となるほどの勢力をえたのちの考え方で、墨子学派からみた当時の儒者は、その〔墨子、節葬〕に指摘するように、富家の喪をあてにする葬儀屋であった。儒家の経典に喪葬儀礼に関するものが多いのも、そのゆえである。孔子はそのような巫祝の伝統のなかから、普遍的な人間の道を求めた。巫祝は神明の道にかかわるものであるが、高い司祭階級からは、極めて思弁的な荘子学派が出た。思想の成立には、何らかの意味での、宗教的な体験を必要とする

のであろう。[28)]

　これによると、儒は、もともと雨乞いをする下級の巫祝である。ちなみに、この中の、『墨子』節葬篇の文章とは、「富人に喪有れば乃ち大いに説喜して曰わく、此れ衣食の端なり、と。」という墨家が儒家を揶揄した一文である。これに関連して、先に引用した「子、子夏に謂いて曰わく、女、君子の儒と為れ、小人の儒と為る無れ、と。」（『論語』雍也篇）について、木村英一氏（1906〜1981）は、白川氏のかねてからの見解を踏まえ、「儒は孔子以前からあり、それは古代以来の巫史や巫祝等の諸職の行った古い儀礼を伝承する人々から出た知識人で（白川静氏「説文新義」巻八上儒の条を参照）、孔子から見て君子の学の研究対象とすべき礼教文化の伝承者もあれば、巷間の喪儀屋のような儀礼の職人もあったのであろう。」[29)] と述べ、『論語』雍也篇の「君子の儒」「小人の儒」をそれぞれ「君子（の教養）としての詩書礼楽の研究者」「巷間の（喪儀屋のような）儀礼の職人」と訳し分けた[30)]。孔子は、墨家が揶揄した「小人の儒」でなく、あくまで「君子の儒」を目指したのである。

　加地伸行氏（1936〜　）は、白川静『孔子伝』の影響を大きく受けた一人である[31)]。加地氏は、儒を「死者と交わる者たち」と表現したうえで、儒について、次のように説明している。

　　孔子と言えば儒教、儒教と言えば孔子、この結びつきは、もはや人々の常識となっている。それはそれでまちがいのないことであるが、儒教のすべてが孔子から始まったわけではない。孔子が生まれるころ、すでに古くから〈儒〉といわれる階層が存在していたのである。彼らはある職業に従事しており、その職業上必要な知識や教義を持っていたが、孔子は、それらを再編成し、実践した人物である。だから、大きく分けると、孔子以前の儒、孔子以後の儒ということになる。この

孔子以前の儒のことを、一括して仮に「原儒」と言っておこう。原儒とは、神と人を結ぶ、あるいは死者の魂と交流する役目をするシャーマン、葬礼担当者、祈禱師といった、大ざっぱに言って〈土俗宗教〉者のことである（胡適『説儒』など）。[32]

さらに、陳舜臣氏（1924 〜 2015）も、白川静氏の見解を踏まえて、

「儒」の淵源をたどれば、雨乞いのまじない師に代表される巫祝らしいのです。そして殷の初代の湯に雨乞いの伝説があることでもわかるように、巫祝は殷代に栄えたにちがいありません。祭祀国家の殷を象徴するのが、雨乞いの「儒」であったとすれば、雨乞いから出発し、発展した体系である、その後の「儒」が、祭祀を重んじるのは当然であるといえましょう。[33]

と述べている。

このように、白川氏の見解は、今日まで着実に受け継がれてきている。実は、前節で見た各教科書の記述の、宗教的要素を含む儒教の捉え方は、白川氏の見解が教科書に浸透してきたものと見受けられる。

そこで、次節では、白川静『孔子伝』の記述を中心にして、孔子その人を手掛かりに、死者との媒介者としての儒（加地氏の言葉では「原儒」）の特徴を明らかにしたい。

4．巫祝の子　孔子――白川静『孔子伝』を中心に――

孔子の事蹟を調べる際の一次資料として、まず目を通すのは、『論語』と『史記』である。『論語』には孔子と弟子たちのやりとりや孔子による弟子に対する評価などが載せられ、『史記』には孔子の伝記である孔子世

家と弟子たちの伝記の集成である仲尼弟子列伝が立てられており、通常、これらの資料に基づくことで、今日までの後世の様々な評価を経由しない、オリジナルに近い孔子や弟子たちの姿に肉薄できる、と思われる。

　本節では、白川静『孔子伝』の記述を主に取り上げて孔子の家系や出生から巫祝の子としての孔子の立場を理解することに努めるが、実は、『孔子伝』より少し早く、『論語』と『史記』を検討して、孔子の家系や出生について考証したものがあった。木村英一氏の『孔子と論語』である[34]。白川氏は、清代の崔述（1740〜1816）や木村英一氏ら先行研究の指摘を踏まえたうえで、『史記』孔子世家の記述を疑問視した[35]。そのうえで、白川氏は（儒の意味を念頭に）、孔子の出生について次のように述べている。

　　孔子はとくに卑賤の出身であった。父のことも明らかでなく、私は巫
　　児の庶生子ではないかと思う。
　　　　　　　　　　　　　　　　　　　　　　　　　　　　　　（15頁）

　　孔子は孤児であった。父母の名も知られず、母はおそらく巫女であろ
　　う。『史記』以前に、その父母の名についてふれたものはない。しか
　　し『史記』としては、いやしくも諸侯の礼をもって孔子を世家に列す
　　る以上、その世系のことにふれぬわけにはいかない。父は叔梁紇、母
　　は顔氏の女で名は徴在、野合して孔子を生んだという。
　　　　　　　　　　　　　　　　　　　　　　　　　（19頁〜20頁）

　これらによると、孔子は下層の巫女の子で、父と母の「野合」によって生まれたという。孔子の父については、木村英一氏が「魯の小邑である郰の代官で、戦時にはその地の一隊を率いて出陣した足軽大将程度の勇敢な武士であったであろう」と推測した[36]。母は巫女であろうと言ったのは白川氏であるが、いま木村氏・白川氏の両説を、どちらも推測ながらも、い

ちおう穏当なものとして認めたばあい、一定の家柄の武人と神霊に事える巫女の結婚というのが社会的に許されるのかどうかが問題となる。そこで、『史記』孔子世家に記されている「野合」という語について考えてみないといけない。

「野合」とは、何か？

これについては諸説あるが、今日まで、はっきりした結論は出ていない。白川氏は、「孔子を巫女の庶生子であろうとする理由は、他にもある。それはこの野合の夫婦が、尼山に禱って孔子を生んだということである。野合とは何か。」（21頁）と問いかけたうえで、「尼山に禱って孔子を生んだ」ことに着目し、次のように述べている。

　　それに尼山に禱って孔子を生んだというところにも、疑問はある。魯では、請子の祈りは郊禖で行なわれた。尼山に祈ったというのは、おそらく尼山に巫祠があり、徴在といわれる女性はその巫女であろう。あるいは、それは顔氏の巫児であったかも知れない。巫児というのは、一家の姉娘あるいは末娘が、家祀に奉仕するため、一生家に残るのである。斉では姉娘を巫児としたことが『漢書』「地理志」にみえるが、『詩経』には末娘が巫児となっている例が多い。……。神につかえる女には、男女のことは禁制とされていた。「召南」の「野有死麕」という詩には、巫女と祝との道ならぬ恋慕が戯画的にあつかわれている。徴在もおそらくそのような女であろう。しのび通う人の名は知られぬのが普通である。　　　　　　　　　　　　　　　（21頁）

これによると、母は巫女として家に残ることを余儀なくされたのであれば、父が母の家に「しのび通」ってきた、ということであろうか。また、加地伸行氏は、母が孔子に住むことを許されなかったことで「野合」とされたのではないか、と推測している[37]。武人と巫女の結婚が社会的に認め

られなかったということもあろうが、白川氏の言う通り母が巫女として死ぬまで家に残るとなると、加地氏の推測通り母は孔家に住むことができない。いずれにせよ、社会的に容認されない結婚ゆえに『史記』に「野合」と記されたのであり、その二人の間に孔子は生まれた、とされているのである。

　さて、孔子は、どのような環境で育っていったのであろうか。白川氏の説を見てみよう。

　　　孔子はおそらく、名もない巫女の子として、早く孤児となり、卑賤のうちに成長したのであろう。そしてそのことが、人間についてはじめて深い凝視を寄せたこの偉大な哲人を生みだしたのであろう。思想は富貴の身分から生まれるものではない。……。貧賤こそ、偉大な精神を生む土壌であった。孔子はおそらく巫祝者の中に身をおいて、お供えごとの「俎豆」の遊びなどをして育ったのであろう。そして長じては、諸処の喪礼などに傭われて、葬祝のことなどを覚えていったことと思われる。葬儀に関する孔子の知識の該博さは、驚歎すべきものがある。それは『論語』をはじめ、礼関係の文献によって知られよう。
　　　　　　　　　　　　　　　　　　　　　　　　　　　　　　（26頁）

　事実、孔子は、「生けるときには之に事うるに礼を以てし、死せるときには之に葬るに礼を以てし、之を祭るに礼を以てす」（『論語』為政篇）と述べていて、自分の親が他界した時には礼にしたがって葬送すべきことを説いている。巫祝の生業としての葬送（職業）から死の直後に拠るべき礼としての葬送（葬送儀礼）への転化は、巫祝の子であるがゆえに、孔子その人がなし得たことであった。それは、大きく言えば、シャーマニズム（巫術）の儒教への昇華を意味した。そのことは、白川氏によって、以下のように記されている。

巫祝の子　孔子　｜　213

　私はさきに、孔子が巫祝の子であり、おそらく巫祝社会に成長した人
であろうと述べた。それはその伝記的事実の解釈から自然に導かれた
ものであるが、儒教の組織者としての孔子を考えるとき、このことは
また、必要にして不可欠の条件であったと思われる。……。……儒教
は、きわめて実践性の強い思想として成立した。それはおそらく孔子
が、巫祝たちの聖職者によって伝えられる古伝承の実修を通じて、そ
の精神的様式の意味を確かめようとしたからであろう。　　（69頁）

　孔子は、自らが育った巫祝の世界の伝統的な実修を身につけ、それを礼
を通じて実践に移していったのである。
　以上、本節では、白川静『孔子伝』に基づき、孔子の家系や出生、巫祝
の子としての立場を理解することに努めた。次節では、死者の霊と交流す
る巫祝の生業について、孔子がどう考えていたのか、『論語』に即して考
察を加えたい。

5.　鬼神に事えるということ

　巫祝は、鬼神に事えることを生業とする。孔子は、巫祝の子であった。
ここでは、『論語』から「鬼神」あるいは「鬼」の見えるくだり４か所を
取り上げ、孔子が鬼神に事えることをどのように考えていたのかをさぐっ
てみよう[38]。
　まず、『論語』為政篇から。

　　子曰わく、其の鬼に非ずして之を祭るは、諂うなり、義を見て為さざ
　　るは、勇無きなり、と。[39]

人は死ぬと「鬼」になる。すなわち、「鬼」は死者の霊を指す語であるが、ここでの「鬼」は自らの祖先の霊という意味である。祖先の霊でなく他者の霊を祭る行為は、他者の霊に福をもたらしてもらうべくそれに取り入ることである（そうすることで、かえって福など無い）、と孔子は忠告しているのである。逆に言えば、自らの祖先を祀ることを大切にせよ、という教えである。なぜなら、自らの祖先と自分自身とは血縁という排他的な紐帯（血族意識）によって結びついているからである。

次に、『論語』雍也篇から。

> 樊遅知を問う。子曰わく、民の義を務め、鬼神を敬して之を遠ざく、知と謂う可し、と。仁を問う。曰わく、仁者は、難きを先にして獲るを後にす、仁と謂う可し、と。[40]

これについて、木村英一氏は、「鬼は死者の霊魂、神はその他の神々。私見によれば、為政者が何等かの鬼神を信じていると否とに関らず、どんな鬼神でも粗末に取り扱うと、それを信じている人々からは冒瀆したとして怒りを買い、また祟りを恐れる人々もあって、治安が乱れて政治の障害になりかねない。そこで鬼神を尊敬して大切に取り扱いながら、政治問題に宗教を介入させないようにするのが「鬼神を敬して遠く」である。」と解釈した[41]。また、加地伸行氏は、「鬼神を敬して之を遠ざく」を「神霊を尊び俗化しない」と訳し、「「敬遠」の「遠」は、日常生活から離すの意。」と注している[42]。木村氏の解釈は、為政者の心得としてのものである。ただ、鬼神は祭祀の対象であり、祭祀は時期が決められて行なわれるものであるから、祭らない時はふだんの日常生活の場からは遠ざけておく、と加地氏のように解するのが自然であろう。

さて、ここに登場した、孔子より36歳若い樊遅は、『論語』為政篇で、孝について、孔子に次のように問うている。

孟懿子孝を問う。子日わく、違うこと無かれ、と。樊遅御す。子之に
告げて日わく、孟孫孝を我に問う、我対えて日わく、違うこと無か
れ、と。樊遅日わく、何の謂いぞや、と。子日わく、生けるときには
之に事うるに礼を以てし、死せるときには之に葬むるに礼を以てし、
之を祭るに礼を以てす、と。[43]

　「孝行をしたい時には親はなし　石に布団は着せられず」という現代の
慣用句がある通り、孝といえば、我々は親孝行を想起しがちであるが、孝
は親孝行だけを指す語ではない。孔子の返答部分の解釈は、「親が生きて
いる時は礼にしたがっておつかえし、親が他界した時は礼にしたがって葬
むり、祖先となった時は礼にしたがって祭祀を行なう」であり、この文章
は、直接の親に対してだけでなく、時間が経って遠く遥かかなたの祖先に
なってからも子孫が祭祀を行なうべきことを説いているのである。祖先祭
祀は、子孫がいなくなると成り立たなくなるので、一族の長期繁栄（子孫
を絶やさないこと）を願う、という意味が込められている[44]。祖先祭祀に
こそ、孝の真の意義を見出だせるのである。
　では、三つ目に、『論語』泰伯篇から。

　子日わく、禹は吾れ間然すること無し。<u>飲食を菲くして孝を鬼神に致
し</u>、衣服を悪しくして美を黻冕に致し、宮室を卑くして力を溝洫に尽
くす。禹は吾れ間然とすること無し。[45]

　すでに鬼神と孝について検討したので、下線部は祖先祭祀に関する文
言であると理解できる。「致す」とは、最高の状態できわめること。下線
部は、ふだんの飲食を質素にして祖先祭祀（の際にお供えする食べ物）は
立派なものにする、という意味であり、全体の意味としては、禹は、日常

の衣食住を質素にして、祖先祭祀をし礼服を準備し治水灌漑事業を行なったので、非の打ちどころが無い、と孔子が感嘆した内容になっている。公私で言えば私を質素にして公を充実させること、国家予算で言えばふだんは費用を節約し、大事な時には貯めておいた費用を使ってその事業を充実したものにすること、と言い換えられようか。

　最後に、『論語』先進篇から。

　　季路、鬼神に事うるを問う。子曰わく、未だ人に事うること能わず、
　　焉んぞ能く鬼に事えん。敢えて死を問う。曰わく、未だ生を知らず、
　　焉んぞ死を知らん。[46]

ここの解釈は、以下の加地伸行氏の注釈に従うべきである。

　　この章の場合、後半の句「未知生、焉知死」だけを取り出し、〈生のことが分からないのに、死のことが分かるはずがない〉と解し、〈死については考えない〉、さらに〈死について考えるのは無意味〉とし、孔子は死について語らず無関心であったという解釈が、古来、一般的であった。それは誤解である。この章の前半が示すように、鬼神とりわけ鬼という霊魂問題を取りあげているように、後半も具体的な死の問題についての議論と解する。〈もし〉あるいは〈まだ〉、在世の親に対して十分に事えることができなかったり、親の意味が分からないのであるならば、親の霊魂や死の問題についてとても事えたり理解したりすることはできないと孔子は言っているだけである。『論語』全編を読めば分かるように、孔子は霊魂や死について強烈な関心を有している。従来の〈孔子は死について無関心〉という観点では、『論語』のみならず、儒教について理解することはできない。[47]

「2. 儒教への初歩的理解」で引用した各教科書の論調は、孔子が神秘的なものや死について重視せず、むしろ現実社会での人間のあり方に関心が向いていた、というものであった。しかし、これまでの考察を踏まえると、むしろ、逆に理解しなければならない。孔子は、神秘的なものや死について大いに関心を寄せていたのだ、と。高校「倫理」の教科書の論調は間違っている、と言わざるを得ないのである[48]。

以上をまとめると、まず、生きている親に対して礼にしたがって充分に事えることが、最も基本である。そして、親が他界して鬼になってからも、非日常の祖先祭祀の場において、礼にしたがって充分に（費用をかけて）祭ることが肝要である。祖先と自分自身、そして子孫は、血縁という排他的な紐帯（血族意識）によって結びついており、祖先祭祀は子孫が執り行うので、子孫が絶えることのないよう一族の長期繁栄を祖先祭祀の場で祈るのである。これこそが、孝の真の意味である。巫祝の子 孔子にとって、鬼神に事えることは、まさしく礼に基づく孝の実践にほかならなかったのである[49]。

6. おわりに

最後に、孔子が重視した孝の精神が現代日本では現在進行形で破壊されつつあることを記して本稿を結びたい。なぜなら、本稿は、以下のことを考えることから執筆を開始したからである。

戦後日本の歩みを振り返ると、高度経済成長期、中学を卒業したばかりの若者たちは「金の卵」と称され、貴重な働き手として、大都市へ向かった。それによって日本全体で生じた問題が、過密と過疎という人口問題である。過疎化の激しい地方では、曾祖父母から曾孫までの一族が依り合って生活を送っていた大家族が解体し、「家」（や土地・先祖代々のお墓）の後継ぎがいなくなり、都会に住む子が地方に住む高齢の親の介護に当たれ

ないという現実を生み出し、さらに若者が減っている地域の問題として第
一次産業の担い手不足という事態に陥っている（わが国の食料自給率の問
題や、近年のＴＰＰ問題の根は、ここにあるであろう）。

　都会に出てきた「金の卵」たちは、都会で結婚相手を見つけ家庭を持っ
た。核家族の始まりである。都会での仕事と子育てで、地元に帰って家
（業）を継ぐことも難しいケースも少なくない。現在、核家族の３世代目
くらいであろうか。

　加えて、価値観の多様化のためか、晩婚化・非婚化が進み、少子高齢化
という事態に直面している。両親共働きの家庭が増え、小型情報機器を個
人が一台持つ時代となって、家族が、特に親と子が、お互いの目を見て
話をする時間が確実に減ってきているのではないか。人生の終わり方につ
いても、他人に頼らず自分独りで始末をつけようと「終活」や樹木葬・散
骨が支持を集めている（子が先祖の眠る墓の維持に縛られることを負担だ
とする人は、位牌のみでお墓は無し）。ちなみに、就職活動という語の省
略形「就活」をもじった「〜活」という言葉、例えば「婚活」「妊活」「終
活」「保活」などによって表現される個人レヴェルでの活動がもてはやさ
れ出すのは、格差社会の拡がり（＝一億総中流意識からの脱却）・非正規
雇用者や派遣労働者の急増・ワーキングプア化による低収入等が大きく
社会問題化した2000年代以降のことである（個人レヴェルという点では
「お一人様」という語の普及も同時期である）。高度経済成長は、文字通
り、高いレヴェルの経済成長によって、日本の人々に金銭面における豊か
さ（所得の増加）をもたらし、生活水準を向上させたが、その一方で、上
述したように、地方での大家族の解体・第一次産業の担い手不足のほか、
都会での核家族化、晩婚や非婚による少子高齢化、そして往々にして自己
完結しがちな（他者との接触が希薄な）個人レヴェルの活動、こうした負
の面をも生み出したのである。

　もしも現在、大家族が維持されていれば、以上のような現象や活動は起

こらなかったのではないか。家系図の作成や自分のルーツをたどるＴＶ番組が流行っているのは、この裏返しであろうか。曾祖父母から曾孫に至る一族が、同じ家・同じ地域で肩を寄せ合い互いに助け合って生活した大家族の中でこそ、祖先を思い子孫を思うこと、すなわち加地氏の言う「生命の連続の自覚」（孝への意識）が自然と育まれていったのではないか。郷里から離れた都会で夫婦共働きの核家族世帯では、こうした意識は、ふだんの生活で芽生えることすら期待できない。これが、現在進行形の現代日本における孝の精神の破壊である。[50]

　こういう今だからこそ、我々は、孝を重視した孔子の考え方に学ぶべきではあるまいか。そう考えて執筆したのが、本稿である。

220

注

1) 教科書Aは、『高校倫理』（実教出版、2012年3月検定済、2013年1月発行）である。引用部分は65頁から。

2) 教科書Bは、『高等学校　新倫理　最新版』（清水書院、2012年3月検定済、2013年2月発行）である。引用部分は60頁から。

3) 教科書Cは、『現代の倫理』（山川出版社、2012年3月検定済、2013年3月発行）である。引用部分は〈中略〉をはさんで40頁と42頁から。

4) 教科書Dは、『倫理』（数研出版、2012年3月検定済、2013年1月発行）である。引用部分は58頁～59頁から。「巫祝」の語には、以下の注が附されている。「巫祝　神と人との媒介者で、招魂儀礼や喪礼などに従事していた。こうした儒の伝統を受け継ぐ儒教の倫理道徳説の底には祖先崇拝などの宗教性が流れている。」（58頁）

5) 教科書Eは、『高等学校　現代倫理　最新版』（清水書院、2013年3月検定済、2016年2月3刷）である。引用部分は63頁から。

6) 教科書Fは、『倫理』（東京書籍、2013年3月検定済、2016年2月）である。引用部分は58頁から。

7) 教科書Gは、『高等学校　倫理』（第一学習社、2012年3月検定済、2013年2月）である。引用部分は、63頁～64頁から。

8) （注1）の『高校倫理』63頁の注①の文章。

9) （注1）の『高校倫理』68頁の注①の文章。

10) （注2）の『高等学校　新倫理　最新版』61頁の孔子の人物説明の文章。

11) （注4）の『倫理』59頁の注②の文言。

12) （注1）の『高校倫理』68頁から。

13) （注1）の『高校倫理』68頁の注①の文章。

14) （注1）の『高校倫理』92頁の文言。

15) （注2）の『高等学校　新倫理　最新版』64頁から。

16) （注3）の『現代の倫理』44頁から。

17) （注4）の『倫理』58頁の文言。

18) （注5）の『高等学校　現代倫理　最新版』68頁から。

19) （注5）の『高等学校　現代倫理　最新版』68頁の注1。

20) （注6）の『倫理』62頁から。

21) （注7）の『高等学校　倫理』61頁の文言。

22) （注4）の『倫理』64頁に「前漢の後半ごろから儒教は国家の官学となり、以後清

朝の崩壊にいたるまでこの地位を保ち続けた。」とあるのも参照。

23) これは、いわゆる漢代の「儒教の国教化（儒学の官学化）」に関する研究者間の議論が、教科書に反映された結果である。「儒教の国教化（儒学の官学化）」に関する研究者間の議論については、拙稿「「儒教」か「儒學」か、「國教」か「官學」か」（『中国哲学研究』第 28 号、東京大学中国哲学研究会、2015 年 6 月）を参照。

24) 白河次郎「儒、儒教及儒学（上）」（『東亜研究』第 1 巻第 1 号、1912 年）31 頁。

25) 白河次郎「儒、儒教及儒学（上）」（前掲）36 頁には、「儒」について「一の人格に名づける称であること」「教育者であること」「学芸道徳に秀でゝ居ること」「『道』即ち政治や道徳やの大則に通じて居ること」「之れを政治に当らしめても、遺憾なく実績を挙げうるものであること」「始めに於いては周公、終りには孔子、此の二人が其の表準的人格であること」の六点が挙げられている。

26) この他、胡適氏の説への批評として、1937 年の郭沫若氏（1892 ～ 1978）の「駁「説儒」」、1954 年の銭穆氏（1895 ～ 1990）の「駁胡適之説儒」等があるが、ここでは省略する。胡適氏の「説儒」に端を発した「儒」をめぐる知識人の考察については、陳来「説説儒―古今原儒説及研究之反省」（『原道』第 2 輯、団結出版社、1995 年 4 月）、齋木哲郎『秦漢儒教の研究』（汲古書院、2004 年 1 月）の序論第一節「儒教の起源」に詳しい。

27) 白川静『孔子伝』（中央公論社、1972 年 11 月／文庫本化、中央公論社、1991 年 2 月、本稿では文庫本に拠る）81 頁に「儒はおそらく、もと雨請いに犠牲とされる巫祝をいう語であったと思われる。その語がのちには一般化されて、巫祝中の特定者を儒とよんだのであろう。それはもと、巫祝のうちでも下層者であったはずである。かれらはおそらく、儒家の成立する以前から儒とよばれ、儒家が成立してからもなお儒とよばれていたのであろう。詩礼をもって墓荒しをする大儒・小儒は、たぶんこの手合いであろうと思われる。正統の儒家ならば、ここまで落ちぶれることも考えられない。しかし儒は、この階層のものを底辺として成立したのである。儒の起源は、遠く焚巫の行なわれた古代にまで溯るものであろう。」とあり、109 頁〜 110 頁に「儒はもと巫祝を意味する語であった。かれらは古い呪的な儀礼や、喪葬などのことに従う下層の人たちであった。孔子はおそらくその階層に生まれた人であろう。」とあるのを参照。

28) 白川静『新訂　字統』（平凡社、2004 年 12 月）419 頁。

29) 木村英一訳・注『論語』（講談社、1975 年 8 月）「雍也第六」138 頁。

30) 木村英一訳・注『論語』（前掲）137 頁。

31) 白川静『孔子伝』（前掲）の加地伸行「解説」を参照。

32) 加地伸行『孔子―時を越えて新しく』（集英社、1984 年 7 月／文庫本化して『孔子』と改題、集英社、1991 年 7 月／ KADOKAWA、2016 年 4 月、本稿では

KADOKAWA 版に拠る）の 46 頁。引用した文章の小見出しが「儒―死者と交わる者たち」である。

33) 陳舜臣『儒教三千年』（朝日新聞社、1992 年 3 月）「第一章　儒のルーツ」14 頁～15 頁。

34) 木村英一『孔子と論語』（創文社、1971 年 2 月）第一篇第一章「孔子の家系・出生・幼少年時代」。

35) 白川氏が『史記』孔子世家や孔子の家系に関する記事を疑っているくだりを『孔子伝』（前掲）から示すと、以下のとおりである。「司馬遷は『史記』に「孔子世家」をかいている。孔子の最も古く、また詳しい伝記であり、『史記』中の最大傑作と推賞してやまない人もあるが、この一篇は『史記』のうちで最も杜撰なもので、他の世家や列伝・年表などとも、年代記的なことや事実関係で一致しないところが非常に多い。それらのことは、清末の崔東壁の『洙泗考信録』などにすでに指摘されており、近ごろ木村英一博士『孔子と論語』には、詳細にわたる考説がある。」（15 頁）、「孔子の伝記資料は、いちおう『史記』の「孔子世家」に集成されている。しかしそれは、遷の史筆にふさわしくないほど一貫性を欠き、また選択と排次を失したものである。はじめに祖系を述べ、また老子に礼を問うたという問礼説話を加えているのは、時流の要求にこたえたものであろうが、経歴の間に加えられている多くの『論語』の文には、適当でないものが多い。」（17 頁）、「『史記』にしるす孔子の家系は、美しい夫人をもつゆえに、実力者の華督に殺された宋の孔父嘉の話、『詩経』の「商頌」を校訂したという正考父などの話をつづり合わせて作った、ふしぎな系図である。」（23 頁）、「孔子の世系についての『史記』などにしるす物語は、すべて虚構である。」（26 頁）、「ながながと『史記』によって亡命記をつづってきたのは、『史記』の文が全く小説であって、ほとんど史実性に乏しいことを明らかにするためであった。矛盾は随処にある。一々考証する余裕はないが、崔東壁の『考信録』をよまれるだけで十分であろう。『史記』によるとその全行程は数千キロ、東西南北の人とみずから称する孔子にとっても、とても消化し切れる旅程ではない。『史記』はこの十数年の空白を、どのようにうめるかに苦慮しているだけである。」（47 頁～48 頁）

36) 木村英一『孔子と論語』（前掲）の第一篇第一章「孔子の家系・出生・幼少年時代」21 頁。白川氏も「孔子の父を『左伝』の郰叔紇と結びつけたのは、クリール〔孔子、七三頁注三〕の推測するように、紇が孔子の生まれたと伝えられる郰の人であるからというのが、唯一のゆかりである。この郰叔紇は、味方を救うために城門の扉を一人でささえたという勇士であった。」（『孔子伝』22 頁）と述べている。

37) 加地伸行『孔子』（前掲）「出生」41 頁にこうある。「推測でしかないが、私は、母の徴在は、要するに、孔家に住むことができなかったのではないかと考える。孔子

を生んだが、孔家に入ることを許されなかったがゆえに、野合とされたのではない
であろうか。孔子を生む原因が野合であったのではなくて、孔子を生んだのちの状
況という結果から言って野合であったのではないかと考える。」

38)『論語』中の鬼神を検討したものに、牧角悦子「『論語』の中の鬼神―呪術から儒術
へ―」(『二松学舎大学論集』第46号、二松学舎大学、2003年3月)がある。こ
の論文は、鬼神以外にも、『論語』に見える祭祀や予祝儀礼なども検討されており、
非常に有益な論文であるが、筆者と意見の異なる点も少なくない。

39) 原文(十三経注疏本『論語注疏』に拠る、以下も同じ)は「子曰、非其鬼而祭之、
諂也。見義不爲、無勇也。」である。

40) 原文は「樊遲問知。子曰、務民之義、敬鬼神而遠之、可謂知矣。問仁。曰、仁者、
先難而後獲、可謂仁。」であり、現存最古の『論語』である定州漢墓竹簡『論語』
の当該部分の釈文は、「樊遲問智。子曰、務民之義、敬鬼神而遠之、可謂智矣。」(第
一二九簡)である(釈文は河北省文物研究所定州漢墓竹簡整理小組『定州漢墓竹簡
論語』〔文物出版社、1997年7月〕に拠る)。特に「鬼神」でなく「鬼」に作る
のは、本来は死者の魂だけを敬して遠ざけたことを意味したのであろうか。

41) 木村英一訳・注『論語』(前掲) 146頁。

42) 加地伸行『論語』(講談社、2004年3月) 137頁。ちなみに、加地伸行『論語のこ
ころ』(講談社、2015年9月)は、「鬼神を敬して之を遠ざく」を「神霊(鬼神)
を尊び俗化しない」と訳し、「孔子の宗教意識(本書第十一章を必ず参照)がどの
ようなものであったかを論ずるとき、欠かせない資料となるのが、この文の「敬
遠」の意味である。私は後漢時代の包咸の「鬼神を敬して黷さず」とする解釈が最
も自然であり穏当であると考える。」(117頁)と述べている。

43) 原文は「孟懿子問孝。子曰、無違。樊遲御。子告之曰、孟孫問孝於我。我對曰、無
違。樊遲曰、何謂也。子曰、生事之以禮、死葬之以禮、祭之以禮。」である。
　　加地伸行『論語のこころ』(前掲)は、『論語』のこの文章について、「孔子学団
では、生前の親に対するだけではなくて、死のとき、さらにはその後の祭りを子孫
がきちんと行なうことも同じく孝であることを言う。もちろん、この考えは古くか
らのものであるが、孔子らがそれを生命の連続として意識的に取り上げ、生命論に
まで高めていったところに思想史的に大きな意義がある。この文の主張はその典型
である。」(245頁)と述べる。「生命の連続」については、次の(注44)を参照。

44) 加地伸行『沈黙の宗教―儒教』(筑摩書房、1994年7月)には、祖先祭祀につい
て、次のように述べている。「祖先祭祀とは、祖先の存在の確認である。もし祖先
がいないとすれば、現在の自分は存在しない。祖先があると意識することは、祖先
から自分に至るまで、確実に生命が連続してきたということの確信となる。のみな
らず、自分という個体は死によってやむをえず消滅するけれども、もし子孫ありせ

なば、自分の生命—現代生物学流に言えば自分の遺伝子は、存在し続ける可能性がある。……。〈孝〉とは、現代のことばに翻訳すれば、〈生命の連続の自覚〉のことなのである。」(「第一章 儒教の深層—宗教性」61頁〜62頁)

45) 原文は「子曰、禹吾無間然矣。菲飲食而致孝乎鬼神、惡衣服而致美乎黻冕、卑宮室而盡力乎溝洫。禹吾無間然矣。」である。

46) 原文は「季路問事鬼神。子曰、未能事人、焉能事鬼。敢問死。曰。未知生、焉知死。」である。

47) 加地伸行『論語』(前掲) 250頁の注 (3) から。また、加地伸行『論語のこころ』(前掲) も「死の問題を避け、死の問題を論じないどころか、鬼神・死に対して積極的に接していこうという態度なのである」(240頁) と述べ、『論語』為政篇の「生けるときには之に事うるに礼を以てし、死せるときには之に葬むるに礼を以てし、之を祭るに礼を以てす」との共通性を指摘する。

48) 筆者の高校「倫理」の教科書に対する疑念は、かつて平成18 (2006) 年度使用の「倫理」の教科書計十種の内容を分析して拙稿「高校「倫理」と中国思想」(『現代日本の高校教科書における中国認識形成に関する研究』、東京学芸大学平成18年度重点研究費報告書、2007年3月) をものしたことに端を発している。そして、現在もこの疑念は、高校「倫理」の教科書における宗教に関する記述について疑念を抱いた藤原聖子『教科書の中の宗教—その奇妙な実態』(岩波書店、2011年6月) と、問題意識として同じ方向を向いている、と思われる。拙稿「中国思想は高校生にどのように教えられているのか—平成28年度使用 高校「倫理」の教科書を分析して—」(中央大学文学部『紀要 哲学』第59号、近刊) も参照。

49) 巫祝の子 孔子の、媒介者 (=巫祝) としての一面は、一次資料に制約があって明確にし難いが、いま、以下の、張紫晨『中国巫術』(三聯書店、1990年7月／伊藤清司・堀田洋子訳『中国の巫術』、学生社、1995年12月) の考察を手がかりにすれば、孔子が礼を通じた巫術の実践を行なったと想像してもよいのであろう。

中国の祭祀はもっとも発達した祭祀である。商、周時代からはじまり、葬儀と祭祀は儀礼の重要な体系を形づくった。最初の礼俗は葬儀と祭祀がおもな二大事であった。葬儀を重んじるのは、哀悼を尽くすためであり、祭祀を重んじるのは、敬愛を尽くすためである。『礼記』に誌されている内容も、おもに祭祀、葬儀、婚儀、聖人儀礼などで、それらは古代の礼儀の規範となった。

『周礼』のなかの「春官」、「夏官」、「秋官」などの篇では、四季の祭礼が概括的に記述されている。それによれば、中国では祭祀の礼法が比較的早い時代に成熟していたことが知られる。なかでも、巫術との結びつきは伝統が長く、数千年以前にすでに形成されていた。儒家史家たちはこれらの祭祀儀礼を人倫の正統な礼法であるとして、その教育によって民衆を教化したが、そのなかに

原始時代の名残である蒙昧なやり方が存在していたことは否定できない。そこに貫かれている原始的な巫術の祭法は、礼がよく備わっているともみられるが、反面、その礼が因習に従っているともみられる。

巫術はそれ自体どのような蒙昧性を含むか否かにかかわらず、祭祀に利用され、祭祀に融合して、すでに根深い伝統となった。中国の各民族は、それぞれの発展のなかで、開化の程度の違いにより、それぞれちがった程度に、その原始的姿をとどめ伝承している。巫術はさまざまな職分の巫師のたゆまぬ創造と発展をへてきており、それぞれの民族の礼俗文化をもっともよくあらわしている。(邦訳書「第三章　祭りと巫術」93頁から。原書91頁の原文は省略する。)

50) ただし、次のような現象が都会で起こっているのも事実である。すなわち、地方から都会へ出てきた「金の卵」たちの子の世代にとって、その祖父母は地方にいる人たちであったが、「金の卵」たちの孫の世代にとって、その祖父母にあたる「金の卵」たちも、その親にあたる「金の卵」の子たちも、みな同じ都会の中の近所に住んでいる、という現象である。核家族の3世代目になって、ようやく都会でも、祖父母と孫が依り合って生活しているのであり、これが将来、「孝」の精神の破壊を食い止めることになることを期待したい。

古代朝廷祭祀に携わる神社の人々
──『延喜式』祝詞からわかること──

加 瀬 直 弥

1. はじめに

　律令制度下の祭祀の執行に当たっては、「祝部」などと呼称される、朝廷と、祭祀の場となった神社との間に立つ人々が存在した。祭祀における彼らの役割に焦点を当てることは、単に祭祀に対する朝廷の意図・思惑の解明だけでなく、神社の側の姿勢、延いては、朝廷の祭祀全体の基本構造の解明にも結び付く。

　本稿では、『延喜式』巻八所収の祝詞を題材に、祭祀に際して、彼らが神社でいかなる立場に置かれたかについて考察を加える[1]。

2. 『延喜式』の祝詞の載録状況と祭祀の特色

2.1. 『延喜式』巻八の祝詞と律令祭祀との対応関係

　『延喜式』巻八には27編の祝詞が収められている。これらは、恒例祭祀等の祝詞15編、伊勢大神宮で用いられる祭祀等の祝詞9編、臨時の祭儀等の祝詞3編に分類できる。ここでは、特色をはっきりさせるため、恒例祭祀等の祝詞15編のうち、対象を宣命体の祝詞14編に絞り検討する[2]。

　まず、『延喜式』の本則である養老神祇令で定められた、13種19式の

律令祭祀の祝詞が、『延喜式』巻八に載録されているか否かについて、【表1】に整理した。これにより、ここでの対象である恒例祭祀等14編の中に、祝詞の含まれない祭祀のあることが明らかとなる。

これらのうち、4・7月の神衣祭と、9月の神嘗祭の祝詞は、伊勢大神宮で用いられるものが、14編とは別に『延喜式』巻八に収められている。前者は1編、後者は3編ある。

11月の鎮魂祭については、それ自体の祝詞は存在しない。ただし、同祭で用いられた木綿の糸や天皇の御衣を、神祇官の斎戸神殿に納める際に用いられる「鎮御魂斎戸祭」の祝詞が、『延喜式』巻八に載る。鎮魂祭は、糸を結わく「ミタマシヅメ」や、伏せた宇気槽を桙で衝き、天皇の御衣を揺する「ミタマフリ」といった、天皇の魂の付着という目的に直結した祭儀が執り行われた[3]。この点は、他の祭祀と一線を画した特質といえる。鎮魂祭自体の祝詞が、『延喜式』になくとも不自然ではない。

【表1】養老神祇令恒例祭祀と『延喜式』巻八との対応関係

月	祭祀	『延喜式』巻八に祝詞所収
2月	祈年祭	○
3月	鎮花祭	
4月	三枝祭	
4月・9月	神衣祭	●
4月・7月	大忌祭	○
	風神祭	○
6月・12月	月次祭	○
	道饗祭	○
	鎮火祭	○
9月	神嘗祭	●
11月	相嘗祭	
	鎮魂祭	△
	大嘗祭 *	○

＊恒例の新嘗祭を指すと見なす
○…恒例祭祀15編に含まれる
△…関連祭祀の祝詞が恒例祭祀15編に含まれる
●…伊勢大神宮の祭祀等9編に含まれる

2.2. 『延喜式』に祝詞のない律令祭祀の特色

　問題となるのは、鎮花・三枝・相嘗の諸祭である。時期や意義からすると、これら3種の祭祀の共通性を探るのは困難だが、祭祀執行の仕組みの上で看過できない点がある。

　大和大神・狭井両社を対象とした鎮花祭については、『令集解』に引かれている令釈の記載が、祭儀の一端を示している[4]。

　　釈云、大神狭井二処祭、大神者、祝部請二受神祇官幣帛一祭之、狭井者、大神之麁御霊也、此祭者、花散之時、神共散而行レ疫已、為レ止二此疫一祭之也、

ここには、祝部が神祇官の幣帛を請い受け、祭るという流れが示されている。他方で、朝廷が祭祀の執行に関わるのは、祝部への幣帛の授与だということが逆説的に理解できるだけで、神社での祭儀に朝廷の官人などが関与する定めはない。祝部は選定こそ神祇官や国司が関わるが、原則神社の維持を担う神戸から任用され[5]、神社在地の側に位置づけることができる。

　三枝祭も同じ形式を取る。『令集解』の令釈は次のように記している[6]。

　　釈云、伊謝川社祭、大神氏宗定而祭、不レ定者不レ祭、即大神族類之神也、以二三枝花一、厳レ罇而祭、大神祭供、此云二麁魂和霊祭一、

文中の「大神氏宗定而祭」という表現からは、祭祀は大神氏の氏宗と呼ばれる代表者によっていたと分かる。しかも、「不レ定者不レ祭」ともあるので、氏宗が決まっていなければ、祭祀が行われない定めにまでなっていた。

以上の点は、鎮花・三枝両祭の執行に当たり、朝廷が神社での祭儀に直接関与していない実態を浮き彫りにする。藤森馨氏はこうした点などから、在地神社委託型の祭祀の存在を指摘し、在地祭祀に国家が介入していない実態を明らかにした[7]。この説は、『延喜式』に祝詞が載録されていない理由を考える上で重要な鍵となる。祭祀の執行を委託しているが故に、祝詞が必要なかったと理解できるからである。

相嘗祭はどうであろうか。同祭については『令義解』に、

　　大倭、住吉、大神、穴師、恩智、意富、葛木鴨、紀伊国日前神等類是
　　也、神主各受=官幣帛=而祭、

とある[8]。社名が列挙され、対象は多いが[9]、幣帛を神主が受ける点は、祝部が幣帛を受けて祭る鎮花祭と同様である。この祭祀も、朝廷は幣帛を用意するに過ぎない。まつりの主体については、『令集解』の令釈に、「大倭社、大倭忌寸祭」「大神社、大神氏上祭」などとある点から[10]、三枝祭と同様、氏族であったことが、一部の神社については確実である。藤森氏は同祭についても、委託型祭祀とする[11]。

養老神祇令の恒例祭祀で、関連する祝詞が『延喜式』に全く載録されていない３種の祭祀は、いずれも朝廷の側が神社で神祇に直接対する仕組みとはなっていない。この仕組みであれば、朝廷がこれら祭祀の祝詞を用意しなくとも問題は生じない。したがって、神への祈願のことばについては、神社でまつりを執り行う人々がつかさどれば良いのであって、世に知られなかったのは必然ともいえる。

今確かめた朝廷と神社との祭祀を通じた関わりは、他の祭祀についても、『延喜式』所収の祝詞から浮き彫りにできる。次はこの点を指摘する。

3. 『延喜式』の宣読形式祝詞と祭祀構造

3.1. 宣読形式祝詞とその特質

対象とする14編の祝詞は、【表2】の宣命体の内訳通り、文末が「白」「申」か、あるいは、「宣」かで区別できる。ここでは、前者を「奏上形式」、後者を「宣読形式」とする[12]。文末の表現の相違は、祝詞の内容を伝える相手の地位と対応する。前者が目上の神祇であるのに対し、後者は宣読の場に参集した人々である。

【表2】『延喜式』巻八所載恒例祭祀等祝詞の分類

文体		奉読形式	祝詞名（冒頭数字は配列順）
宣命体（14編）	奏上形式	宮中ないし京中で、神祇官の者が神に用いる	(8) 大殿祭 (9) 御門祭 (12) 鎮火祭 (13) 道饗祭 (15) 鎮御魂斎戸祭
		神社で、神祇官の者が神社神職として神に用いる	(2) 春日祭 (5) 平野祭 (6) 久度古開
	宣読形式	神社で、朝廷から遣わされた祭使が神職等に用いる	(3) 広瀬大忌祭 (4) 龍田風神祭
		宮中で、神祇官の者が幣帛を受け取る神社神職に用いる	(1) 祈年祭 (7) 月次祭 (14) 大嘗祭
		宮中で、神祇官の者が祓をする者に用いる	(10) 六月晦大祓
漢文体（1編）		宮中で、東西文部が天皇の祓に用いる	(11) 東文忌寸部献横刀時呪

祝詞の内容を詳細に分析したときに、興味深い分類ができるのは宣読形式の祝詞である。そして、本稿で注目するのは、祝詞で、宣読される側にどんな対応を求めたかである。そこで、恒例祭祀で用いられる宣読形式の祝詞、具体的には、祈年・広瀬大忌・龍田風神・月次・大嘗の諸祭の5編を対象に、考察を加える[13]。

これら5編の祝詞に共通する点は、ひとつは神主・祝部に向けられている点、いまひとつは、段が存在し、一編の祝詞でも、宣読内容は段ごとに独立している点である。そこで、神主・祝部に何を求めているかに注目し、【表3】の通り分類した。以下、類型ごとに説明を加える。

【表3】『延喜式』巻八所載恒例祭祀祝詞（宣読形式）の段別内容

類型	段				
	祈年	広瀬大忌	龍田風神	月次	大嘗
（い）奉幣・奏上の説明	2～11			2～10	
（ろ）奉幣・奏上の事実了解命令		1・4	1		2
（は）奉幣の命令	12		2	11	3
（に）奉幣の事実奏上の命令		2・3			
（ほ）祝詞聴取の命令	1			1	1

3.2. 類型（い）―奉幣・奏上の説明―について

最もその数が多いのは、類型（い）である。これは、祈年・月次祭の大部分を占めている。この類型の段に共通する顕著な特徴は、神祇に詞章を奏上することが、宣読される内容の核心だという点である[14]。次に示す祈年祭祝詞第2段冒頭の「皇神等能前尔白久」という表現は、それを端的に示している[15]。

高天原尔神留坐皇睦神漏伎命、神漏弥命以、天社、国社登称辞竟奉皇神等能前尔白久、今年二月尔御年初将レ賜登為而、皇御孫命宇豆能幣帛乎朝日能豊逆登尔称辞竟奉久登宣、

しかしながら、この点については留意すべき事情がある。宣読形式の祝詞は、どれだけ中に奏上に関する表現があっても、それはそのまま神祇に伝わらない。前掲祝詞を確かめると、その点は明白である。「神祇に祝詞の内容を伝えよ」等、聴き手に何らかの行動を命ずるような明白な文言は組み込まれていない。当該段はあくまで神祇に奏上する内容を、神主・祝部

らに告げているだけで、神社での祭儀等に関する指示などを下す目的を果たす直接的な表現はなかったのである。これは類型（い）の他の各段にもいえる。

また、祈年祭祝詞冒頭の第1段は、神主・祝部に対し祝詞の聴取を命ずる、類型（ほ）に該当する。これを受ける第2段は、段内に具体的な表現がなくとも、文脈の上では、神主・祝部は、聴取を命じられていることになる。以降の類型（い）の各段も同様である[16]。ただ、第1段は、聴取以上の何がしかを、宣読される側に強いてはいない。結局のところ、祝詞の内容を神社の現場で奏上するなど、神祇への対応を具体的に命ずるという目的を果たすためには、類型（い）では役をなさないのである。

類型（い）の段には今ひとつの共通した特色がある。それは、奏上の内容が「皇御孫命宇豆能幣帛」など、幣帛について触れている点である。つまるところ、当該段は、神主・祝部に対し、神祇へ申すべき事柄や奉幣について宣告する役割を有している。だが、それ以上の機能は存在しない。

3.3. 類型（ろ）—奉幣・奏上の事実了解命令—について

類型（ろ）は（い）に比べると該当する段数は少ないが、神主・祝部に対する指示は（い）よりも踏み込んでいる。（ろ）に該当する大嘗祭祝詞の第2段を次に示して説明する。

高天原尓神留坐皇睦神漏伎、神漏弥命以、天社、国社登敷坐留皇神等前尓白久、今年十一月中卯日尓、天都御食能長御食能遠御食登、皇御孫命能大嘗聞食為故尓、皇神等相宇豆乃比奉弖、堅磐尓常磐尓斎比奉利、茂御世尓幸閇奉牟尓依志、千秋五百秋尓平久安久聞食弖、豊明尓明坐牟皇御孫命能宇豆乃幣帛乎、明妙、照妙、和妙、荒妙尓備奉弖、朝日豊栄登尓称辞竟奉久夫辞、諸聞食登宣、

この類型に該当する各段では、幣帛については全て触れている。神祇への

奏上についても、広瀬大忌祭祝詞の表現が曖昧である点を除けば[17]、一様に表現されている。つまり、以上の点については、類型（い）と顕著な差異は存在しない。しかし、この段の末尾は、「諸聞食〓宣」と締めくくられている。この表現の存在により、この段が、それ以前の内容の聴取を命令していることがはっきりする。これが、類型（ろ）の特徴である。

　ただし、類型（い）は、前述したように、すべて、祝詞の聴取命令を受ける体裁となっている。明示はされていなくとも、（い）の内容の聴取については、一種の強制力が伴っていたといえよう。この点を踏まえると、類型（い）と（ろ）は同様の役割を有しているものとみなせる。（い）と（ろ）の顕著な違いは、祝詞の内容を聞け、と明示しているか否かというだけであり、本質的な差異は存在しない。

　結局のところ、（い）に加えて（ろ）も、神社での祭儀について、直接指示を下す表現が存在しないことが分かる。祝詞の対象が、神社での祭儀に関わりうる神主・祝部であるにもかかわらず、である。祝詞の内容を理解すること自体は求められたといえるものの、それを奉幣など、神社での諸儀の実践に反映させる必要はなかったということになる。

3.4.　類型（は）―奉幣の命令―と、祭祀の仕組み

　では、対象となる祝詞において、神主などに神社の場で具体的な祭儀実践を命じている例はないのであろうか。類型（は）（に）が、そうした命を下している段に該当する。それぞれ概要を説明する。

　類型（は）の段の特徴のひとつは、祈年・月次・大嘗の各祝詞の最後に、そして、次に示す祈年祭第12段のように、簡潔な表現で登場するところにある。

　　辞別、忌部〓弱肩〓太多須支取挂〓、持由麻波利仕奉〓幣帛〓、神主、祝
　　部等受賜〓、事不レ過捧持奉〓宣、

当段の要点は、幣帛を神前で奉れという命令に集約される。神前でのさらなる指示は存在しない。これは月次・大嘗両祭の祝詞でも同じである。

この点を踏まえて、今とりあげた3編の祝詞の残りの部分を整理すると、参集した神主・祝部に祝詞の聴取を命ずる類型（ほ）に属する段と、神前への奏上に触れつつも、神社での祭儀に指示を下さない（い）（ろ）の段、そして（は）の段のみで構成されている。つまりは、神主・祝部に対し、奉幣以外の神社での事柄は、一切祝詞で命令していない、ということである。

こうした点を踏まえると、神社での具体的な対応に関心が及ぶ。この対応については、祈年・月次両祭に伴う伊勢神宮の例が確認できるので紹介したい。

伊勢神宮の天照大神に対しては、祈年祭祝詞では第8段、月次祭祝詞は第7段で対象としており、ともに類型（い）に該当する。参考として前者を例示する。

辞別、伊勢尓坐天照大御神能大前尓白久、皇神能見霽志坐四方国者、天能壁立極、国能退立限、青雲能靄極、白雲能堕坐向伏限、青海原者棹柂不レ干、舟艫能至留極、大海尓舟満都都気弖、自レ陸往道者荷緒縛堅、磐根木根履佐久弥弖、馬爪至留限、長道無レ間尓立都都気弖、狭国者広久、峻国者平久、遠国者八十綱打挂弖引寄如レ事、皇大御神能寄奉弖、荷前者皇大御神能大前尓如二横山一打積置弖、残弖波平聞看、又皇御孫命御世乎手長御世登堅磐尓常磐尓斎比奉、茂御世尓幸閉奉故、皇吾睦神漏伎、神漏弥命登、宇事物頸根衝抜弖、皇御孫命能宇豆乃幣帛乎称辞竟奉久登宣、

これらの段では、奉幣の理由が天皇の治世の長久繁栄にあることや、成就時の報賽の意を示す形で、繁栄する国土の保全に期待する点について触れ

ている。分量で単純に比較すれば他の段よりも充実しており、格調の高さも評価されている[18]。祝詞の中での存在感は大きい。

その伊勢神宮には、祈年祭の幣帛を奉るため、使が現地に遣わされた[19]。これは、他社では行われない特別の対応である。その使は伊勢で祝詞を神前で奏上するが、その祝詞は『延喜式』巻八に載録されており[20]、内容が具体的に分かる。

> 天皇我御命以弖、度会乃宇治乃五十鈴川上乃下津石根尓称辞竟奉流皇大神能大前尓申久、常毛進流二月祈年<small>月次祭唯以 六月月次之辞 相換</small>、大幣帛乎、某官位姓名乎為レ使天令二捧持一弖進給布御命乎申給止企申、

この祝詞から、宮中での祝詞に見られるような、天皇の治世の長久繁栄や、国土の保全に関連する表現は見出せない。つまり、朝廷からの使は、宮中で宣読された奉幣の理由などについては一切触れず、幣帛奉献の事実を単に奏上するにとどまっていたのである。宮中と伊勢との間に断絶があることは、はっきりと了解できる。

　そもそも、先程来強調しているように、宮中の祝詞は神前への願意奏上を命じておらず、かつ、その祝詞の対象に、伊勢に幣帛を奉る使は含まれない。そうした状況であっても、宮中で幣帛が用意され、それが諸社に奉られる定めになっていた以上、その目的が諸社の神前で奏上されるような仕組みがあると考えることは、自然な思考の流れであろう。しかしながら現実には、そうした仕組みは構築されなかった。

　別格扱いの伊勢でこの対応である。他社でも祈年祭祝詞の意を酌んだ祈願がなされていなかった可能性は、相当に高いものと理解すべきであろう。少なくともその必要性がなかったことは確かである。多くの神社にとって、朝廷が定めた祭祀の意義目的を探ることは、物いわぬ幣帛と、祝詞を聴いただけの祝部[21]を起点とするため、相当に無理があったと考え

られる[22]。

　従来、律令制下研究では、『延喜式』所載の祝詞の詞章や形式を題材に、天皇による国家統制と表裏一体の、神祇統制というべきシステムが論じられてきた[23]。しかしながら、宣読形式の祝詞の特質という、基本にして周知の事柄を見直し[24]、かつ実情と照らし合わせると、祝詞が在地をつなぐツールたり得なかったことは明白である。同形式の祝詞の内容そのものは、類型（い）の多くの段がそうであるように、目的が示されており、それがあたかも神前に奏上できるような表現だったとしても、それを即神社の神前での姿勢と考えることには、相当の慎重さが求められよう。

　さて、最初に示した通り、鎮花・三枝・相嘗の諸祭は朝廷の祭祀でありながら、神社に執行を委ねる形式を取っていた。それゆえに『延喜式』に祝詞がなくとも朝廷の側に不都合はない。だが、祈年祭などの祝詞の表現からは、例え祝詞が存在していても、対象祭神への願意伝達をせず、神社での執行を神社に委ねる形式が、律令祭祀の基本的なしくみであった実態を浮き彫りにしている。

3.5.　類型（に）―奉幣の事実奏上の命令―と祭祀の成り立ち

　一方、一例しか存在しない類型（に）であるが、その命ずる内容は今まで紹介した事例とは相違し、神主・祝部への祭儀への具体的指示がある。次に示す広瀬大忌祭の祝詞がそれに該当する。

　　奉流宇豆能幣帛者、御服、明妙、照妙、和妙、荒妙、五色物、楯、戈、御馬、御酒者瓱能閇高知、瓱能腹満双弖、和稲、荒稲尓、山尓住物者毛能和支物、毛能荒支物、大野能原尓生物者甘菜、辛菜、青海原尓住物者鰭能広支物、鰭狭支物、奥津藻葉、辺津藻葉至万弖置足弖奉久登、皇神前尓白賜部止宣、

この段は、「皇神前尓白賜部止宣」と締め括っている。つまり、「若宇加能売能

命」に、さまざまな種類の幣帛を奉ることを奏上するように、神主・祝部に対し命じていることになる。神に奏上すべき事柄の存在を示唆しながら、神主・祝部には奏上を指示しない類型（い）（ろ）とは対照的である。（に）の表現であると、神主・祝部が、様々な品目で構成された幣帛を奉る旨、神前に奏上するよう命じられていることが明確に理解できる。この点、他の類型には見られない。

　類型（に）のような表現が生じ得る広瀬大忌祭の特徴はどのようなものであろうか。そこで、同祭の執り行い方に焦点を絞る。

　同祭の初出は、『日本書紀』の次の記事である[25]。

　　　遣=小紫美濃王、小錦下佐伯連広足-祠=風神于龍田立野-、遣=小錦中
　　　間人連大蓋、大山中曾禰連韓犬-祭=大忌神於広瀬河曲-、

後半部分が広瀬大忌祭について触れられている箇所である、ここからは、祈年祭のように宮中で幣帛を神社祝部に班幣するのではなく、祭使が神社に赴く形式を取っていたことが理解できる。おそらくは、神社で祝詞を神主・祝部に対して宣読していたのであろう[26]。当該記事は天武天皇４年（675）のものだが、後の『延喜式』の規定でも、王と臣を差遣するとしており[27]、『日本書紀』と対応する。遣使は、対象神祇が多い祈年祭であっても、伊勢神宮のみであったことは既述の通りである。大忌祭の場合、神社での祭儀の丁重さを求めた結果が、「皇神前㆑白賜㆑宣」という表現を生んだと理解できる。

　そこまでの丁重さはなにゆえ求められたのだろうか。大忌祭と天皇との関連性については、天武朝から風神祭と同日に行われ、対をなしていた風神祭から紐解くことにする。

　祝詞自体は、風神祭と大忌祭は対ではない。それゆえ風神祭の祝詞は、大忌祭にはない情報が籠められている。その第一段では、祭祀、さらに、

古代朝廷祭祀に携わる神社の人々　　239

神社創建の経緯をも詳らかにしているが、その創建の経緯の中に、注意を
要する表現がある。

　　是以皇御孫命大御夢^爾悟奉^久、天下^乃公民^乃作作物^乎悪風、荒水^爾相都都不
　　^レ成傷^波、我御名者天^乃御柱^乃命、国^乃御柱^能命^止御名者悟奉^弖、吾前^爾奉^牟幣
　　帛者、御服者明妙、照妙、和妙、荒妙、五色^乃物、楯、戈、御馬^爾御鞍
　　具^弖、品品^乃幣帛備^弖、吾宮者朝日^乃日向処、夕日^乃日隠処^能龍田^能立野^能小
　　野^爾吾宮^波定奉^弖、吾前^乎称辞竟奉者、天下^乃公民^乃作作物者五穀^乎始^弖、草
　　^能片葉^爾至万^弖成幸^閇奉^牟止悟奉^支、是以皇神^能辞教悟奉^処^爾宮柱定奉^弖、此^能皇神
　　^能前^乎称辞竟奉^爾、皇御孫命^乃宇豆^乃幣帛令^二捧持^一、王、臣等^乎為^レ使称
　　辞竟奉^久_止、

これは、「天御柱命、国御柱命」の夢告を受けた天皇により、神意通りに
場が選定され、龍田社が創建された点を示す。少なくとも天武朝以来、朝
廷は一定規模の社殿修造を推進してはいる[28]。だが、それとは明らかに違
う個別的事情——契機は連年の農作物の不作——で同社は創建されてい
る。この点が祝詞で示されているのは、天皇にとって極めて重要な祭祀だ
という、風神祭に対する理解があった結果と考えられる。この祭祀と対と
なる大忌祭をも手厚く行うという意識が、少なくとも天武朝以降の朝廷内
で醸成されたとしても特段不思議ではない。その点が、祝詞から確かめら
れる祈年祭との違いである。
　ただし、大忌祭で祭使が神社に遣わされているのであれば、その祭使が
奉幣について、さらにいえば願意について、直接神祇に対して祝詞で奏上
すれば良いという疑問も生じるところである。これについては、今までと
りあげてきた祭祀の特質を踏まえることが、疑問解決の糸口となる。これ
ら祭祀の前述した共通点は、いずれも神社側の対応に大きな制約が存在せ
ず、神社におけるまつりの祭儀の決定権は、神社の側に委ねられるのが、

基本であった点である。大忌祭も、基本的にはまつりの執行をつかさどる
のは神社の側にあったと考えられる。そうでなければ、対をなす風神祭の
祝詞に類型（に）がない点の説明がつかないからである。大忌祭の特別な
表現は、結果、祭祀に対する天皇の格別な姿勢の表れと考えることができ
る。

4. 『延喜式』の祝詞と神社における祭祀の特色

4.1. 『延喜式』祝詞未収の祭祀とその由緒

　以上、『延喜式』巻八への祝詞載録の状況と、宣読祝詞の段別要旨の類
型化により、朝廷祭祀のひとつの特色が明らかとなる。それは、神社で
の祭儀に関して朝廷が直接関与する姿勢を、原則的に取っていない点であ
る。宣読形式であっても、その中で朝廷が関与する旨を示すことは可能
である。しかしながら、積極的な関与の姿勢がみられるのは、先述の類型
（ほ）に限られ、極めて特殊な事例と位置付けられる。神社側に祭祀を委
託していた実態を、宣読形式の祝詞は如実に物語っている。

　しかしながら、神社側に委ねる祭祀については、なぜ祝詞の形式が相違
するのであろうか。さらにいえば、祝詞そのものが不載録である律令祭祀
がなぜあるのだろうか。ここではその点について、祭祀の特色に着目して
整理をしたい[29]。

　『延喜式』内の宣読形式の祝詞の有無は、つまるところ、朝廷側の祭儀
への関心の高まりの反映である。そうであるならば、祝詞が載録されてい
ない3種の祭祀については、関心が高まらない事情があったと想定され
る。相嘗祭については律令制定期以前のまつりの形を汲むという指摘がま
ずある[30]。

　鎮花祭についてはどうであろうか。まつりの対象である大神社は、その
まつりの画期が崇神天皇の時代にあるとされた[31]。それは、記紀の編纂を

古代朝廷祭祀に携わる神社の人々 | 241

企図した時点で、すでに祭祀の由緒が確立していたことの裏返しと考える
ことができる。三枝祭自体の始まりは明確にし難いが[32]、大神氏による、
大神神の御子神への祭祀であるので、成立年代がいつであれ、その形式が
鎮花祭と同様になる流れに問題はない。

　結局のところ、律令制を整備する時機にあって、すでにその実施形式が
確立されており、かつ、神社への委託度の高い祭祀については、宮中での
祭儀にあたってわざわざ祝詞を制作する必要性がなかった、という考え方
が成り立とう。

4.2.　宣読形式の祝詞と神社での祭祀に関わる人々

　次に、宮中の祭儀での祝詞が存在している、祈年・月次・大嘗の諸祭に
ついて整理する。宮中での祝詞が存在するという事実は、それだけ宮中の
儀礼が重要視されていたことの裏返しと受け止められよう。祈年祭と月次
祭に関しては、祝詞が宣読される班幣時に、百官が神祇官に参集する定め
が養老神祇令に盛り込まれている[33]。朝廷からすれば重い儀礼として位置
づけられているのは疑いない。百官や諸社祝部が参集する中での祝詞の宣
読は、相応の演出効果があったと見られる。

　班幣の伴う3種の祭祀のうち、祈年祭については、『年中行事秘抄』所
引の『官史記』に、天武天皇4年（765）創祀という記録が残る。同記の
史料性や、創祀の定義の問題もあり、明確な時期を割り出すことは困難で
ある。だが、同時期に位置づけられる律令制の定期にその官僚機構にふさ
わしい儀礼を求めたことが、これら祝詞の成立に結びついたのであろう。

　他方、神社での祭儀で用いられたと考えられる祝詞もある。大忌・風神
の両祭のものである。ただし、類型（に）で説明したように、神社で祝詞
を用いたとしても、神前での祈願については、神主・祝部のつかさどると
ころであった。となると、祝詞で祭使の権威を示す流れになるのは必然と
いえよう。山口えり氏は、両祭が頻繁に行われた記録の残る天武朝、飛鳥

浄御原令が制定された持統朝において、大忌・風神両祭は国家の意図により ひとくくりにされたとする[34]。そして、神社への遣使という形式は、祈年祭での伊勢神宮を対象とするなど、別格の対応といえる。律令制定期のこの対応が、広瀬大忌祭祝詞の特殊な表現を生み出したと考えられる。

　ただし、この表現はあくまで朝廷と祭使の側の事情に基づいているものといえ、神前近くで祭儀に関わる神主・祝部の立場は変わらない。つまり、その神主・祝部の立場になれば、祈年祭祝詞のような表現でも問題は全く生じないのである。繰り返しになるが、広瀬大忌祭と同様に遣使される龍田風神祭の祝詞の類型が、広瀬大忌祭のそれと同じでない点が、そのことを如実に物語っている。律令制定期であっても、神社をコントロール下に置かない方針だったことが理解できる。

4.3.　祭祀の新たな形式と奏上形式の祝詞

　この祭祀のあり方は、時代を経ると変化する。それが見て取れるのは、奏上形式の祝詞が今に伝わる、春日・平野両祭である。両祭の神主は神祇官人であったと理解できる[35]。これまで紹介してきた祭祀において、朝廷が祭祀を委ねていた神主に、この両祭では、官人が任じられていたのである。祭祀に対する朝廷の積極性がうかがえる。

　このような祭祀に対する積極性には、対象となる祭神への意識が根底にあるものと考えられる。鹿島に坐す健御賀豆智命、香取に坐す伊波比主命を中心とする春日社の祭神は、藤原氏の氏神であり[36]、平野社の祭神は、大江・和氏の氏神に位置づけられる[37]。前者は孝謙天皇以後多くの天皇の、後者は桓武天皇の母系氏神に当たる。

　人的集団の守護神としての氏神は、奈良時代末期から平安時代前期にかけて出現するという指摘がある[38]。春日祭と平野祭の創祀もこの間の出来事と考えられる[39]。氏神祭祀に対する意識の高まりが、神祇官人からの神主任用という特殊な形態を生み出し、それが、神社対象の祭祀としては珍

古代朝廷祭祀に携わる神社の人々 | 243

しい、奏上形式の祝詞の『延喜式』載録に結びついたと考えるのが妥当で
あろう。

　他方、春日祭や平野祭は、平安期に多く執り行われ始めた公祭に位置づ
けられるが、これらに含まれる賀茂祭など、他の祭祀の祝詞は『延喜式』
には載録されていない[40]。基本的に他社は独立した神職組織を持っていた
からと考えられる。公祭に共通するのは天皇の内意の反映である[41]。春
日・平野両祭神主の官人任用、さらには、『延喜式』への祝詞載録という、
いずれも特殊な対応を決定づけたのは、氏神祭祀への意識の高まりだと前
述した。公祭の特質を踏まえれば、その意識の高まりは、天皇の強い内意
の発露だと結論付けられよう。他方、それでもなお、神主をあえて設置す
るところからは、神職が必ず必要であるという、古代神社の揺るぎない特
質も了解できる。

注

1) 律令制度下の祭祀が神社でどのように行われていたかについては、加瀬『平安時代の神社と祭祀』（吉川弘文館、平成 27 年〈2015〉）で指摘しており、本論はその詳論である。また、『延喜式』巻八所収祝詞と律令祭祀との関係については、『日本書紀　古語拾遺　神祇典籍集』（國學院大學貴重書影印叢書四、朝倉書店、平成 28 年〈2016〉）の、兼永本『延喜式』巻八の解題（加瀬執筆）を下敷きにしている。

2) 恒例祭祀等の祝詞 15 編のうち、東文忌寸部献横刀時呪は漢文体であるため、検討を割愛した。

3) 鎮魂祭の意義については、『令義解』巻一職員令、神祇官条。「ミタマシヅメ」「ミタマフリ」と祭儀の関係については川出清彦「鎮魂祭古儀考」『神道史研究』27-2、昭和 54 年（1979）。

4) 『令集解』巻七神祇令、季春条所引令釈。

5) 『令集解』巻二職員令、神祇官条所引古記。

6) 『令集解』巻七神祇令、孟夏条所引令釈。

7) 藤森馨「鎮花祭と三枝祭の祭祀構造」『神道宗教』211、平成 20 年（2008）。

8) 『令義解』巻三神祇令、仲冬条。

9) 『延喜式』巻二四時祭下、相嘗祭条によれば 41 所（71 座）。

10) 『令集解』巻七神祇令、仲冬条所引令釈。

11) 藤森氏は菊地照夫氏の説（「相嘗祭の祭祀形態について」『延喜式研究』15、平成 10 年〈1998〉）を引き、相嘗祭で班幣が行われていた点を指摘しつつも、祭祀構造からすると、その幣帛授受に比重が置かれた祭祀ではないとする。前掲（7）。

12) 形式の名称は便宜的に付した。この形式の差異については、神に対する文体としてどちらが古いかという議論に関心が向けられている。祝詞所収の文献の年代から宣読形式の古さを指摘するのが最も基本と評価できるが（武田祐吉『上代文学の研究　第 1 編　神と神を祭る者との文学』古今書院、大正 13 年〈1924〉）、宣読形式の祝詞の中には奏上形式の文体を含むので、後者が古い形式とする説も有力といえる（白石光邦『祝詞の研究』至文堂、昭和 16 年〈1941〉、近年では、粕谷興紀『延喜式祝詞　付　中臣寿詞』和泉書院、平成 25 年〈2013〉）。また、本稿でも対象とする宣読形式の祝詞については、その政治性に着目した論考も存在する（土橋寛「寿詞と祝詞」『呪禱と文学』学生社、昭和 54 年〈1979〉）。他方で、その使われ方に意を払い、読み手の氏族の差異が文体の差とする説もある（次田潤『祝詞新講』明治書院、昭和 2 年〈1927〉。ただし、春日・平野両祭の祝詞のように、その区別に当てはまらない奏上形式の祝詞も『延喜式』巻八には存在する）。本稿では、そう

した視点についてはいずれも考慮の外に置いた。文体の差異は、祝詞が用いられる状況と対応しており、宣読形式であっても、それが用いられる祭儀はいずれも存在する。諸祭の祭儀を検討の軸に置く本稿にとっては、この点の了解のみで論を進められることが、その理由である。

13) ここでは、用いる局面が祭祀とはいい難い六月晦大祓祝詞は検討を割愛した。

14) この点については、白石前掲（12）参照。本文で後述するが、類型（ろ）についても同様である。

15) 青木紀元氏は、この段の最後の「称辞竟奉_ル宣」が、「称へ辞へ奉らく<u>と白すことを、諸聞き食へよ</u>と宣りたまふ」とあるべきところを、間（下線部）を省いて簡略した形だとする。この点を念頭に置くと、祈年祭第2段の祝詞が、神前への奏上を神主・祝部に告げる目的である点が、明瞭に理解できよう。この点は、類型（い）の他の段にも当てはまる。青木紀元『祝詞全評釈　延喜式祝詞　中臣寿詞』右文書院、平成12年（2000）。

16) 祈年祭祝詞に限らず、類型（い）のある月次祭の祝詞も、それらの冒頭段は類型（ほ）である。類型（い）の各段の内容を聴取することが命令と見なせる点は、類型（い）のある2種の祭祀の祝詞に共通するものといえよう。

17) 広瀬大忌祭祝詞の該当各段は、冒頭に「皇神等_ノ前_ニ白_ク」等の表現がなく、神祇に対する詞章が含まれているか否かは即断しがたい。ただし、同祭第1段の、「広瀬_ノ川合_ニ称辞竟奉_ル皇神_ノ御名_ヲ白_ク」という表現はその神祇に対する詞章に他ならない。これに対して同祭第4段については、神祇への奏上を描写する表現が一切ない。ただし、文中にある幣帛の表現の具体性などから、一種の丁重さがうかがえるので、神祇への奏上に関する表現が含まれているものと考えられる。なお、類型（ろ）の段の後半には例外なく、字義からすれば「賛辞を尽くし申し上げる」となる、「称辞竟奉_ル」といった表現が伴う。この表現からも、神祇への奏上の詞章が存在するという考え方を想定することは可能だが、さまざまな解釈が成り立つ（語義の整理については、白石前掲〈12〉）ので、字義通りか否かの判断は留保する。

18) 青木前掲（15）。

19) 『延喜式』巻一四時祭上、祈年祭官幣条。

20) 『延喜式』巻八祝詞、神宮祈年月次祭条。

21) 祈年祭祝詞の場合、最も多くの神社を対象とする第2段は、幣帛奉献の契機のみが示されるだけである。願意や目的については、該当神社の祝部は知ることすらできない。

22) 祈年祭の幣帛を祝部が神祇官に受け取りに来ない、いわゆる祝部不参と呼ばれる事態が奈良時代末期から起きた（『類聚三代格』巻一科祓事、貞観10年6月28日官符所引、宝亀6年6月13日符）理由のひとつも、今述べた祭祀構造上の特色にあ

るといえよう。朝廷と神社との間に祈願を通じたつながりがない以上、祈年祭に対する意識が低い祝部であれば、神祇官に参集する必要性を感じなかったに違いない。

23）文体の面から論じたものとして、土橋前掲（12）。強制的な「ノル」態度はもともと精霊に対するものだったのが、『延喜式』の宣読形式の祝詞では、天皇または国家の繁栄・安寧に関係の深い神にまで拡大されたとする。

24）本稿では祝詞の使われ方に力点を置いたので、祝詞が含意する神への意思表示に関する内容、具体的には、願意の表現方法の多様さや、その変遷過程などについては検討の対象外としている。

25）『日本書紀』天武天皇4年4月癸未（10日）条。

26）白石前掲（12）。

27）『延喜式』巻一四時祭上、大忌祭条。

28）『日本書紀』天武天皇10年正月己丑（19日）条。

29）祝詞そのものの成立年代から検証する方法もあるが、成立年代を確定させる史料の乏しい点に留意し、ここでは割愛した。

30）薗田香融「神祇令の祭祀」『関西大学文学論集』3-4、昭和29年（1954）、二宮正彦『古代の神社と祭祀』創元社、昭和63年（1988）。西宮秀紀氏はこれを受けて、「初期ヤマト王権」に穀倉地帯として重要視された地域の神社が、相嘗祭に預かった神社の中核をなしたとする（『律令国家と神祇祭祀制度の研究』塙書房、平成6年〈2004〉）。

31）記紀を見る限り、崇神天皇の時代が、天皇による、大神社の祭神である大物主神への祭祀の始まりと見ることができる。当時起きた災いの中には、疫病も含まれており（『日本書紀』崇神天皇5年条）、大物主神への祭祀が、その解決に結び付いたとの理解もあった（『日本書紀』崇神天皇7年11月己卯（13日）条）。鎮花祭の創祀と結びついていたとしても特段不思議ではない。

32）三枝祭が行われる率川社が持統朝に創建されたとする説として、和田萃「三輪山祭祀の再検討」『日本古代の儀礼と祭祀・信仰　下』塙書房、平成7年（1995）。

33）養老神祇令季冬条。

34）山口えり「広瀬大忌祭と龍田風神祭の成立に関する一試案」『史観』158、平成20年（2008）。

35）春日社については、元慶2年（878）には、神祇少副大中臣常道が春日神主であった実例がある（『日本三代実録』元慶2年11月16日条）。平野社の場合はより具体的である。『延喜式』巻八の平野社祝詞には、「神主*神祇某官位姓名定*」という表現があり、神祇官人を神主とする定めの存在を証明している。

36）鹿島・香取両社の神を氏神とするのは、『続日本紀』宝亀8年7月乙丑（16日）

条。

37）『延喜式』巻一四時祭上、平野祭条には、両氏の関与が確認できる。

38）義江明子『日本古代の氏の構造』吉川弘文館、昭和61年（1986）。

39）春日・平野両祭ともに延暦20年（801）には行われていた（『類聚三代格』巻一科
祓事、延暦20年5月14日官符）。春日社は神護景雲2年（768）に琴が充てられ
たとの記事がある（『日本三代実録』元慶8年8月26日条）。それ以前のことを示
す史料のないこと、中世春日社の記録『古社記』が同年の創建だとする点から、同
年が春日社の創建か、春日祭の創祀の年と考えられる。平野社の創建は延暦年中
（782～806）とされる（『類聚三代格』巻一神社事、貞観14年12月15日官符）。

40）大原野祭・平岡祭については、春日祭の祝詞を通用する。『延喜式』巻八祝詞、春
日祭条。

41）岡田荘司『平安時代の国家と祭祀』続群書類従完成会、平成6年（1994）。

日蓮と本尊曼荼羅

森　雅秀

1. はじめに

図1　日蓮曼荼羅本尊（静岡・妙法華寺）
『日蓮と法華の名宝』図65

　本稿は鎌倉時代に現れた高名な僧である日蓮と、彼が作り出した「本尊曼荼羅」（図1）を取り上げる。媒介者の宗教史というテーマで、なぜ日本の高僧と、彼にまつわるものを問題にするかについて、はじめに確認しておきたい。

　宗教を媒介者という視点からとらえることは、宗教が聖なるものと俗なるものという二元的な構造を持っていることと密接に関係する。宗教を聖なるものと俗なるものという二つの領域に分け、その境界や接点における両者の交流、接触、浸透を取り上げたり、場合によっては、いずれの領域にも属さない両義的な存在を問題にすることは、エリアーデを

はじめとする多くの宗教学者の著作に数多く見いだせる。

仏教に対してもこのようなアプローチは可能であるが、そこでは二つの領域があることは自明のものとしてあまり問題にされない。もちろん、たとえば仏教の修行は俗なるものから聖なるものへのアプローチであり、仏の慈悲は聖なるものから俗なるものへの救済の表れである。二つの領域の存在なくしては成り立たない。しかし、空の思想のように、そのような領域の設定そのものの意義に疑問を発したり、如来蔵思想のように、聖なる領域が俗なる領域を包み込んでしまうような思想の方が、より大きな影響力を持つこともある。ちなみに、密教はその両者をあわせもつような立場をとるのであろう。

仏教の根幹をなす教理や実践においては、聖なるものと俗なるものはダイレクトに結びつくことが多い。そこでは両者の間を取り持つ媒介者を必要としない。衆生は自らの力によって悟りの世界に邁進するか、仏の力にあずかって救済されるかであり、そこに何らかの仲立ちするもの、すなわち媒介者が登場する余地はあまりない。

とは言っても、仏教において媒介者や媒介となるものを見つけ出すことはそれほど困難ではない。およそ2500年という長大な歴史を有する仏教には、宗教の持つあらゆる要素が含まれている。人びとはさまざまな人物やできごと、あるいは特定の事物を介して、仏や仏の領域に接してきたし、その事例は他のどの宗教よりも豊富であろう。

仏教において聖なる領域と俗なる領域の仲立ちをする代表的な人物は高僧であろう[1]。われわれ衆生に直接、教えを説き、悟りへの道筋を示す彼らは、われわれの代表であると同時に、仏の代弁者でもある。高僧たち自身が信仰の対象となり、たとえば仏の生まれ変わりと見なされることもしばしばある。

高僧が示したさまざまな奇跡や奇瑞は、彼らが仏に近い存在であり、その世界をわれわれにかいま見せる重要な機会である。このようなエピソー

ドを介して、人びとは仏の実在を信じ、その救いにあずかろうとする。これは仏教に限らず、キリスト教や他のさまざまな宗教においても、広く見られることである。もっとも、仏教の場合、高僧の奇跡のいくつかは、釈迦の示した奇跡の焼き直しに過ぎないことも多い。それを考えれば、仏教の最大の媒介者は釈迦であるのかもしれない。

　衆生と仏とをつなぐのは、釈迦を含む特定の人物だけではない。彼らの残した何らかの「もの」も、両者の媒介となる。それらはまとめて「聖遺物」と呼ぶこともできる。その代表は釈迦の遺骨すなわち舎利であろう。実際、仏教の歴史のかなりは、そのまま舎利を中心とした歴史に置き換えることも可能である。仏教の聖遺物には、舎利の他にも仏の髪の毛や歯、爪など、あるいは身の回りものである衣や鉢などがあるし、釈迦だけではなく、その他の仏や高僧にまつわるものも多い。これらの聖遺物は、その持ち主と同様に、さまざまな奇跡を起こし、そのエピソードとともに伝えられることも一般的である。

　聖遺物が偶然残された遺品であるのに対し、意図的に作り出された聖なるものもある。その代表が仏像や仏画、すなわちイコンである。これらは仏をはじめとする聖なるものの似姿であるが、インドの初期の仏教美術に見られるように象徴が用いられることもある。いずれにしても、聖なる世界をわれわれに示すイメージであると同時に、人びとの信仰の対象となって、礼拝や供養を受ける。

　イコンと聖遺物、そして釈迦を含む高僧たちは無関係にあるわけではない。たとえば、イコンの中に聖遺物が収められることも多いし、高僧が自ら描いた仏画や、自ら刻んだ仏像も無数に伝えられる。その時に、何らかの伝説を伴うこともあるが、その内容は高僧などの奇跡譚であることが一般的である。有名な高僧の特殊な宗教体験に根ざした感得像などはその代表であろう。

　この他、聖なる世界を俗なる世界に出現させる宗教的建造物や、聖なる

世界に働きかける宗教的な行為である儀礼なども、二つの領域の接点、すなわち媒介となるが、問題がいたずらに拡散するばかりなので、ここでは取り上げない。

2. 本尊曼荼羅概観

　本尊曼荼羅は日蓮の流れを汲む宗派、すなわち法華宗や日蓮宗などにおいて礼拝の対象としてまつられる掛幅で、基本的に文字のみによって描かれている[2]。中心には「南無妙法蓮華経」の題目が大きく墨書され、その周囲にはさまざまな神々の名称が、「南無」の文字に続いて記されている。下端には、曼荼羅を描いた作者の名と花押がしたためられ、場合によっては、制作した時期や場所、授与されたものの情報が添えられることもある。本尊曼荼羅は日蓮が生み出したものであり、当然、作者の署名は日蓮となるが、日蓮の後継者によっても制作され、その場合、彼らの名前がそこに置き換えられる。

　本尊曼荼羅を特徴付けるのは、文字のみで構成されることに加え、その文字の独特の形である。「髭題目」と呼ばれることからもわかるように、文字の一部の線を、左右に大きく伸ばして書かれている。やや斜め下方に伸ばすことが多いため、髭が伸びているように見えるのであろう。とくに、中央に大きく記す題目のうち、「南」の第二画の縦線、「妙」の最後の画、「蓮」のくさかんむりの一部やしんにょうなどは、著しく長く書かれる。最後の「経」のみはややこれらと趣向が異なり、一画一画を区切って書くのではなく、「へん」と「つくり」をそれぞれ独立した固まりのように扱い、翻る細い帯のように記し、それぞれの最後の部分を長く伸ばす。題目のそれぞれの文字ほど顕著ではないが、文字の一部を長く伸ばす書体は、題目以外の他の部分にも頻繁に現れる。

　題目の左右に書かれる神仏などの名称は、四段もしくはそれ以上の段に

まとめられ、左右でほぼ同じ数になるように配置されている。

一番上の段で、題目のすぐ左右は釈迦如来と多宝如来である。言うまでもなく『法華経』「見宝塔品」に登場する法華信仰の中心的な仏たちである。これら二尊を左右に並べて描く形式は、二仏併坐と呼ばれ、中国や日本に多くの作品が残る。

二仏の外側には、上行、無辺行、浄行、安立行の四菩薩が並ぶ。『法華経』「従地涌出品」において地面から出現した「地涌の菩薩」たちの上首である。二仏も地涌の菩薩も、日蓮にとって最も重要な仏たちであり、それらを説いた『法華経』そのものが題目として曼荼羅の中心を占めている。題目を頂点とした『法華経』の仏たちの世界が、本尊曼荼羅の根幹にあることがわかる。

第二段以降も『法華経』に登場する仏たちが大半を占める。二段目には文殊菩薩と普賢菩薩が題目のすぐ横に置かれ、以下、外側に向かって、薬王菩薩、弥勒菩薩、舎利弗尊者、迦葉尊者、大梵天、釈提桓因（＝帝釈天）、大日天王、転輪聖王、第六天魔王と続く。左右のバランスが取れるよう、対になる仏や神が選ばれていることがわかる。

第三段以下の構成は、作品によって異なる。多くは鬼子母神と十羅刹女を第三段のはじめに置くが、彼女らも『法華経』「陀羅尼品」に登場する重要な「法華経の仏たち」である。十羅刹女はその名のとおり、十人の羅刹女で構成され、それぞれ名称を持つが、ここではグループ名の「十羅刹女」があげられるだけである。

これらに続いて歴史上の高僧や祖師たちの名があげられる。すなわち、龍樹菩薩、天台大師、伝教大師である。さらに、日本の神である天照大神、八幡大菩薩の名も記される。日蓮にとっての信仰の対象が、どのような広がりをもっていたかがよく示されている。

その下の日蓮自身の署名、もしくは日蓮の後継者たちの署名や花押についてはすでに述べたが、後者の場合、日蓮の名が消えるのではなく、いわ

ば神格化され、その上段の祖師の名前に続いて置かれることになる。日蓮
から曼荼羅の制作者まで何代かあるときには、両者をつなぐ師たちの名が
続く。血脈がここに示されるのである。

　本尊曼荼羅の中心をなすのは、題目とこれらの神仏や祖師たちである
が、画面の四隅には、四天王の名が記されている。その大きさは、題目ほ
どではないが、釈迦如来や多宝如来をはじめとするその他の名前よりもか
なり大きい。配置は、画面の右上から右回りに、大持国天王、大広目天
王、大増長天王、大毘沙門天王であることが多い。「大」と「天」の文字
のそれぞれの「はらい」の画を長く伸ばすのは、題目の文字の特徴と同じ
であるが、いずれも左右に大きく広がるため、より安定した形となってい
る。

　画幅の左右の端には、縦に長く伸びた梵字がある。向かって右が不動
明王、左が愛染明王を表す。不動と愛染の二明王は、密教とくに真言密教
で重要な位置を占める尊格で、しかも、他の仏や神と異なり、本尊曼荼羅
ではあえて梵字（密教では種子と呼ぶ）で表現されている点は注目される
が、日蓮と密教については近年の研究の進展が著しいため、ここでは深く
立ち入らない[3]。

3.　本尊曼荼羅の成り立ち

　本尊曼荼羅がどのように作られるようになったかについては、日蓮の伝
記などからかなり明確に知られている。その大きなきっかけとなったのは
「龍口の法難」で知られる弾圧事件である[4]。

　日蓮の生涯は、権力者や旧勢力からの弾圧や攻撃のくりかえしであっ
た。とくに佐渡配流の直前の 1271 年に起こった龍口の法難は、日蓮が斬
首に処せられる寸前にまで至ったきわめて重大なできごとであった。

　鎌倉幕府の執権北条時宗の命によって連行され、佐渡に遠流となった日

蓮は、鎌倉から離れ、七里ヶ浜の先にある龍口にまで連れて行かれた。佐渡配流は名目で、実際はここで首をはねられることになっていたらしい。しかし、その直前に処刑は中止となり、判決のとおり、佐渡に流されることになった。

　日蓮の行状を伝える史料や絵画作品は、その場面をドラマチックに描くことで一致している。砂浜に引き立てられ、斬首しようとする役人の刀がまさに振り下ろされるその時、突然、江ノ島の上方に月のように光る物体が出現し、南東から北西へと飛んでいった。それに恐れおののいた役人たちが処刑を取りやめたというのである。太陽から閃光が走り、それを受けた役人の刀が粉々に砕かれてしまうという描写がなされることもある（図2）。

　この情景は『法華経』「普門品」に登場する諸難を救済する観音の功徳のひとつに合致する。人びとをさまざまな苦難から救済する観音がそこでは説かれるが、代表的な八つの救済の場面の一つ「刀杖難」として、このシーンはよく知られている。それを表現した造形作品も、インドをはじめ、アジア各地に残されている[5]。わが国でも、『法華経』に関連するさまざまな作品や、「普門品」を独立させた『観音経』にもとづく作品の中に好んで描かれている。「清水寺縁起絵巻」のような社寺縁起絵巻でも、そのヴァリエーションを見ることができる[6]。

図2　日蓮聖人龍之口法難図（本法寺）『日蓮と法華の名宝』図82

実際に日蓮がどのように斬首の危機から逃れられたのかは、諸説あって定説はない。光のかたまりや閃光が出現するといった神秘的な現象が起こったことを、祖師の神格化をはかる後継者たちの脚色とするのは容易である。しかし、死罪や死刑を免れたということはおそらくたしかであり、そのことが日蓮の思想や信条に決定的な何かをもたらしたのも間違いないであろう。実際、日蓮の後継者たちは、このできごとを「頸の座」と呼んで、日蓮の生涯における最も大きなできごとのひとつに数える。そして、それが『法華経』「普門品」に記載された観音救済そのままであることも、共通の認識としてあったであろう。同経には、刀杖難以外にも、牢獄にとらわれたものを救済する観音も説かれている。『法華経』が真実を伝える経典としての地位を、さらに揺るぎないものにしたことは想像に難くない。

　さて、本尊曼荼羅が誕生したのは、この龍口の法難の直後で、佐渡配流に出立する前のことである。ただし、そこではまだ、すでに述べた本尊曼荼羅とは形式が異なり、中央に「南無妙法蓮華経」の題目のみを大書し、その左右には不動と愛染の種子のみが描かれていたに過ぎない。きわめてシンプルなものであったのである。しかも、筆を準備することができなかった日蓮は、柳の枝を細かく砕いて筆の代わりとして揮毫したと言われ、「楊枝の本尊」という名称で、後世、伝えられた。それでも、この曼荼羅を描いた場所と日付、そして日蓮の署名と花押が、画面の下方の左右に記されている。

　四隅の四天王を含め『法華経』に登場する仏や神の名が一切現れないのは、題目そのものに、これらのすべてが包摂されていたことをおそらく示している。その中で、不動と愛染のみが種子で表されているのは、これらの二尊が『法華経』とは相容れない仏たちであることも同時に物語っている。一方、天台大師や伝教大師などの祖師の名が含まれないことも、これらの歴史上の人物は、もともと日蓮のイメージした原初的な曼荼羅には含

まれていなかったことを、おそらく示唆している。

　現在の本尊曼荼羅の形式がはじめて出現したのは、日蓮が佐渡に流されておよそ二年が過ぎた 1274 年のことである。彼の地ではじめて作られたため「佐渡始顕本尊」と呼ばれる。この作品は明治初頭の身延山久遠寺の火事で焼失してしまったが、その写しを見ると、本尊曼荼羅の基本的な構造がすでに完成していたことがわかる。

　これ以降、佐渡の配流が赦され、身延山に本拠を構え、1282 年に没するまでに、日蓮は数多くの本尊曼荼羅を自ら描いた。その数は、確認できるだけでも 120 あまりあり、日蓮がきわめて精力的にこの形式の曼荼羅を生産し続けたことがわかる。そのうち、大きなものは縦の長辺が 2 メートル近くに及び、寺院の本尊として懸けられた。その一方で、縦が 50 センチメートル程度の比較的小規模の作品もある。その場合、折りたたんで身に付け、護身の役割を果たしたことが、保存状態や伝承の記録からわかっている[7]。

4.　本尊曼荼羅の位置づけ

　日蓮が描いた題目と神仏の名前などを一枚に収めた図が「本尊曼荼羅」と呼ばれることは、日本における曼荼羅のとらえ方を考える上で興味深い。本来、曼荼羅（maṇḍala）とは、密教において仏の世界を一定の法則にしたがって表現したものである。インドで生まれた後も、チベット、ネパール、中国、東南アジアなどのアジア各地で受け継がれた。日本はその最後に位置するが、とりわけ日本では「曼荼羅」の名称を持つさまざまな種類の作品が作られるようになる。それは密教に限らず、修験道や浄土教、さらには民間信仰のような世界でも、数多くの曼荼羅が生み出された[8]。

　これらのさまざまな曼荼羅を概観しても、日蓮の本尊曼荼羅に類する作

品はほとんど見いだし得ない。本尊曼荼羅は日蓮が生み出したきわめて独創性の高い曼荼羅のように感じられる。しかし、表面的には孤高の存在のように見える本尊曼荼羅であるが、細部に目を向けたり、いくつかの要素に分解すると、必ずしも類似の作品がないわけではないことに気がつく。

　日本の曼荼羅の源流に位置する金剛界と胎蔵界の両界曼荼羅には、本尊曼荼羅と共通する点はほとんどないように見える。しかし、日本密教においても『法華経』は重要な経典に位置づけられ、さまざまな密教的な解釈が行われてきた[9]。その中には『法華経』の釈迦如来と多宝如来を、胎蔵と金剛界の大日如来と同体と見なす考え方もあった。本尊曼荼羅の左右の仏たちの筆頭に位置するのがこの二仏であり、本尊曼荼羅は日本密教の最も重要な考え方である金胎不二を背景として持つことになる。

　密教における『法華経』の具体的な造形としては、別尊曼荼羅のひとつである法華曼荼羅をあげることができる[10]。法華曼荼羅の中心部分は、胎蔵曼荼羅の中台八葉院と同じ構造をとり、さらにその回りには二重の四角い枠が作られ、金剛界曼荼羅の外枠の形に一致する。マンダラの構造そのものが金胎不二を表しているのである。そして、その中央には、『法華経』「見宝塔品」で出現する宝塔を置き、その中に二仏併坐が描かれる。

　法華曼荼羅を構成する仏たちの多くも、本尊曼荼羅に重なる。釈迦、多宝の二仏は今述べたとおりであるが、その周囲の八葉蓮華には八大菩薩が置かれ、その中には本尊曼荼羅にも登場する弥勒と文殊も含まれる。さらに、八葉蓮華の外側の四隅には、四大弟子が描かれるが、そのうちのふたりは舎利弗と迦葉である。第三重は四大明王、天部、そして四天王が規則的に配されるが、明王には不動、天部には梵天、帝釈天が含まれる。四天王が四隅を占めるのは本尊曼荼羅と同様であるが、これはむしろ多くの別尊曼荼羅にひろく見られることで、曼荼羅全体を四隅から護衛する役割が担わされている。

　修験の曼荼羅も本尊曼荼羅と無関係とは思われない。とくに、ひな壇の

構造をとり、画面の上から下に向かって仏や神をヒエラルキーにしたがって並べるという修験の曼荼羅に広く見られる構図は、そのまま本尊曼荼羅にも現れる。しかも、修験の曼荼羅の場合、下に行くほどその場所と関係の深いいわばローカルな神が現れたり、歴史上の人物を描くという発想が見られるが、これも本尊曼荼羅と共通している。本尊曼荼羅では天照大神や八幡大菩薩という日本固有の神がみや、龍樹菩薩、天台大師、伝教大師、さらには日蓮やその後継者たちが登場した。

　修験の曼荼羅にはさまざまな種類があるが、とりわけ本尊曼荼羅と関係が深いと思われるのが、天台系の日吉山王曼荼羅である。その作品の多くは、社殿を背景に、神がみや仏たちが整然とひな壇に並んでいる。しかも、単に上から下に並ぶだけではなく、その多くは左右がシンメトリカルな構造を保ち、その中央には一尊、ないしは数尊の神が中心軸のように置かれている。そして、社殿の手前、すなわち、画面では一番下の部分には、天台の高僧たちが描かれることもある。さらに、画面の左右で、やや下寄りには、不動明王と毘沙門天がしばしば描かれる。これらの二尊は、天台宗では守護尊的な役割を果たす尊格として、寺院などでまつられることも多いが、本尊曼荼羅に梵字で記された不動と愛染の二明王の位置や役割に通ずるものである。

　もっとも、中心軸を持ち、左右にその眷属のような尊格や人物をシンメトリカルに配置するという特徴は、なにも日吉山王曼荼羅に限ったことではない。むしろ、主要な信仰対象を中心に置く宗教美術の普遍的な形式と言うべきであろう。仏教では釈迦を中心とする三尊形式がその最もシンプルな形態であり、その発展形態としてさまざまな形式が生まれた。比較的、多くの人数をともなうものとしては、釈迦十六善神図や千手観音と二十八部衆、不動明王と八大童子（あるいは三十六童子）などがあげられる。

　その中で『法華経』と直接関係を有する形式に、「普賢十羅刹女像」が

ある。『法華経』「勧発品」に説かれる普賢菩薩を本尊として、その回りに「陀羅尼品」に登場する十羅刹女と鬼子母神を描く。平安時代からの作品も知られ、鎌倉時代以降、さまざまな作品が作られた。その中には、四天王の中の毘沙門天と持国天や、あるいは薬王菩薩のような『法華経』に登場する仏たちが登場するものもある。

　興味深いことに、十羅刹女と鬼子母神は、そのままひと組になって他の形式の作品に描かれることがある[11]。たとえば、本尊が釈迦で、脇侍が文殊、普賢の二菩薩、そして、その周囲に十羅刹女と鬼子母神、さらに持国天と毘沙門天が描かれる作品がある。これは旧暦の三月に行われる法華会の本尊として掲げられたと考えられ、「三月経曼荼羅図」と呼ばれることもある。あるいは、やはり釈迦を本尊とし、その四方に普賢、文殊、勇施、薬王の四菩薩を置き、その外側に、左右にバランスよく十羅刹女と四天王を描いた「釈迦五尊十羅刹女像」もある。さらに、別尊曼荼羅の法華曼荼羅の下にスペースを作り、そこに十羅刹女を描いた作品もある。『法華経』に説かれる諸尊を描くときに、十羅刹女および鬼子母神や四天王たちは、画面を人物群で埋めるための格好の素材だったのである。

5.　文字の曼荼羅

　日蓮が信仰のよりどころとした唯一無二の経典が『法華経』であり、それを図示したのが本尊曼荼羅である。そこに、釈迦、多宝の二如来をはじめ、菩薩、仏弟子、十羅刹女、四天王のように、『法華経』に登場する仏たちが描かれるのは当然と言えば当然であろう。しかし、『法華経』は単に曼荼羅を構成する仏たちを提供するだけの典拠にとどまらない。むしろ、本尊曼荼羅という文字のみで構成された独特の曼荼羅を生み出したことと、結びつけてとらえるべきであろう。

　日本で筆写された経典の中で、『法華経』の数は群を抜いている。しか

も、その中には装飾経と呼ばれ、さまざまな方法で荘厳された経典も多数ある。経典そのものが信仰の対象であり、それを単なる文字の羅列としてではなく、仏と同様、あるいはそれ以上の存在と見なしていたことがわかる。紺地や紫地の料紙に金泥で記した紺地金字経や紫地金字経は、有名な中尊寺経をはじめとして数多く残されている。一行おきに金泥と銀泥を交互に用いて書写した金銀交書法華経もある。

　『法華経』の各巻の巻頭に見返し絵を置いて、経典を荘厳することもよく知られている。厳島神社のいわゆる「平家納経」はその代表であろう。金字経にも見返し絵を置いた作品は多い。これらの絵は、当然『法華経』の各巻の内容に即した題材が選ばれるが、「見宝塔品」を含む巻には、二仏併坐を含む宝塔の姿が、また「陀羅尼品」では普賢菩薩と十羅刹女のように、他の法華経美術で、とくに信仰の対象となった尊像がしばしば描かれている。文字とそこに説かれる仏が密接に結びついて『法華経』のイメージを生み出していることがわかる。

　文字がイメージと結びついた法華経もよく知られている[12]。すべての文字をそれぞれ小さな宝塔に収めて記した「一字宝塔法華経」や、文字の下に蓮台を置いた「一字蓮台法華経」、さらに、それぞれの文字の横に一体ずつの仏を描き、一行おきに仏と経文が交互に現れる「一字一仏法華経」などがある。いずれも『法華経』の文字が単なる情報を伝達するための記号ではなく、それ自体が仏と同等と見なされていたことを明らかに示している。

　『法華経』の経典の文字全体を、そのままひとつのイメージとして描いた特異な絵画作品がある。「法華経宝塔曼荼羅図」と呼ばれ、奈良の談山神社や京都の立本寺の作品（図3）などがよく知られている[13]。

　八巻からなる『法華経』をもとに、各巻の文字をすべて使い、その全体が宝塔の形になるように紺地の紙に金泥で記すのである。全体で八幅からなる場合と、開経（『無量義経』）と結経（『観普賢経』）を前後に加えた

図3 法華経宝塔曼荼羅図（京都・立本寺）
『金と銀』図98

十幅からなる場合があるが、いずれも、宝塔という具体的なイメージが文字によって形作られた図像である。一字一字を宝塔や仏と見立てた前述の形式とは、正反対の方法をとるが、そのめざすところは同じであろう。各幅の宝塔のまわりには、宝塔を取り囲むように該当する巻に含まれるさまざまなエピソードが描かれている。これらは装飾経の経典見返し絵と共通し、やはり経典荘厳の延長線上に宝塔曼荼羅図も位置することがわかる。

　日蓮の本尊曼荼羅とこの宝塔曼荼羅図は、外見上はほとんど別のようであるが、そこに描かれているのはむしろ同じである。画面の中央に縦長に大きく描かれるのは、『法華経』のすべての経文であるが、それは日蓮の本尊曼荼羅の中央に記された題目そのものである。経典の名称そのものか、あるいは経典を構成するすべての文字であるかという違いがあるだけである。

　法華経宝塔曼荼羅図の周囲の余白に描かれた経典のさまざまなエピソードや登場人物は、本尊曼荼羅で題目の左右に記された諸尊と重なるところが多い。名称のみをあげるか、具体的なイメージを使って表現されるかが異なるのは、中心部と同じである。

　「髭題目」と呼ばれるように、本尊曼荼羅の顕著な特徴は、その独特な書体にあった。一部の画を極端に伸ばしたり、文字の形そのものを変形さ

せて、見るものに強い印象を与えた。このユニークな文字の形も、おそらく宝塔曼荼羅図に関連する。

　題目を構成する南、妙、蓮、経などの文字は、一部の画が斜め下方に向けて、極端に伸ばされているが、これは仏塔の庇におそらく相当する。はじめの「南」の第二画の縦の線は仏塔の相輪に、最後の「経」の文字は仏塔の亀腹に相当するという説もある。後者に関しては、位置からすればむしろ仏塔の基壇部に相当すると見る方が妥当であろうが、いずれにしても、題目全体が仏塔の形を模しているのはたしかであろう[14]。

　このことは、題目の左右に記された諸々の神仏や高僧たちの名称についても当てはまる。日蓮の残した本尊曼荼羅の多くは、これらの名称を、外側に行くほど低くなるように配置しいている。左右がシンメトリカルになるように意図的であったのは明らかである。この部分も、おそらく仏塔の庇の傾斜に対応する。題目だけではなく、回りの文字もあわせて、大きな仏塔が画面に出現しているのである。四隅の四天王が「大」と「天」の文字を傘のように大きく書いているのも同様であろう。四隅に四基の小仏塔が現れ、中央の大きな仏塔を守っているのである。なお、不動と愛染のみはこれらの仏塔を構成しない。この二尊のみは梵字で表されることも考慮に入れれば、おそらく『法華経』を象徴する仏塔とは別のレベルに位置しているのであろう。

　日蓮の本尊曼荼羅は、『法華経』という経典そのものを信仰の対象とし、独特の造形へと姿を変えたわが国の『法華経』の美術のひとつしてとらえることができる。とくに、仏像や仏画のような具象的なイメージよりも、文字という記号の一種を、そのままイコンのように扱うという考え方が根底にある。

　ただし、文字に対するこのようなイコン化も、『法華経』がはじまりではないであろう。密教ではそれぞれの仏を梵字一字（正確には一音節）に対応させ、その仏そのものとする。それは記号とか象徴とかではなく、文

字がそのまま仏と見なされる。そのことは仏を瞑想するときに明瞭に現れる。真言宗の瞑想法として、大日如来を瞑想する阿字観が広く知られているが、このような瞑想法は阿字観に限らず、密教の瞑想法（観想法）としてインド以来広く行われてきた。すべての仏を梵字で表した種子曼荼羅は、このような仏を表す文字のみで構成された曼荼羅である。

　密教では『法華経』の経題そのものが仏として解釈されていたことも指摘されている。たとえば、胎蔵曼荼羅の中台八葉院の九尊の種子に対応させたり、日本における伝統的な曼荼羅理解として知られる大三法羯の四印に配当したり、あるいは、金胎の両界曼荼羅に対応させて、金胎不二に結びつけるなど、さまざまであったが[15]、いずれも文字がそのまま仏であることを共通の理解として持っている。

　鎌倉時代に現れた高僧たちは、従来の伝統的なイコンに対して否定的な立場を取り、教えそのものを表す特定のことばを、それにかわって重視する傾向がある。日蓮はその代表であるが、他にも親鸞による名号があげられる[16]。「南無阿弥陀仏」の六字の名号をはじめ、八字名号、十字名号を重視した。親鸞自らが記したこれらの名号の幅が、真宗寺院に伝来し、崇拝の対象として重視されたことや、蓮如らによって名号が真宗門徒に積極的に配布され、信者の拡大に大きく貢献したことも、日蓮とそれ以後の後継者たちによる本尊曼荼羅の扱いに共通している。

　なお、親鸞以降、真宗では浄土教の祖師たちを名号とともに描いた光明本尊が一時期流行した。その後、名号と祖師を描いた幅をそれぞれ独立させ、寺院内にまつることが一般化する。これらも本尊曼荼羅の中に高僧や祖師の名を加えることと、同じようにとらえられる。いずれも、一方で、伝統的なイコンを拒否することで自らの教えの先鋭化をはかるのであるが、その一方で、その教えが正統的な流れに位置づけられることを、強くアピールしているのである。

　時宗の一遍も、念仏札を大量に配り、念仏による救済を人びとに浸透

させた賦算を行った。すでに述べたように、日蓮の本尊曼荼羅は大幅の場合、寺院内に懸けられ、本尊として扱われたが、小品のいくつかは、折りたたんで身に付け、護符のような働きをしたことがわかっている。文字の持っている呪術的な力に対する信仰が、そこには込められている。

　このような伝統的な図像に対する否定的な態度と、教えそのものである文字の重視は、鎌倉期のいわゆる「新仏教」に特徴的であるという印象を与えるが、たとえば「旧仏教」を代表する高僧のひとり明恵などにも見られ[17]、むしろ、当時の仏教全体が原点回帰を志向していたことのあらわれと見るべきであろう。単なる伝統の拒絶であるならば、本尊曼荼羅や浄土真宗の光明本尊に含まれるような祖師たちのイコンも不要であったはずである。むしろ、原点回帰を保証するものとして、正統性が強調されたのである。

6.　おわりに

　日蓮の本尊曼荼羅が、その独特の形態や表現方法にもかかわらず、伝統的な曼荼羅と密接な関係を有すること、そして『法華経』の経文や経題そのものを信仰の対象とし、造形化する大きな流れの中に位置づけられること、それは密教においてすでに準備され、鎌倉時代という新しい時代に仏教そのものが問い直されるときにクローズアップされたことなどを述べてきた[18]。大きな時代の転換期を迎え、新たな伝統を生み出そうと努めた仏教者たちに共通する態度であったと言うこともできる。

　それでは、日蓮の本尊曼荼羅は、その中でどのような特異性を持っていたのだろうか。ふりだしに戻ることになるが、やはり本尊曼荼羅が文字によって表現されていることに注目すべきであろう。高僧が名筆家であることはそれほどめずらしくはない。三筆のひとりに数えられる空海などは、その代表であろう。しかし、日蓮の本尊曼荼羅の文字は、伝統的な書

の世界からは完全に超越している。巧拙という基準ではかるような文字ではないのだ。むしろそれは、文字そのものがその存在を自らの形によってアピールする世界である。現代であれば、グラフィックデザインやタイポグラフィーに通じるし、手書きの文字が持っているインパクトという面では、現代美術としての書の世界がそれに近いであろう[19]。

　日蓮は、このような文字のもつ力を戦略的に用い、それに成功したはじめての仏教者だったのではないだろうか。それまで自らが吸収してきた聖なるイメージの世界を、文字に凝縮し、その形を通して、人びとにそれを伝えようとしたのである。日蓮の個性あふれる文字を抜きにして、本尊曼荼羅は成り立たなかったはずである。

　このことは、本尊曼荼羅にかならずそれを書いたものの署名がなされることとも関連するであろう。もともと本尊曼荼羅が作られたのは、日蓮が弟子や信徒たちにそれを分け与えるためであった。本尊曼荼羅を授与された者たちにとって、そのひとつひとつに日蓮の名前が記されていることこそが、最も重要であったはずである。そうでなければ、なぜ同じ本尊曼荼羅が何百と再生産されたか、説明がつかない。そして、日蓮以降の後継者たちも、日蓮と同じように自らの名前を同じように本尊曼荼羅の中に加え続けていった。名前が文字という形をとり、人びとを仏の世界へと導く入口になったのである。そして、その仏の世界も独特な形をした文字によって表現されていた。

　本尊曼荼羅が密教の曼荼羅や法華経美術と密接な関係を持つことは、すでにくりかえし述べたが、そこには、本尊曼荼羅のように作者の署名が加えられることはありえなかった。描かれた仏の世界や法華経の経典の内容、あるいは経文こそが描かれるべき主題であり、それらを描いたのが誰であるかは、基本的には特別な意味を有していなかった。しかし、本尊曼荼羅の場合、釈迦如来と多宝如来の二仏、そして宝塔から始まる仏の世界が、独特な形をとった文字の連なりを経て、最後に日蓮あるいはその後継

者たちの名前に集約されることで、はじめて人びとに仏の世界との出会い
を実現させている。媒介者は高僧やその聖遺物であるだけではなく、高僧
の存在をなによりも明瞭に示す文字だったのである。

注

1) 高僧とその奇跡が、仏と衆生を結びつける重要な役割を果たしたことは、森
   （2014）で詳しく論じた。
2) 本尊曼荼羅については都守（2014）が詳しい。先行研究についても、同論文末尾
   の参考文献に示されている。実際の作品とその解説については、展覧会図録『大日
   蓮展』『日蓮と法華の名宝』も参照した。日蓮にとっての本尊については、中尾・
   渡辺（1982）所収の望月歓厚、塩田義遜の論文がある。
3) 代表的なものにドルチェ（2010）がある。
4) 以下の日蓮の生涯については佐藤（2003）、佐々木（2004）を参照した。
5) オーランガバード石窟の八難救済図の周囲の浮彫などがよく知られている。図版は
   森（2006: 45）参照。
6) 小松編（1994: 42-43）。
7) たとえば展覧会図録『法華と日蓮の名宝』第67図。
8) 日本における曼荼羅の展開については、森（2006、2007）参照。
9) 以下、法華経と密教についてはドルチェ（2014）に主に依拠した。
10) 法華曼荼羅については林（2002: 42-43）を参照した。ドルチェ（2014: 276-277）
    にも重要な情報が含まれる。
11) 以下の十羅刹女と鬼子母神を含む作品は、展覧会図録『法華経の美術』17、18、
    22図。
12) 展覧会図録『法華経の美術』には、これらを含むさまざまな『法華経』が紹介され
    ている。そのうち、「一字宝塔法華経」は図63、64、65、「一字蓮台法華経」は図
    66、「一字一仏法華経」は図37である。
13) 談山神社本は展覧会図録『法華経の美術』図5、『王朝の仏画と儀礼』図100、立
    本寺本は『法華経の美術』図6、『金と銀』図98、『日蓮と法華の名宝』図14など
    に掲載されている。ほかに個人蔵の作品もある（『王朝の仏画と儀礼』図99）。な
    お、『金と銀』図98の解説には、立本寺本と紺紙経見返し絵とでは、人物や動物
    などの表現方法や技法に相違があることが指摘されている。見返し絵が宝塔絵曼荼
    羅の直接の典拠となったのではないことが推測される。
14) 本尊曼荼羅の文字を宝塔の形を模していることについては、渡辺（2005）に指摘
    されている。相輪や亀腹についての指摘も同論文による。本尊曼荼羅の独特の文
    字は、日蓮宗や法華宗などの伝統では光の表現と見なすことがオーソドックスで、
    「光明点」という用語もある。渡辺はそれに加えてことば（とくに発語）の表象で
    あることを指摘するが、ここではこれらの解釈には立ち入らない。

15）ドルチェ（2014: 278）。

16）浄土真宗における本尊のイメージの変遷については津田（2006）が示唆に富む。

17）佐藤（2003: 248-249）。

18）佐藤（2003: 246-248）では、本尊曼荼羅が一念三千や十界互具の表象と説明されている。教理的にはもちろんそれが正しいのであろうが、実際の曼荼羅に表現されている内容からは、直接それを導き出すことは困難である。なお、本尊曼荼羅は日蓮の後継者たちによって絵曼荼羅へと変化していく。展覧会図録『大日蓮展』に含まれる行徳真一郎「日蓮諸宗本尊画試論：題目本尊から絵曼荼羅へ」は、この問題を扱い、日蓮の後継者にとっての曼荼羅を理解する上で示唆に富む。この問題については、稿を改めて考察したい。

19）石川（1993: 224-225）には、書家の立場からの本尊曼荼羅の解釈が示されている。そこでは本尊曼荼羅は「文字以前、文様以前、絵画以前の〈図像〉期の混沌とした原初的エネルギーを発散している」と説明されている。本稿の解釈とは異なるが、実際の書家のとらえ方として興味深い。

文　献

石川九楊　1993　『書と文字は面白い』新潮社。

小松茂美編　1993　『続々日本絵巻大成　伝記・縁起篇　2　日蓮聖人註画讃』中央公論社。

小松茂美編　1994　『続々日本絵巻大成　伝記・縁起篇　5　清水寺縁起　真如堂縁起』中央公論社。

佐々木馨　2004　『法華の行者　日蓮』（日本の名僧 12）吉川弘文館。

佐藤弘夫　2003　『日蓮：われ日本の柱とならむ』ミネルヴァ書房。

津田徹英　2006　『日本の美術　488　中世真宗の美術』至文堂。

都守基一　2014　「日蓮図顕大曼荼羅の考証」小松邦彰・花野充道編『シリーズ日蓮　2　日蓮の思想とその展開』春秋社、130-160 頁。

ドルチェ、ルチア　2010　「二元的原理の儀礼化：不動・愛染と力の秘像」ルチア・ドルチェ、松本郁代編『儀礼の力：中世宗教の実践世界』法藏館、159-208 頁。

ドルチェ、ルチア　2014　「法華経と密教」小松邦彰・花野充道編『シリーズ日蓮　1　法華経と日蓮』春秋社、268-293 頁。

中尾堯・渡辺宝陽　1982　『日蓮』（日本名僧論集　第九巻）吉川弘文館。

林　温　2002　『日本の美術　No.433　別尊曼荼羅』至文堂。

森　雅秀　2006　『仏のイメージを読む：マンダラと浄土の仏たち』大法輪閣。

森　雅秀　2007　「日本人はマンダラをどのように見てきたか」『点から線へ』50 号、78-102 頁。

森　雅秀　2008　『マンダラ事典：100 のキーワードで読み解く』春秋社。

森　雅秀　2016　『高僧たちの奇蹟の物語』朱鷺書房。

『王朝の仏画と儀礼』奈良国立博物館　1998.

『金と銀：かがやきの日本美術』東京国立博物館　1999.

『大日蓮展』東京国立博物館　2003.

『日蓮と法華の名宝』京都国立博物館　2009

『法華経の美術』奈良国立博物館　1979.

教義としての媒介者
──「生神金光大神」について──

藤 本 拓 也

1. はじめに

　金光教の教祖となる赤沢文治──後の金光大神（1814年〜1883年）
──は、現在の岡山県浅口市金光町大谷で農業に従事していたが、46歳
の時に神の依頼を受け、人々の救済に専念することを開始した。「取次」
と呼ばれるその宗教活動は、人間の願いを神に届け、神の言葉を人間に伝
える営みである。それにより、神と人が結びつけられ、交感することが
はじめて可能になったとされている。もっとも、文治はいきなり媒介者に
なったわけではない。後述するように、方位神である金神に憑依された実
弟を介して神との人格的応答がはじまり、金神信仰を進めていくなかで、
自らも神のメッセージ（お知らせ）を感受できるようになる。こうして、
実弟から自立した宗教者になっていった。

　文治は5回にわたり神から名を与えられ、最終形として「生神金光大
神[1)]」に定まるのであるが（文治大明神→金子大明神→金光大明神→金光
大権現→生神金光大神）、その過程上に金光大神と神との関わり合いの深
化と救済の展開を見ることができる。金光大神と神との交感の様子につい
ては、信仰的自叙伝とも言いうる「金光大神御覚書」（以下「覚書」と略
記）および、神の言葉を死の直前まで書き記した「お知らせ事覚帳」（以
下「覚帳」と略記）に表出されている。「覚書」は、明治七年の神の指示

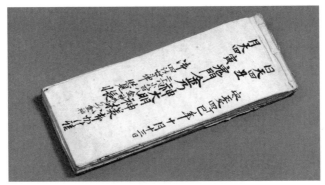

図1　「お知らせ事覚帳」表紙。

により書き出され、文化11年（1811年）の生誕時の事柄から明治9年（1876年）までの神との関わり合いが記されている。「覚帳」は、慶応3年10月に起筆と推測されており、安政4年（1857年）から明治16年（1883年）の死の17日前までに受け取られたお知らせを中心に日記のような体裁で綴られている。また、金光大神が弟子（直信）に語った言行は「金光大神御理解集」（以下「理解」と略記）にまとめられ、「覚書」「覚帳」とともに、1983年刊行の『金光教教典』に収録されている。本論では、これらを一次資料として参照しつつ、取次者＝媒介者としての金光大神の性格について歴史をおって検討していく。

　媒介者としての金光大神を論じるにあたり、神と人間の交流を成就させる「取次（結界取次）」について簡単に紹介しておこう。取次は、「広前」の神前に向かって右手に設けられた「結界」という座で行われる。取次者は、左手に信者を見るように横向きに座り、一対一の対話が行われ、信者の願いは神前へと聞き届けられる。とはいえ、それは、カウンセリングのような二者関係ではない。取次者が媒介となり、取次者の言葉は神からのメッセージとして聴き受けられるのである。そこでは、人の願いと神の思いを「媒介」する営みが生成している。また、参拝者が取次者に願いを述べる行為は、慣習的に「お届け」と呼ばれ、神への願いは取次者を介して

神に届けられると観念されている。

　もっとも、金光教団において取次とは結界取次のみを意味しているのではない。「取次教団[2]」と自己規定している金光教ではあるが、現在の教規上の取次概念は、結界取次と「各種活動」を包含するとされ、そこに「永世生き通しの生神金光大神取次」が働くと解釈されている。金光大神は死後も「取次の神」として働いているという教説は、没後130年以上を経た現在、「生神金光大神取次」という教団教義上の概念として、宗教活動に限られない社会活動一般にも適用されている。事実、2015年の教団文書でも、「生神金光大神取次の内容は、時々により様相を異にして[3]」いることが再確認されている。以上のような教義上に生起する媒介者像も視野に収めつつ、本

図2　「天地書附」神と媒介者と人間のあるべき関係が図像化され、現在では神前に奉斎されている。

論は、神と人間を媒介する教祖金光大神の様態を析出するとともに、考察の対象を布教や信仰の現場ではなく教団的な教義史に定めて、教祖没後に生神金光大神が教義概念として展開していく様相も摘出してみたい。

2.　金光大神はシャーマンか？

　まず、安政6年（1859年）の立教に至る状況を簡単に見ておきたい。安政2年（1855年）、四十二歳の厄年に、金光大神は「九死一生」の「のどけ」という大病に罹り、医者からも見放される。そして、家族親族によ

り、病気平癒のため「神々、石鎚様、祈念願い申し上げ」(「覚書」3-4-4)
られ、その際、石鎚信仰の先達であった義弟古川治郎に神がかりがある。
「四十二歳の大患」として知られるこの場面では、複数の神仏が現れるの
だが、義弟に降りた神は、家屋の建築の際に金神に無礼があったことを告
げる。それに対し、「どの方角へご無礼仕り候、凡夫で相わからず。方角
見てすんだとは私は思いません」(「覚書」3-5-3~4)と「凡夫の自覚」を
表白した金光大神は、「熱病では助からんで、のどけに神がまつりかえて
やり。心徳をもって神が助けてやる」(「覚書」3-7-2)という恩恵に与る。
この大患経験は、養父とその子、子女三人、飼牛二匹を相次いで亡くすと
いう「金神七殺」の呪縛の中で苦悩していた金光大神が神と出会い、命を
救われ、苦難の理由が明かされるという意味で、金光大神の信仰の画期を
なし、神と金光大神の交流の端緒として捉えられている。

　他方、教内において、それが、義弟の神がかりというシャーマニズムの
文脈で起きていることはほとんど指摘されない。島薗進の言を借りれば、
実際には、治病のための「巫儀の中で宗教的覚醒が起こった[4]」わけであ
る。教内のナラティヴとは別様の視角から分析する島薗の議論を簡単に見
ておこう[5]。

　金光大神において──また中山みきにおいても──その宗教的転換点と
なる「病は超自然的存在の無秩序無統制な意志に由来すると考えられ、そ
れを統御するために巫儀が開かれ、神がかりが演じられる」とする。そし
て、こうした「講社〈宗教〉のシャーマニズムにおいて、その枠をはみ出
すような特異な神の言葉を聞き、宗教者への道を歩み始め」たと捉えられ
る。講社組織とは結びつかない金光大神の宗教活動は「流行神的なシャー
マニズム」である。そこでは、金光大神個人の霊的能力により「無秩序無
統制」な神の力が統御され、神がかりのトランス状態は軽減される。かく
て、「日常的人格と神がかり状態との区別」が減少していくのである。そ
れにより、日常生活の場面で、より直接的に参拝者に応対し、救いが行わ

れるという。このように、島薗は金光教の発生を媒介者の「流行神」化の
プロセスから分析し、「流行神的職能者は、その人格全体が神的なものの
顕現であると見なされ、生神とよばれるようになる。生神信仰はシャーマ
ニズムの直接化・日常化の一つの帰結」として捉える[6]。

　たしかに、金光大神は何の前触れもなく神がかりとなり、ただちに教祖
として周囲に認められ、金光教を立教したわけではない。当時の備中地方
には、「長尾の楠木屋」「連島の文重郎」「堅盤谷の婆さん」といった「金
神祈祷者」が存在し、金光大神はその系譜上に位置づけられている[7]。大
谷村から北東に10kmほどのところに小野うた（堅盤谷の婆さん）という
金神祈祷者がおり、彼女のもとで金神信仰を深めていた実弟の香取繁右衛
門の神がかりを介して、金光大神は安政4年（1857年）に金神の宮の普
請を依頼される（神の頼みはじめ）[8]。そして、安政6年（1859年）には
金光教成立の起点とされる「立教神伝」が伝えられるに至る。その際、神
は「此方のように実意丁寧神信心いたしおる氏子が、世間になんぼうも難
儀な氏子あり、取次ぎ助けてやってくれ」（「覚書」9-3-6）との頼みを表
出し、金光大神は農業をやめて、その後死去するまでの24年間「難儀な
氏子」を「取次ぎ助け」る媒介者として蟄居することになる。とりあえず
ここで確認しておきたいのは、金光大神が神の言葉を感受し、神と人を取
り次ぐ媒介者＝シャーマンとしてその宗教活動を開始したということであ
る。

　神の意思・願い・教え（お知らせ）は、安政5年（1858年）――香取
繁右衛門を介した「神の頼みはじめ」の翌年――から受け取られ、言葉と
して表出されることもあれば、身や心に感受され、あるいは出来事を通し
て知覚されもする。まず同5年3月に「手にお知らせ」（「覚書」5-3）と
いうかたちで、祈念の際の合掌した手の上がり下がりによって神の知らせ
を受ける。願い事があるとき、それがかなうならば手が上がり、かなわな
いならば手が下がるという現象である。続いて、7月の盂蘭盆会の精霊回

向の際に、突如として神がかり、養母や妻を呼び寄せて、赤沢家先祖のことについて神が「物語いたして聞かせる」(「覚書」5-5-2)。こうして、金光大神は「口にお知らせ」を受けるようになるのだが、これは後に「裁伝」と呼ばれるもので、神の思いが自然に口をついて出る現象である。教義的には、「自身の意思でものを言っているのではなく、内奥から湧き出るような感じであることがうかがえる。とはいっても、まるで前後不覚におちいっている時の神がかり的な告げ方でもない。口をついて出ている内容や、周囲の状況がはっきりと知覚されている[9]」と解され、シャーマニズムのトランス状態とは別種のものと見なされている。さらに慶応 3 年(1867 年)には「私の心へお知らせ」(「覚書」15-5-9)があり、自身の心に感受されるという過程を経た。

　安政 2 年の大患経験では義弟の神がかりが神との交流の契機となり、安政 4 年の「神の頼みはじめ」では実弟の神がかりが契機となっているのだが、金光大神自身にシャーマン的気質を見ようとするのは、教内のナラティヴでは慎重に避けられている。金光教の公式見解において、金光大神の「お知らせ体験」は、神がかりとは別種のものであると押さえられてきている。たとえば、金光教の組織化を担った直信の佐藤範雄(1856 年〜 1942 年)は、昭和 5 年(1930 年)の講話で以下のように語っている。

　　わが教祖のご裁伝と、普通、世にいう神がかりとは、根本において違
　　う。神がかりで申したことは無意識で、本人には責任なしというの
　　で、近来、諸所に発生したる神がかり事件も、それが裁判弁論の根拠
　　になり、精神異常ということで鑑定に付したりしておる。教祖のご裁
　　伝は、それらと根本より異なる。(「理解」III内伝 11-1~3)

「裁伝」という「口にお知らせ」と、「神がかりとは、根本において違う」のは、金光大神の場合、「無意識」ではなかったというところに根拠

が置かれている。直接、金光大神に出会った者として、これは偽らざる心境から出た証言だろう。留意されるのは、佐藤がここで「精神異常ということで鑑定」されている「神がかり事件」との差異で「わが教祖のご裁伝」を語っていることである。神がかりを「精神異常」と見なした近代精神医学の言説の枠組みで、「裁伝」と神がかりが別様のものとされている。明治27年（1894年）に呉秀三が「憑依妄想」と「宗教妄想」の概念を提示し、大正4年（1915年）には、森田正馬が「祈祷性精神病」概念を発表しているように、精神病理に囲い込まれた憑依や神がかりから、金光大神を差異化しようという佐藤の意識は明瞭に見て取れる。ここに、神がかりを「精神異常」と眼差す視線が教内に内在化していたことが浮かんでくる。言い換えれば、憑依や神がかりといったシャーマニズムへの抑圧的言説が、以上のような佐藤の言を導いたのだろう。

　こうした事情は、佐藤の弟子で、「教団第二世代」のリーダー的存在であった高橋正雄[10]（1887年〜1965年）の以下の言明（1953年）にも確かめられる。

　　神が教組に現れ、教祖が神になられたと見られる場合、通例神憑りといわれるのに似て居る状態の時、教祖に於てはいつも自覚がはっきりして居たのである。[…]御祈念中に御裁伝が下ることがある。その時教祖は所謂神憑りの状態になられ、いろいろ御言葉が下るのであるが、それが無自覚状態でそうされるのでなく、はっきりとした自覚があられるのであって、御裁伝がすんでから再び御結界の座につかれてから、その御裁伝について更に説き聞かされるのである。教祖がこの道で助かられたのにも、またこの道を取次いで他の者を助けられるのにも、いつも自覚されての上のことであって、自覚なしには、この道はその働きをなし得ないのである。[11]

高橋は「自覚」をキータームの一つとして内省的な信仰を語り、大正昭和期の教団を牽引したのだが、この引用箇所で、「自覚」という語は意識状態と同義で用いられている。すなわち、金光大神の「裁伝」が「通例神憑りといわれるのに似て居る状態の時」に行われたとしても、語られた内容について、金光大神は「はっきりとした自覚があられる」と捉えられ、取次における教えと助かりは「自覚」の相のもとに見て取られている。死後の教祖＝生神金光大神を超越的救済者と把握していた高橋にとって、救済としての媒介＝取次は無意識的・無自覚的なものであってはならなかったのだろう。媒介における言葉の生成と救済は、自覚的主体、自己反省的な主体によってなされなければならず、しかもそれは「この道」全体に適用されている。高橋は、取次を金光教の核心として見いだした「教団自覚運動」（昭和九・十年事件）で主導的な役割を果たし、「生神金光大神取次の道の実現体」を志向して戦後教団を率いた[12]。であればこそ、高橋の信仰において、金光大神はトランス状態で口走るシャーマン的存在であってはならなかったにちがいない。媒介者の不在の時代にあって教政をリードした二人が金光大神に見ていたのは、金光大神の意識作用が神との交流に働いていたということである。教内のナラティヴは、以上のような認識から、シャーマニズムとの差異化を図っていったと言える。

　だからといって、金光大神に神がかりがなかったわけでは必ずしもない。

　　お広前へ参詣し、金光様にお目にかかり御礼申しあげ候ところ、金光様に神がかりありて、「此方金光大神より、たびたび、うちで拝めと申すとおり、神は世界いずくから拝んでもおかげはやるが、生神金光大神はこの大谷に一人しかないのじゃから、参って来れば金光大神は喜ぶぞよ」（「理解」Ⅰ近藤藤守69-4）

教義としての媒介者 | 279

　ここでは、金光大神の状態が「神がかり」と見られている。この場面を
人称性で捉えると、神（自称詞）が「此方金光大神」（他称詞）の言葉を
近藤藤守（対称詞）に対して解説するという構造となっている。そして、
神は自身の遍在性を語りつつ、神が遍在であるゆえに金光大神のもとへ参
らなくても「うちで拝め」ばよいと言う金光大神の言葉をなかば否定し、
「参って来れば金光大神は喜ぶ」と述べる。また、「金光様にお目にかかり
御礼申しあげ」る近藤は、金光大神を通して神の言葉を聞くのであるが、
金光大神を文字通りただ媒介する者とのみ把握していたとは限らない。こ
のとき金光大神は、霊験を現す生身の身体をもった生神として信仰対象の
位置にあったとも言えるからである。ともあれここでは、「世界いずくか
ら拝んでもおかげはやる」と言う神の時空的な遍在性・無限性と対比的に
金光大神の偏在性が神により語り出され、媒介者の有限性が示唆されてい
るかに見える。他方、近藤は以下のようにも証言している。

　「わしは生神ではない。わしは肥かたぎじゃ。天地金乃神様に頼めば
よい。わしはただ、神様へ申しあげるだけのことじゃ」と仰せられて
ご神前へお入りなされたが、すぐ、神様から神がかりありて、「此方
金光大神はのう、『肥かたぎの金光じゃから、天地金乃神へ頼めばよ
い』と言うがのう、金光大神、と頼んでおけばよい。此方の言われる
ことを聞いて、そのとおりすれば、神の言うことも一つじゃ。金乃神
はのう、何千年このかた、悪い神と言われたが、此方金光大神が神を
世に出してくれたのじゃ。氏子が天地金乃神のおかげを受けられるよ
うになったのも、此方金光大神のおかげ。神からも氏子からも双方
よりの恩人は此方金光大神である」と仰せありて神上がりたまえり。
後、また教祖が、「今、神様があのように仰せられるけれども、わし
はほんの神様の番人のようなものであるから、私たちに頼んだからと
ておかげはいただかれはしませぬ。なんでも、天地金乃神様、と一心

におすがりなされよ」(「理解」Ⅰ近藤藤守71)

　以上の引用は、近藤が目撃した、「神がかり」状態の金光大神と参拝者とのやりとりの様子である。金光大神は自身の「生神」性を否定し、たんに、神と人を媒介して「神様へ申し上げるだけ」であると述べ、「天地金乃神様に頼めばよい」と語る。ところが、憑依した神は、「金光大神、と頼んでおけばよい」と、金光大神の言葉を否定する。しかも、「神上がり」後の金光大神は重ねて神の言葉を否定し、「天地金乃神様、と一心におすがりなされよ」と諭している。

　先とは逆に、この「神がかり」では金光大神は意識を保持し、自身の語った神の言葉を覚えている。ゆえに、金光大神は自身の口で神の言葉を伝えつつも、その神の言葉を否定しているのだろう。注目されるのは、参拝者に対する発話主体が〈金光大神→神→金光大神〉と交替しつつ、各々がいわば自身の有限性を参拝者に対して述べ合っていることである。このとき、金光大神と神は応答関係にはない。だが、金光大神は自身の口から神が参拝者に発言するのを聞き、その内容を否定している。神が発言するとき、金光大神は後景に退くものの、それでいて、神の言葉を聞く主体性は確保されているようである。

　このような光景は、金光教教義の枢要である「神と人とのはたらき合い[13]」、人間の救いが神の助かりでもある相互依存的関係性（あいよかけよ）にも通じる。というのも、神と金光大神は有限性を分有しつつ、それゆえに、互いに助け合うという相補的関係にあるからである。こうした関わり合いの様相は、たとえば「神は承知。金光と申しても生神じゃ、目先でもの言わねばなんにも知らぬ。金光あっての神、神が知らせねば知らず」(「覚帳」15-13-5~6)との「お知らせ」にも窺われる。ここで金光大神は「神が知らせねば知らず」という有限性に晒されているのだが、「金光あっての神」という点からすれば、神が言葉として発現しようとして

も、そこからの「知らせ」を聴き受ける媒介者＝金光大神がいなければ、神は発言することはできない[14]。それゆえ、神の言葉を伝える媒介者が要請されるわけである。

以上、近藤による二つの伝承に見られるように、実際の取次の場では、金光大神と神が多様な仕方で出現していた。留意されるのは、参拝者は、生神としての金光大神自身に願っているのか、金光大神を媒介にして神に願っているのか判然としないことだ。神に憑依された媒介者は人間の領分を乗り越え、また、神も神の領分を乗り越えて人間に憑依している。その状態が、金光大神の神がかりとして現出しているのである。「覚書」「覚帳」というテクストに表出される神と金光大神との人格的応答関係とは異質な様相が、取次の場面に現れているのである。

3. 金光大神死後の媒介者：「永世生き通し」の論理

金光大神が明治16年（1883年）に70歳で死去した後、「永世生き通しの生神金光大神」という教説が次第に形成されていく。永遠に生きる救済者としての媒介者像の生成を、本節では、旧金光教教典の「金光教祖御理解」に探っていきたい。まずもって重要なのは、以下の「教祖御理解」である。

> 此方金光大神あって、天地金乃神のおかげを受けられるようになった。此方金光大神あって、神は世に出たのである。神からも氏子からも両方からの恩人は、此方金光大神である。金光大神の言うことにそむかぬよう、よく守って信心せよ。まさかの折には、天地金乃神と言うにおよばぬ。金光大神、助けてくれと言えば、おかげを授けてやる。（「理解」III金光教祖御理解4）

見ての通り、先に引用した近藤藤守の伝承が基になっている。ただし注意深く読めば、二つの「理解」は同型をなしてはいないことがわかる。神と金光大神が相互に力能を否定し合うかのような、近藤の伝えとは異なり、ここでは、神が金光大神の救済力を称賛する言葉のみが記されているのである。そして、「まさかの折には」、天地金乃神の名を呼ぶのではなく金光大神に祈れという神の説諭で結ばれている[15]。

次に「御理解第三節」を見てみたい。

> 天地金乃神と申すことは、天地の間に氏子おっておかげを知らず、神仏の宮寺、氏子の家屋敷、みな神の地所、そのわけ知らず、方角日柄ばかり見て無礼いたし、前々の巡り合わせで難を受けおる。この度、生神金光大神を差し向け、願う氏子におかげを授け、理解申して聞かせ、末々まで繁盛いたすこと、氏子ありての神、神ありての氏子、上下立つようにいたす。(「理解」Ⅲ金光教祖御理解3)

以上は、「覚書」に記述された明治6年10月10日の「お知らせ」で構成されている。神は自身の神性を明かし、人間の「難儀」の由来を人間が犯してきた悪(「巡り」＝めぐり)という視点から語りつつ、「難儀」からの助かりを現すために「この度、生神金光大神を差し向け」たと宣している。これを論拠として、神からこの世に「差し向け」られた救済者像が結ばれるのである。さらに「御理解第十九節」では、「金光大神は形がのうなったら、来てくれと言う所へ行ってやる」(「理解」Ⅲ金光教祖御理解19)との教えが記されている。

これら「教祖御理解」に中核的な根拠がおかれ、「永世生き通しの生神金光大神」像が教内に形成されていった。媒介者没後の教団においては、「救けの技」を現す生身の生神——救済の根拠——が失われたわけだが[16]、しかしこの危機は、「永世生き通し」の信仰に解決の途が探られたと言え

る。教祖没後を率いる「教団第二世代」は、媒介者の不在体験しかもたないため、かえって、永遠に生きる媒介者という教祖像を導き出したのである。

とはいえ、媒介者の喪失を契機として、こうした救済者イメージがただちに形成されたわけではもちろんない。まずもって、直信たちは、媒介者の死後の救済に不安を抱いていた。この間の事情を、彼らが証言する伝承に見ていこう。

①　此方とて生身であるから、やがては身を隠す時が来る。形がなくなっても、どこへ行くのでもない。金光大神は永世生き通しである。（「理解」Ⅱ福嶋儀兵衛 22–1）

②　生神金光大神といいしも、今までは形があったから暑さ寒さも感じたが、これよりは形を去りて真の神になるから、一目に氏子を守ることができるわい（「理解」Ⅰ島村八太郎 11）

③　此方は、この世を去って神のみもとに帰るまでが信心である。この肉体が隠れて後、はじめて満足に人を助けることができるのである。（「理解」Ⅱ近藤藤守 2–44）

④　「金光様、あなたがお隠れになりましたら、この道はどうなりましょうか」と思わず知らずお伺い申した。すると、「氏子、心配することはない。形を隠すだけである。肉体があれば、世上の氏子が難儀するのを見るのが苦しい。体がなくなれば、願う所に行って氏子を助けてやる」と仰せられた。（「理解」Ⅱ唐樋常蔵 4–2）

⑤　形がなくなってからは、来てくれと言う所へ、すぐに行ってやる。（「理解」Ⅱ難波なみ 9）

これらは、金光大神の死の年に直信たちが聴いたものであり、いずれの「理解」も、金光大神の人間としての死、「生身」の「形」の消滅、「隠

す」ことに関わっている。金光大神は、「この道はどうなりましょうか」といった彼らの不安に対し、死後の自らの救済力と現前性を伝えている。すなわち、死によって「形」は不可視になるが、①隔絶した彼方へ去って残された者たちと断絶するのではなく「永世生き通し」に働くことが語られる。また、②や③で言われるように、生身の身体の「形」によって制限されることなく、死によって「形」の束縛を超えて「一目に氏子を守る」「満足に人を助ける」という「真の神」としての救済者の内実が示される。④でも、「願う所に行って氏子を助けてやる」と語られ、救済を願えば応答するという人格的な救済者として自身の死後を語り出している。これは、「御理解第四節」と同様に、金光大神の名を呼べば応答する「差し向けられた救済者」イメージを喚起させるものだろう。さらに⑤は、先に見た「御理解第十九節」（金光大神は形がのうなったら、来てくれと言う所へ行ってやる）の基となった言葉であり、こちらも、ただちに応答可能な人格的救済者の側面を強く印象づけている。

　直信たちは、媒介者の喪失を死の直前から恐れていたことが窺われるが、それに対して媒介者は、死後に自身が救済者として永遠に働くこと、むしろ死によってこそ「形」を超えて無限に救済できうることを告げていた。そこに、呼びかければ応答する人格神的な様相を確かめられる。さらに、生神金光大神の手続きを以て天地金乃神に頼むという、「取次の神」という教説の萌芽を読み取ることもできるだろう。

　媒介者の死後、「永世生き通し」は「結界取次」の根拠として、信仰現場、救済の現場で生きられ、現在に至るのであるが、では教義史において、媒介者と神の関係はどう捉えられていくのだろうか。次節では、媒介者の不在体験とも言いうる事態における媒介者像の生成を見ていく。第二次大戦後の金光教学の形成期において、生神金光大神がいかに解釈されていったかを、「教祖時代」から遠く離れたひとりの教学者の思索の内に辿ってみたい。

4.　教義化のなかの媒介者

　初期の金光教学を担ったひとりである高橋一郎（1912年〜1961年）は、父の高橋正雄ら「教団第二世代」の影響を強く受けつつ、個物、人間、生神金光大神、神の相互の関係性をいわば存在論的に記述し、「永世生き通し」という救済者信仰を理論化しようとした。すなわち、生神金光大神という言葉がまず出てくるのはなぜか、なぜ呼ぶのか、引き寄せまた呼び寄せる生神金光大神の力とは何かと、生神金光大神を求める実存的実感から問いが発せられている[17]。さらに、称名念仏の理論的把握に関心を寄せ、清沢満之や曽我量深、安田理深、あるいは山崎辨榮らの影響も受けつつ、「生神金光大神様」という名を唱えることについて繰り返し論じ、「「金光大神様」と唱えれば、現実に金光大神が来て下さる[18]」、「金光大神から、われわれではなく、われが、呼びかけられている[19]」として、金光大神との呼応関係に着眼して論を組み立てていった。

　こうした高橋の生神金光大神への志向は、教祖像の歴史学的究明という「戦後教学」の文脈とはいささか異なる位置にある。1953年刊行の教祖伝（2003年に現教祖伝が刊行）は、幅広い資料収集のもと、社会的文化的背景にも目を配りつつ、客観的な叙述によって金光大神を描出し、金光教教学研究所創設（1954年）期の教学の基礎資料となった。高橋と同時代の教学者たちは、その流れにあって、教祖を「非神話化」し、「教祖の人間化」を進めた[20]。他方、高橋の思索は、「戦後教学」の動向に抗ってまでも、救済者としての生神金光大神の超越性を固守するかに見える。言ってみれば、その教祖理解は、生神金光大神をある意味での人格神と捉えようとするかのような趣を帯びたものとなっている。

　「神を拝め」と神を指さし給う御方こそ、「理解申して聞かせ」給う神

として、氏子にとって最も近い神であらせられる。すなわち、生神金光大神は、「神の前立」であらせられる。「神の前立」であらせられるということは、氏子の立場から言えば、氏子の前面に立ち現れ給うている神であるということである。[21]

　高橋は、自身の信仰体験における応答性と現前性を橋頭堡にして生神金光大神を把握しようとする。それは、「神の前立」として神より近接して「前面に立ち現れ」、「神を拝め」と「理解」を伝える人格的な神である。
　高橋の思考においては、教祖としての「一回的な歴史的な人格」と、「形がのうなったら、来てくれと言う所へ行ってやる」という「永遠の人格」は区別され、生神金光大神は「文字通り今の世に生きて働いている神」「現前に拝し得る神」と捉えられている。こうした区別は、教祖としての歴史性を消すことによって「無限に多くの形をとり」、永遠に生きつづける「現実の神」「具体の神」「実証の神」「眼に見える神」という認識から導出されている。個的な歴史性を脱色させることによって超越性が確保されると考えられているようである。だが、その思索は、神から超越性を剥奪せずにはいない。「生通しであり、現前的である」生神金光大神と対比的に、「声もなし形も見えぬ天地金乃神」と押さえられるからである[22]。神は「形無き親神[23]」であるため、「神が直接的、無媒介的に難儀な氏子を救い助けるのではない」。「難儀な氏子を救い助けるという神の働きも、何者かを媒介としてのみなされ得るわけで」あり、その「媒介」者が、難儀を聞き伝えることのできる人格的存在としての生神金光大神と把握される[24]。
　直信たちの喪失体験から生成されてきた「永世生き通し」への信仰は、大正期から昭和前期に活躍した「教団第二世代」においては、信仰告白的な教祖像の探究へと形を変えていった。後続世代に属する高橋一郎は、客観的な歴史叙述による教祖伝が刊行された「戦後教学」形成期に、永遠に

生きる媒介者自身が、「形」を離脱して人格的に直結しうる神として、媒介される神以上の現前性をもっていると意義づけを行うのである。そして興味深いのは、高橋の思索においても、近藤藤守が伝承した神がかりの様子が重要な位置を占めていることである。この対話を基にした「御理解第四節」を中核的な根拠として、死後の媒介者の人格性への信仰が、次のように語り出されている。

御理解第四節は、神と氏子の立場から見た、取次者たる生神金光大神の信仰的意義を教え給うたものであって、我々は、ここに示された本教信仰の大本に従って、その他の御教をも頂いてゆくことができるように思うのである。一例をあげるならば、「信心とはわが心が神に向うのを信心と云うのじゃ」という御教にしても、教祖御自身は、恐らく、天地金乃神への信順を教え給うたものと拝されるが、我々がこの御教を頂くに当たって、「後々の者」としての立場を忘れ、生神金光大神をぬきにして天地金乃神を仰ぐようなことになれば、それは、本教信仰の大本を誤るものと言わなければならない。「わが心が神に向う」の神は、後々の者にとっては、直接的には、生神金光大神であらせ給うのではなかろうか。「わが心」は、まず、「神の前立」に「向う」のである。［…］真に「神の前立」を拝することが、背景の神を拝する所以である。[25]

神がかりをした媒介者が「まさかの折には、天地金乃神と言うにおよばぬ。金光大神、助けてくれと言えば、おかげを授けてやる」と述べる「御理解第四節」は、神自身による有限性の主張として、翻って、金光大神の超越性の主張として解されている。こうした認識は、心を神に向けることが信仰であると促す金光大神の教えに対しても適用され、「神の前立」として現前する媒介者のほうに祈りが向けられるべきであると言われる。事

程左様に、高橋が言う「本教信仰の大本」において、神は「背景」に退去してしまい、かえって媒介者のほうが「前立」してくるのである。

5. 媒介する「はたらき」

　生神金光大神＝超越的救済者への志向は、高橋一郎に帰結すると同時にそこで終結し、「戦後教学」が展開するなかで急速に後退することになる。そして、「戦後教学」における教祖の人間像への人格主義的な関心は、歴史実証的な立場から、教祖を一人の人間として捉え、「教祖の人間化」が進行したのである。

　島薗は、1978年の論考「金光教学と人間教祖論」で、高橋正雄・高橋一郎における生神金光大神の超越性の強調、『概説金光教』（1955年から取り組まれ1972年に刊行）に結実する「戦後教学」における金光大神の「人間化」と「超越性の喪失」、そして瀬戸美喜雄（1933年〜）らの世代における非人格的に抽象化された「神の超越性の回復」、という流れを描き出している。さらに、金光大神が出会った神は「明確な意志と豊かな情感を備えた存在」であり、そうした「親神」としての超越性の回復は、瀬戸らの「現在の教学が回復しようとする理念化された超越性の批判を通して」可能になると指摘していた。しかも島薗自身も、以上のような観点から、「非日常的超自然的な救けの媒介者」としての「生神思想」を、先の近藤の伝承に読み取っている[26]。補足的に言うと、「生神思想」とは、救済＝「救けの技」の根拠を、「神に選ばれた唯一の媒介者」としての生神の「一回起的な起源」に見るものであり、その点で、民俗的シャーマニズムにおける「多発的・反復的」な「超自然的存在の顕現」＝神がかりを基盤として展開された信憑構造である[27]。

　島薗は近藤の伝承を、神がかりによる「裁伝」と平常な状態で行われる「理解」との対立から捉える。そして、シャーマニズムを基底にもつ「生

神思想」では、生神の超越性を説く「裁伝」のほうに「救け」の根拠があるとする。一方で「生神思想」には、教祖が生身の神的な存在でありながら、人間であるがゆえの有限性を抱え、必ずしも神的ではありえないという自己撞着が含まれている。ゆえに、自分は「生神」ではなくただの「百姓」であり神に縋れと言う金光大神の「理解」は、「生神思想」への——生神自身による——留保を示していると解される。こうした見方は、以下の「教祖御理解」を強調する瀬戸らへのアンチテーゼであった。

　　此方のことを、神、神と言うが、此方ばかりではない。ここに参っておる人々がみな、神の氏子じゃ。生神とは、ここに神が生まれるということで……（「理解」Ⅲ金光教祖御理解 18）

　信仰を深め、神の「おかげ」に目覚めた「人々がみな、神の氏子」＝「生神」であると述べるこの「理解」によれば、「生神は日常的倫理的な努力目標」である。このように、内心倫理化の規範として捉えられた生神は、「〈神と人とを媒介する唯一の救済者〉としての生神という概念」と背馳するだろう。島薗は、「戦後教学」から瀬戸に至るこの生神解釈に、救済の根拠としての生神思想の稀薄化を見ているのである[28]。
　島薗の議論を多少敷衍して言えば、「救けの技」は、「唯一の媒介者」としての救済者生神への信憑構造（生神思想）によって担保されていたわけだが、生神の死没後、この信憑構造は別様の「生神思想」——「永世生き通し」の救済者信仰——によって代補されるだろう。超越性を教祖に集中させることで、「生神思想」の危機は回避されたと言える。ただし、その代償として、高橋正雄や高橋一郎の思索に顕著なように、「神は内在的非人格的な力としての側面を強め[29]」ざるをえない。しかも、後続の「戦後教学」は、教祖を「人間化」「非神話化」することで、結果的に生神概念からも「永世生き通し」の超越性を抜き取ってしまう。こうして、稀薄化

した生神思想に代わって超越性が確保されるために、神や生神金光大神の「働き」が重視されてくるのだが、「理念化された超越性」では、なぜ救済が可能になったのかをうまく説明できない。これが、島薗が問題化したことであった。では、1978年に宗教学から投げかけられたこの課題は、その後の生神金光大神解釈にどのような展開を見せたのだろうか。

1983年刊行の現教典に付された「用語解説」では、生神金光大神は「神と人とを取次ぐ働き[30]」と解される。神と人を媒介する「働き」という理解は、瀬戸が中心となって1993年に刊行された「布教教義書」にも踏襲されている[31]。「御理解第四節」も、同書では合理的に処理されているのである。すなわち、「生神金光大神のはたらきと、神のはたらきとは、どのような関係にある」のか、「人は一体、どちらのはたらきによって助かるのか、という問い」が設定され、それへの答えとしてこの伝承が引かれるのであるが、同書は「金光大神のはたらきによって、神のはたらきが現れるのであり、反面、神のはたらきが現れることによって、金光大神のはたらきは意味をもつ」と述べる[32]。だから、この伝承は、金光大神に憑依した神が自身の無力を表白しているのではない。といって、媒介者の超越性を意味するのでもない。第2節で考察したように、神と媒介者が自身の超越性を相互に否定し合うかのような事態は矛盾とは見なされていない。とはいえ、「はたらき」としての生神金光大神が「神のはたらき」を現し、それが「はたらき」としての生神金光大神を意味づけるという論理は、循環論法とも捉えられるだろう。

繰り返すように、1978年に問われたのは、媒介者の超越性が失われた後、救済の根拠はどこに見いだされるのかということであった。けれども、「布教教義書」は、神にも媒介者にも優越性を与えていない。ここで登場するのが、神と人の相補的関係を意味する「あいよかけよ」である。生神金光大神の「はたらき」と神の「はたらき」のうち、どちらが先かという議論ではない――それが「あいよかけよ」である――として、矛盾を

なかったことにしてしまうのは、しかしながら、循環論法を招いてしまう。それによってもたらされるのは、現前性が薄らいだ「はたらき」という機能主義的な解釈である。神と生神金光大神の両者の「はたらき」に超越性を見ようとした結果、皮肉なことに、それは具体性の乏しい論理に回収されてしまう。

「形」をなくしたらどこへでもいくという「永世生き通し」の現前性をありありと感じていた高橋一郎の実存的解釈とは違い、ここに現れているのは説明として機能する「はたらき」である。こうして、媒介者から人格性が奪われ、媒介する「はたらき」に還元されてしまうわけだ。その限りで、神と人を結び媒介する概念的存在となった生神金光大神の人格性は著しく漂白されてしまっている。

6. おわりにかえて

瀬戸と同時代の教学者の福嶋義次（1934年〜）は、生神金光大神について次のように述べている。

> 差し向けとしての「生神金光大神」というのは、永遠の取次の働き、と言われたりする抽象的観念の世界で理解されるようなものでなくて、実際に、身体と心を備えて生きる人以外の何者であってもならないのです。[33]

以上は1991年の言だが、事態はいくぶん、福嶋が危惧した方へ進行したと言えるかもしれない。現在の生神金光大神解釈では、媒介「者」の側面が薄らぎつつも媒介の「はたらき」は保持され、教団運営における教義的な中心概念をなしているからである。こうした事情は、桂島宣弘による「働きとしての神」への言及（1999年）にも通じるものだ。桂島は、学術

的立場から、「存在としての神」に対する「働きとしての神」という——『概説金光教』で提示された——神観念を評価しているのである[34]。こうした動向にあって、教団教義や学的評価のレベルで、媒介の人格性が何程か薄らいだとしても、信仰の現場では、媒介の「はたらき」はありありと現前し感受されているにちがいない。実際、信仰現場は、「はたらき」への崇敬と畏怖に裏打ちされている。がしかし、教義概念として見るとき、普遍的でもあり抽象的でもある「取次の神」は、ともすると、時の教政によって施策に沿うように解釈が変更されることにもなる。永遠に生きつづける生神への信仰実感から遊離した教務教政上の概念になりかねない。媒介者の枢要をなすのは、媒介という「はたらき」をする「者」であるというところにあるはずであり、そのことは銘記されてよい。

むろん、媒介者としての教祖の人格性が抽象化していく動勢は、その死の直後から胚胎されていた。本論が辿ってきたのは、その道程である。生神金光大神像の変遷は、神との交流から土俗的な要素が排除され、非合理的側面が捨象されていく近代化の過程と重なり合う。たとえば、第2節で見たように、神がかりに対する否定的言説が内在化したかたちで、教祖像が佐藤範雄によって示され、現在に至る教団の公式見解が提出されていた。

とはいえ、近藤藤守が伝える取次の場面では、近代化への異和と抵抗を示す非合理的な様相が看取されていた。すなわち、参拝者を対者として、「此方金光大神」と神とが互いに有限性を分有する仕方での神がかりが現象していたのである。生々しい神との交感は、近代とは異質な他者性を突きつけるものだろう。教祖没後に教典に明文化され、永遠の媒介者―救済者像の根拠をなしたこの伝承の実際の現場では、金光大神が後景に退きつつ、自身の身体に憑依し自らの口を通して自らの思考とは真逆のことを語り出す神が、異様な他者として体感されていたと考えられる。

他方、その場にあって言葉を聞いた者、あるいはそれを教えとして読む

者にとって、憑依する神が語った内容は、憑依された媒介者の超越性である。彼らは、神によって言われた内容を信じ従うべきか、それを言わせる神自身の超越性を信じ従うべきか、ただちには決定できない。よって、この伝承は、救済の根拠となる信の正当性を決定できないということもまた露呈させてくる。神の超越性に従うのであれば、神の主張——媒介者の超越性——にも従わなければならないが、それは神の超越性と背馳するからである。いずれにせよ、神との交流は論理的に説明しがたいのだ。

　そうとすると、金光教の教義レベルにおいて、神の超越性は語りがたいのか。金光大神が／を現した神は、超越的ではなくなってしまったのか。仮に、神の有限性を、人間にじかに触れ得ないという意味での有限性として捉えるならば、神は代理として媒介者を人々に「差し向け」ることで、その媒介の「はたらき」を通して救済を可能にしたという事実が析出されてくる。いささか図式的ではあるが、おそらくこのことは、信仰者にとっての真実である。とすれば、媒介としての救済が神と人間のあいだで確かめられ合う場は、媒介者の、そして信仰者の身体であったと言えよう。

　生身の身体が失われたとき、媒介者は「形」を超えて永遠に働く超越性を獲得する。けれども、身体性の喪失は、多かれ少なかれ、他者としての人格性の喪失をも意味するのである。ややもすれば、媒介者は、教団の活動を担保する操作可能な教義概念になってしまうきらいがある。本論で素描した金光教における媒介者像の変遷を、さしあたり以上のように把握できるだろう。だから、超越性の位置取りは、神と媒介者のあいだで、つねに係争関係にあると言えなくもない。超越性の行方とありかは、つねに問われている。超越の場所をめぐって、ときに循環論法を駆使してまで大きく描き出される円環は、教義論争につねに活気をもたらすことにもなるだろう。

注

1) 金光大神と「生神金光大神」との差異について、教義・教学上の定説はいまのところない。たとえば、金光教学的な文脈では「元来は、神の教えを説き伝え、神の霊験を授ける存在としての現身（うつそみ）の金光大神の神名」（『金光教教典 用語辞典』金光教本部教庁、2001 年、28 頁）として押さえられ、教団の教義的な位置づけとしては「神と人との間にあいよかけよのはたらき合いを現す、教祖金光大神のいのちのあり方と、はたらきに対して、神から与えられた称号」（『神と人 共に生きる―金光教教義の概要―』金光教本部教庁、1993 年、352 頁）とされている。また、金光大神の自称として「生神金光大神」が用いられることはない。本論では、何がしか聖性を帯びた教祖としての俗名を金光大神と呼ぶこととする。

2) この語彙は福嶋信吉の造語（「教団と救い―金光教の発生について」『東京大学宗教学年報』11 号、1993 年）だが、教団刊行物でも使用されている（たとえば『金光教報 天地』2015 年 5 月号の「巻頭言」）。

3) 同前「巻頭言」。

4) 島薗進「生神思想論―新宗教による民俗〈宗教〉の止揚について―」（宗教社会学研究会編『現代宗教への視角』雄山閣、1978 年）、39 頁。

5) 桂島宣弘も、金光大神および「初期金光教集団」の神がかりについて言及している（『思想史の十九世紀―「他者」としての徳川日本』ぺりかん社、1999 年、20–21 頁）。

6) 前掲島薗、40–41 頁。

7) 真鍋司郎「民衆救済の論理―金神信仰の系譜とその深化―」（『金光教学』13 号、金光教教学研究所、1973 年）を参照。また、桂島もこうした「金神祈祷者の系譜」について言及している（前掲桂島、21–22 頁）。

8) 香取繁右衛門と金光大神の関係については、同前真鍋および拙稿「お知らせ体験の深まりに見る宮建築の移ろい―「神の頼みはじめ」とその無起源性をめぐって―」（『金光教学』52 号、2012 年）に詳しい。

9) 瀬戸美喜雄『金光教祖の生涯』金光教教学研究所、1980 年、96 頁。瀬戸が中心になって編纂された 2003 年刊の教祖伝『金光大神』には、「神からの言葉によるお知らせは、語る本人の意思を超えて、おのずと口から流れ出るものだったが、しかし、中身を覚えていないような、無意識の状態ではなかった」（77 頁）とある。

10) 高橋正雄の思想や活動については、金光教学の諸業績の他に、島薗進「金光教学と人間教祖論―金光教の発生序説―」（『筑波大学哲学・思想学系論集』4 号、1978 年）、小沢浩『生き神の思想史―日本の近代化と民衆宗教―』岩波書店、1988 年）、

前掲福嶋「教団と救い」および同「死んだと思うて欲を放して神を助けてくれ―金光教における教団論の形成と伝統の革新―」（島薗進編『何のための〈宗教〉か？―現代宗教の抑圧と自由―』青弓社、1994 年）などに詳しい。

11) 高橋正雄「本教教学の必然性」（『金光教学』第 12 集、金光教学院研究部、1953年）、8 頁。

12) 高橋正雄の教団論における取次と教祖像との連関については、前掲福嶋の二論文に詳しい。

13) 前掲『神と人 共に生きる』、351 頁。

14) 以上の議論に関わって、小坂真弓「祈りの言葉としての「生神金光大神」―「生神」という実在の動態論的把握のための視座―」（『金光教学』44 号、2004 年）、360–361 頁を参照した。

15) ただし、この言葉を聞き取った近藤自身にとっても、そのような意味をもっていたのかについては疑問が残ると指摘されている。すなわち、「近藤は教祖によって神の実在を体験させられ、その体験を説明する論理として機能していた」のがこの「御理解第四節」なのだが、教祖体験を持たない後続世代以降では「この理解が教祖と神の関係を理解するための唯一の論理としてのみ機能し、この論理を通じてのみ神を承服する」ことになったという。以上、佐藤光俊『金光教の歴史に学ぶ』（金光教本部教庁、1998 年）、147 頁を参照。

16) 前掲島薗「生神思想論」、46–49 頁を参照。

17) 高橋一郎『金光教の本質について』金光教徒社、1949 年、20–22 頁を参照。

18) 高橋一郎『求真雑記』金光教徒社、1957 年、7 頁。

19) 同前高橋、27 頁。

20) 前掲島薗「金光教学と人間教祖論」、107–112 頁を参照。

21) 前掲高橋『金光教の本質について』、264 頁。

22) 以上の引用は、同前高橋、28–35 頁を参照。こうした神観は、「目には見えぬが、神の中を分けて通りおるようなものじゃ」「神は声もなし、形も見えず、疑わば限りなし」といった金光大神の言葉から導かれている。

23) 同前高橋、131 頁の注 3。

24) 同前高橋、182–183 頁を参照。

25) 同前高橋、265–266 頁。

26) 前掲島薗「金光教学と人間教祖論」を参照。

27) 前掲島薗「生神思想論」、45 頁を参照。

28) 以上の議論に関わって、前掲島薗「金光教学と人間教祖論」、111 頁を参照。また、生神思想の稀薄化およびその蘇生については、同前島薗（103–107 頁）および前掲島薗「生神思想論」（46–49 頁）に詳しい。

29）同前島薗「金光教学と人間教祖論」、104 頁。

30）『金光教教典 付録』金光教本部教庁、1983 年、12 頁。

31）前掲『神と人 共に生きる』、352 頁。

32）同前、276 頁。

33）福嶋義次『天地 世界をつつむ―金光大神の大いなる信仰世界―』金光教本部教庁、1991 年、258 頁。

34）前掲桂島の第二章「金光教の神観念とその変容」を参照。

シャーマン霊能論
——琉球・沖縄——

福　　寛　美

1.　はじめに

　琉球・沖縄では歴史的に男性よりも女性の霊力が優位であり、神霊に近いのは女性である。具体的には本土には女人禁制の聖域があるが、沖縄を含む南西諸島には男子禁制の聖域がある。そのため神霊と人間の媒介者も女性の場合が多い。小論ではまず、琉球王国が編纂した初の文字資料、1623年に最終編纂されたと考えられる『おもろさうし』のオモロ（神歌）に登場する神女の霊能の高さを表現するセダカコ（精高子）という語に注目する。その語は現代の媒介者、ユタの霊能を表現するサーダカウマリと同義である、と筆者は考える。

　また琉球王国の国家的神女祭祀において、神女は弁才天女とみなされていた。池宮正治氏は『おもろさうし』のオモロ語辞書、という性格を持つ『混効験集（こんこうげんしゅう）』の冒頭に「夫我朝は神国、本地弁才天なり。」とあることを指摘し、序文の冒頭に「琉球国は神国で、その正体は弁才天である、昔はその神が出現して善悪を知らせ、その神託のことばを俗語としていたので、はなはだ優美だった、ところがその世も遠くなり、そうしたことばも少なくなったので、尚貞王がそのことばを選べとご命令があったからだ。」という編纂動機があったことを述べる[1]。

　弁才天は周知のように日本神道の宗像三女神の一柱のイチキシマヒメと

習合し、航海守護の女神、そして豊饒や芸能向上といった多岐の利益をもたらす女神として篤い信仰を集めている。この女神信仰が琉球に及び、神女は国王の身内の貴婦人であると同時に祭祀の際は天上他界から降臨する女神とみなされていた。その女神像が現代の祭祀を行う沖縄の小集落の神女のヴィジョンに出現することがある。

　小論ではセダカコとサーダカウマリ、そして弁才天女に擬せられたオモロ時代の神女と現代の神女のあり方を提示する。

2. 『おもろさうし』のセダカコ

　『おもろさうし』は編纂意図が不明である。集成されたオモロ群から言えることは、少数の例外を除き、王や神女、そして船や霊力を賛美するオモロを集めた、ということである。『おもろさうし』には貴婦人が就任する高級神女職の神女達を謡った高級神女オモロ群がある。高級神女職には最高神女職の聞得大君を筆頭に、煽りやへ、差笠、百度踏み揚がり、などがある。神女職は俸給のついた役職であり、神女は官人体制に組み込まれ、祭祀は公事と位置付けられていた。

　高級神女の主な祈願対象は航海安全である。近世期の琉球は儒教倫理に基づき、高級神女祭祀を改革しようとしたが、いかに神女祭祀の規模を縮小しようと試みても、航海安全祈願の祭祀は縮小することができず、その結果、王国の末期まで神女祭祀が残った、という高梨一美氏の見解がある。

　高梨一美氏は「航海儀礼は規模を制限されても決して廃止されることはなかった。日々の海上交通の必要とその不安定な要素から、祭司（筆者注：高級神女のこと）の航海守護の機能は変革を被りつつも存続したのである。とりわけ遭難の危機に際してその信仰はくりかえし顕在化した。航海守護の機能こそは、琉球王朝が祭司制度を必要とし続けた要因の一つで

あったと結論づけることができよう。」と述べる[2]。航海安全はまさに日本でも深い崇敬を集める弁才天の第一の利益である。

その神女の霊能を表現するオモロ語にセダカコがある。かつて筆者は『おもろさうし』のオモロのセダカコとセダカの用法を分析したことがある[3]。以下に用法を示す。

・「鳴響むセダカコ」と称される神女＝全144例
　聞得大君＝143例
　久米の神女＝1例

・「セダカコ」と称される神女＝50例
　大君＝32例（聞得大君＝20例、国襲い君＝2例、君加那志＝2例、不明＝8例）
　その他の高級神女＝18例（久米の高級神女＝7例、精の君＝4例、煽りやへ＝3例、国守り＝2例、聞得大君＝1例、君良し＝1例）

・「セダカコ」と称される男性」＝8例
　久米の按司＝7例
　げらへ子＝1例

・「セダカ」のつく語＝13例
　セダカ按司襲い、セダカするゑ王にせ（国王）＝5例
　セダカ君襲い（聞得大君）＝2例
　セダカ君鳴響み、セダカおわもり君、セダカ世寄せ君（神女の美称）＝各2例

用例の中には男性をセダカコと称したり、国王がセダカと称されたりす

るものがある。島村幸一氏はセダカコについて「〈大君〉と強く結びついた対句を構成する語であるが、他の神女と対句をとる例外的なケースの二例の内一例は、久米島関係のオモロであり、さらに男性的な人物と対句をとる例外的なケースは、全て久米島のオモロに出る用例である。」と述べる[4]。この島村氏の指摘から、特殊な用例は久米島オモロ群に出現することが多いことがわかる。そのような例外、そして国王をセダカと美称する用例を除き、オモロ世界のセダカコやセダカな存在は神女である。

　なお『おもろさうし』巻1-1には次のようなオモロがある。ここには最高神女の聞得大君に対応する鳴響むセダカコという語がみえる。なお「とよむ」に「鳴響む」、セダカコに「精高子」の漢字を当てるのは岩波文庫版『おもろさうし上・下』（外間守善校注、2000年）に拠る。以下のオモロ本文も同様である。

　　　一聞得大君ぎや　降れて　遊びよわれば
　　　　天が下　平らげて　ちよわれ
　　　又鳴響む精高子が　又首里杜ぐすく　又真玉杜ぐすく

　このオモロを実際の歌唱の場で謡われた、と思われる形に復元すると次のようになる。なおオモロ研究において、歌形を復元することを開読という。

　　　一聞得大君ぎや　降れて　遊びよわれば
　　　　天が下　平らげて　ちよわれ
　　　又鳴響む精高子が　降れて　遊びよわれば
　　　　天が下　平らげて　ちよわれ
　　　又首里杜ぐすく　降れて　遊びよわれば
　　　　天が下　平らげて　ちよわれ

又真玉杜<ruby>真玉杜<rt>まだまもり</rt></ruby>ぐすく　降れて　遊びよわれば

天が下　平らげて　ちよわれ

　このように繰り返しが多く、冗漫なオモロは一・又記号によって整理された形で『おもろさうし』に収められている。このオモロの大意は「聞得大君、名高く鳴り轟く霊能高いお方が、宗教的な首里城（筆者注：首里杜・真玉杜、この二つは首里城にある祭祀空間の杜であり、オモロではこの二つで宗教的な首里城を表現する）に降臨して神遊びをし給えば、（国王様は）天下を平定してましませ。」である。「降れて　遊びよわれば」までが聞得大君の祭祀行為、「天が下　平らげて　ちよわれ」は神女の祭祀行為によって国王と王国の未来が祝福されることを意味している。このように、一・又記号の開読、そして一点のオモロの中で主体が聞得大君から国王へ変わること、などはオモロの読解を難しくさせている。

　ただ、このオモロを見た時、聞得大君と鳴響むセダカコが対語となっていることはわかる。それでは、なぜこの二つの語が対語になっているのか。その理由は、次の対応による。

　　キコヘ（耳に聞こえる）⇔トヨム（音が鳴り響く）　美称辞の対応

　　オホキミ（高位の高級神女）⇔セダカコ（霊能高いお方）　身分と霊能が高いことの対応

　巻1-1のオモロで聞得大君は「降れて」すなわち、降臨する、と謡われている。降臨する者、とは地上の存在ではなく、天上の聖なる世界の存在、と考えられる。そのような女性像は<ruby>天女<rt>てんにょ</rt></ruby>そのものである。

　聞得大君の就任儀礼、<ruby>御新下<rt>おあらお</rt></ruby>りにおいて、新聞得大君は天女が<ruby>天降<rt>あまお</rt></ruby>りした聖域のアマオレツカサ、こと浜の御殿で天女の子が<ruby>産水<rt>うぶみず</rt></ruby>を浴びた<ruby>井泉<rt>いせん</rt></ruby>、オヤガワの水を撫でる儀礼を行なう。水を撫でるとは、額に聖水をつける

ことである。また、1713年成立の琉球王国の地誌『琉球国由来記』には西原間切我謝村にヱボシ川があり、天女の伝承があったこと、聞得大君がかつてヱボシ川で御水撫での儀礼を行なったことが記されている。さらに『琉球国由来記』には尚真王が天女と銘刈子の間に生れた娘を夫人とした、という伝承を記す。また、天女が地上にもたらした玉が尚真王に献上された、という記述もある。かつて天女が天降りした場所で天女の子が浴びた水を浴びて新聞得大君が誕生する、ということは、聞得大君が地上における天女の聖なる末裔であることを意味する。

　勿論、聞得大君は王族の現実の貴婦人であり、天と地上を往還できるわけではない。しかし、祭祀においては聞得大君や神女達は天女と同様の存在である。巻1-1のオモロでは聞得大君は霊力が優越している天上から地上に降臨（降れて）する。そして祭祀行為をし給えば（遊びよわれば）、天上から聞得大君がもたらした霊力が国王や王国に付与される。その結果、国を平定してまましませ（天が下　平らげて　ちよわれ）という祝福がなされるのである。

　このように天上と地上を往還できるのは、『おもろさうし』では神女だけである。神女だけが祭祀の場に降りる、と謡われているので、それは大いなる霊能があるからだ、ということができる。そのような神女の中で最も霊能が高いのは、言うまでもなく聞得大君である。

　なおオモロ世界には男性貴人を賛美するオモロを作り、謡うことを職掌とした男性オモロ歌人を「島のヨタ」と称する場合がある。ヨタはユタと同じで、現代も続々と南西諸島で誕生している土俗シャーマニズムの担い手の名称である。男性貴人の未来を祝福するオモロは、一方では未来への予言という側面もある。不可視の未来を予言するオモロを謡うオモロ歌人をセダカコということはないが、オモロ歌人をユタと謡う事例は大変興味深い。

3. サーダカンマリ

　現代の南西諸島の土俗シャーマニズムの担い手、ユタになるのは圧倒的に女性が多い。彼女達は自分が不可視の神を拝むべき生まれつきをしていると認識し、ユタになるための修業に励み、成巫する。その生まれつきを意味する語が「サーダカン（ウ）マリ」である。

　高橋恵子氏は「サーダカンマリ」について次のように記述する[5]。

　　サーダカンマリ〈霊力の高い生まれ〉　霊力の高い生まれ。霊力の優れている生まれ。また、霊の作用を感じやすい素質を持っている人のことをいう。例えば、霊感がある人、霊視・霊聴・霊臭のある人、正夢をよく見る人などを、サーダカンマリソーン、サーダカサン（霊力が高い）という。カミンチュ（神人）といわれるノロ・根神・クディ・物知り・ユタなどはすべて、サーダカンマリをしている。

　高橋氏の指摘するサーダカンマリのカミンチュ（神人）のノロより高位なのが琉球王国の高級神女（君、大君といった階層）である。高級神女達もサーダカンマリであるなら、神女とユタは霊能を同じくする、ということになる。

　サーダカンマリはサーの高い生まれを意味する。それでは、サーとは何かが問題になる。サーについて考察する際、参考になるのはオモロ語のセダカコのセ、そして奄美の仮親儀礼で言及されるシェである。

　まずオモロ語のセダカコのセ、同義語のセイは霊力を意味し、次のような用例がある。この用例は拙論に拠る[6]。

　・セ軍・セ百（軍隊につくセ）＝ 29 例

・セ声（久米島オモロの例、鼓の音）＝ 1 例

・セ（セイ）ある＝ 4 例（セある国襲い 2 例・セイある国清ら 1 例－
　神女・セある沖珍ら 1 例－船名）

・セ・セイ遣る＝ 9 例（王がセイを遣る 2 例・セ遣り富 7 例〈王府の
　船〉）

・佐敷という土地に存在するセ＝ 3 例

　これらのセ、セイは人に関係する例が多いこともあり、美称辞的な用法
である。セ軍は単に軍というよりも勝れた軍隊を意味する。ただ、鼓の発
する音声がセ声であることは、祭器でもある鼓から発せられた音声に特別
な力がある、とみなされていたことも示す。また王がセイを遣る用例も興
味深い。セダカコ、セダカの用例が目立つオモロ世界にあって、セ、セイ
は用例が少ないが、神女とは異なる男性としての霊能のある王が自ら発す
る力を意味するのであり、注目に値する。

　なおここでは触れないが、『おもろさうし』の霊力、セヂを大まかに定
義すると、「他界から神女によって招請され、男性支配者に奉られる霊力」
となる。ただ、オモロには自ら発する力として御肝セヂ、というセヂも
ある。御肝とはまさに人間に内在する肝であり、そこから発せられるのが
御肝セヂである。霊能高いセダカ、霊能高いお方のセダカコであるからセ
（セイ）や御肝セヂを遣ることができる、と筆者は考える。

4.　シェ

　シェについてのこの項目は（注 6）に記した拙論をふまえている。南西
諸島の一つで、現代は鹿児島県に属する奄美大島のシェは人と人の相性を
意味する。奄美には人と人との相性や性格があうことを、シェ（シェー）
があう、ということがある。親子、特に母子関係について、シェがあう、

または、あわない、ということが問題にされ、シェがあわないと様々なトラブルが起こる、とされている。また、「シェが高い」と言われることもある。このシェはサーダカウマリのサーやセダカコのセと同じではないか。

　このシェが問題にされるのは、仮親の事例である。筆者は 1985 ～ 86 年に奄美大島の宇検村の社会人類学の共同調査に参加し、そこで仮親の事例について聞き取りをした。宇検村では仮親のことをクレと称している。

　宇検村では子の夜泣きが激しかったり、大病を患ったり、病気がちの場合、親とセーないしシェーがあわない、として仮親を選定する。仮親を選ぶ際は、ユタやオガミヤサンの所へ行き、子供とセーのあう人の干支を教えてもらった、という。1985 年頃、尋ねた家の多くで「仮親になった」、「子供をくれた（筆者注：子を仮親にくれてやった、仮親を立てた、という意味）」という話を聞くことができた。

　また、奄美大島の瀬戸内町では仮親をシェーウヤ（里親）と称する。瀬戸内町にはクレという名称はなく、子供が夜泣きをする場合は、「親とシェーがあわない、そのためにマブリ（魂）が抜けている」と判断され、里親選定の際には干支のほか、「水の性・火の性」なども関係してくる。

　いずれにせよ、奄美の仮親の基本的な型は「子供が夜泣きをしたり身体が弱かったりすると、親とシェがあわない、と判断され、シェのあう人を探し仮親（里親）になってもらう」ということになる。そして筆者が「身体の弱い子をクレてやると、本当に丈夫になるのか。」と尋ねてみたところ、どの人も「不思議と良くなる。」と答えていた。また、「シェとは何ですか」と何人かの方に尋ねたところ、「標準語に直すと、相性か性格か、それとも性だろうか。」といった答えが返ってきた。

　シェについて言及されるのは仮親の民俗の場合が多いが、他にも事例がある。それは、次のようになっている。

○神役選定

かつて宇検村の神女祭祀組織の神役、スドゥ神が空席になった時、「スドゥ神には何の干支の人がシェがあうか」と易者にみせたら「丑年の人があう」と言われた。神役を継ぐべき家の人に丑年の人はいたが、その人はスドゥ神就任を拒否したため、仕方なく別の人がスドゥ神となった。

○シェが高い、シェがあわない

宇検村在住の女性は易者に「あなたはシェが高い人である。夫ともシェがあわない。そのうち夫婦別れするだろう。」と言われた。そして易者に水神を拝みなさい、と言われたが、面倒なので中々拝まなかった。この女性は二度結婚し、二番目の夫と死別している。

○グヂノシュ（男性神役）の後継者

宇検村にはグヂノシュという男性の神役があり、前のグヂノシュが交通事故で亡くなった後、数年の間、次のグヂノシュが決まらなかった。それではいけない、ということで名瀬のカミサマ（ユタ）のところにグヂノシュの候補の5、6人を行かせ、グヂノシュと運勢のあう人、シェのあう人をみてもらったが、結局決まらなかった。

そのシェについて、筆者は奄美大島の瀬戸内町のカミサマ（シャーマン）に尋ねてみた。このカミサマは1986年当時、60代後半の女性で、本土での生活が長かった、という。そして自分の神様は「天から降りてこられる八百万の恐い神様、アマテラス」と述べていた。また「自分はユタガミやノロガミではない。」と言っていた。しかし祭壇構成はユタのものとほぼ同様で、天照大神の掛け軸を中央に置き、神殿、神鏡、左右一対の榊、徳利一対と塩の載った三方、燈明一対、御幣二対、供物の載った三方二対、ローソク立て一対、線香立て、リン、梓弓らしい弓、紫の袋（中は

太刀か)、供え物の焼酎の一升瓶、酒や菓子、果物などの多数の供物が置かれていた。奄美大島のユタは地理的に日本本土に近いため、日本神道に接近する度合が高く、奄美の神社祭祀にも白い衣で参加したりする。このカミサマもそのようなメンタリティであったと思われる。

　カミサマは標準語で短い祝詞をあげてから見えざる神に質問した。その言葉は祭壇上方に向けられていた。そして見えざる神の発言を聞きとると、「はい、はい、わかりました。」と答え、質問者に神の言葉を告げる。

　そのカミサマのシェーについての説明は次のようになっている。この説明は筆者の拙論を引用している[6]。

　シェーというのは天の神様にしかわからないことであり、カミサマである自分にもわからない。シェーがあわない子供は、特定の干支の人にくれよ、また、母方の祖母にくれよ、ということがよくある。実の父、母とシェーがあわない時に子供をくれるのだが、年齢は0歳から3、4歳、時には7歳くらいまで、稀には13歳になってまでくれよ、ということがある。

　シェーは、母とあわない場合がほとんどである。10人中9人くらいまで母とあわない。そして、母が神高い場合、特にシェーがあわない。母が神高い、ということは、身体が半分は神様、半分は母体、と二つになっており、子供が母の神の部分をこわがり、無意識に母を嫌うようになる。それにより、身体が弱くなったり夜泣きをしたりする。いやいや母に育てられ、物心のついた後には、母を嫌い、憎むようになる。親子の愛情が無いわけはないのに、そんな状態になってしまう。カミサマ自身も神高いために子供が自分になじまなかった。子供が幼いころ、父のあとばかり追い、母である自分とは一緒にいたがらず、自分を嫌っていた。

　シェーが父とあわない場合も、わずかだが(10人中、1人くらい)みられる。子と父のシェーがあわないと、夫婦は離婚し、子供は母親のみに

育てられることになる。このような子供は運命的に父とあわない。父とは縁の薄い子供である。

　シェーのあわない親子は、愛情があるのにどうしてもうまくいかない。どうしてシェーがあわないかは、天の神様しかわからない。シェーがあわないまま放置しておくと、親と子のいさかいがたえず、家は荒れ通しになる。そして、子供の運が弱い時、大きなケガをしたり、時には亡くなったりする。

　親子のシェーがあわない時には、子供があり、子供が栄えている人をシェーオヤにたてる。シェーオヤが決まると、シェーオヤは子供のために着物を縫ってやる。そして、シェーオヤの家に子供を一泊させ、三献（筆者注：行事の際に食べる奄美の儀礼食）してお祝いをする。すると、子供は元気になる。

　子供は自然の恵みで生まれるのだから、親と子の干支が○○と××だからあわない、といった型は存在しない。また、子が××だからシェーオヤは△△である、という型も存在しない。子供の干支からシェーオヤになるべき人を決めるのは天の神様である。

　このカミサマが語ってくれたシェーをまとめると次のようになる。
○シェーは男女を問わず、すべての人間にある。
○神高い女性、たとえばこのカミサマのように巫女としての霊能のすぐれた女性が母となっても、子供とシェーがあわないことが多い。この「神高い」は、サーダカウマリと同義である。
○シェーは天の神様しかわからないことである。

　このようにシェーはすべての人間にあるものだが、女性、特に神高い女性に顕著にみられる霊能である、といえる。神高い女性と子供のシェーがあいにくい、ということにそれがあらわれている。つまり、母性と巫女的

な聖性は両立しがたく、平穏で安定した生活と聖性も両立しがたい、ということである。

　なお神高い、ということは南西諸島では必ずしも高く評価されない。神高いユタは一種の狂レ者（フリムン）とみなされる場合があり、かつては公的だった神女祭祀とユタ（カミサマ）信仰の混淆が著しいため、ノロもユタも同じように見られている。さらに「ノロを出す家は栄えない」と言われることさえある。

5.　セ・サー・シェ

　以上のように『おもろさうし』のセ、ユタやノロについて現代も言われるサーダカンマリのサー、奄美のシェなどはそれぞれの時代やレベルは異なるが、同じことを意味している、と考える。すなわち、それは女性に特に顕著な霊能である。その霊能が高いことが、ノロやユタの条件である。そして、その霊能が優れていることにより、オモロ世界の高級神女は聖なる霊力豊かな天上の他界との関わりにおいて強い力を発揮し、他界の霊物を地上にもたらした。

　またユタは主に個人の生活と密着した場面で、死や御願といった土俗シャーマニズムの領域との関わりにおいて強い力を発揮し、巫儀を遂行した。霊能が高いこと、すなわちオモロ世界ではセダカコ、セダカであること、現代ではサーダカであること、また神とシェがあうことがノロやユタとしての条件だったのである。

　サーダカが確固たる意味を持つ現代のユタも、多分に美称辞的にセダカコという呼称でよばれる王府の高級神女も、さまざまな場で「霊能豊かな存在」と信じられ、あるいは幻視されてきたのである。

6. 現代の天女のヴィジョン

　平井芽阿里氏は宮古島西原の祭祀を調査し、祭祀において神女達が様々な神秘的なヴィジョンをみることを報告している[7]。宮古島の祭祀の中で著名なのは豊饒の生命力であるユ・ユー（筆者注：ヨに同じ。当て字をするなら世）を乞う祭祀ユークイ（筆者注：クイは「乞い」に同じ）だが、その祭祀に携わっていた神女達はユーをたくさん載せた船が御嶽に入ってきてユーを降ろす音を聞いた、という。また金の船が大いなるユであるウフユを降ろす、ドーンドーンという大きい音を聞いた神女もいる。

　そして立派な木造の船が米俵を積み、神の使いを乗せて御嶽にやってきたのを見た神女もいる。その神の使いの姿は「全身黒っぽい着物のようなものを身にまとい、白いたすきで両袖をくくり、頭にも白い鉢巻をしていたという。手には船を漕ぐ櫂のような長い棒を持っていた。」と具体的である。神々の船は空から斜めに傾きながら御嶽の森に入ってきて、一通り荷を降ろすと森の奥から空へ消えていく、という。

　このような祭祀におけるヴィジョンはユーが海と空が混然とした他界から乗り物で運ばれてくる、という神女達の共通概念によって支えられている。平井氏は前掲書で「この神々の船が「飛行機かヘリコプターのような乗り物」に変わることもあるようで、そのような時にはプロペラの旋回する音が御嶽中に鳴り響くという。」と述べる。神々の船の変貌は、神女達の生きる現実世界の反映でもある。

　ところで2010年頃、筆者は本土から南西諸島の離島に帰省した年配の女性を囲み、同級生の女性達6人と男性1人が集まる席に同席した。その席での話題に出ていた神女祭祀の組織には、同級生の女性達3人が1990年代に7年程度、携わっていた。その話題には神女祭祀における豊富なヴィジョンが提示された。以下は筆者のフィールド・ノートである。

Uさんが神女祭祀に入ったばかりの時、トモ（供）役をしていた。トモだからもっと上の役の神役もいた。祭祀の夜中、とても眠くてたまらず意識が無くなってしまうことがあった。言いつけられたことはするのだが、そんな状態になってしまい、他の神役の人達に「入ったばかりだから」、「慣れていないから眠いのだ」などと言われた。

ムヌスー（筆者注：南西諸島のシャーマン、モノシリ）によると、Uさんを守るのは他の高位の神役を守る神よりも位の高い、霊能の高い神であり、低い霊能の神が守る神女がUさんに指図するのを嫌う、ということである。それで眠らせるようにしている、ということだった。しかし、現実の神役の順位はどうしようもない。

神女祭祀には御嶽に泊まる祭儀があった。御嶽に2晩続けて泊まって祈る、という行事が年に何度かあった。ある時、御嶽に泊まった後、蕁麻疹が出て熱が出た。病院へ行って治療して治ったが、食あたりではないか、と言われた。しかし、御嶽に籠る時はトイレ（大便）が心配でものもあまり食べないので、食当たりとは考えられない。その蕁麻疹の後、眠くなり過ぎることはなくなった。

神女祭祀の神女をつとめだしてから何年目かに、線香の炎の中に色々な情景が浮かぶことがあった。結婚式の情景もあった。きれいな、袖が膨らみ、スカートが長いドレスを着た花嫁、花婿が浮かんだ。花嫁、花婿はそれぞれ瘠せて細かったり太っていたりするのも見えた。そんな情景が見える時は結婚式があった。また、選挙がある時は並んでいる人達のうち、後ろにいた人が前に出ると出た人は当選し、前にいた人が後ろに下がると下がった人は落選した。

また、聖母マリアのような姿の女性が三角形のような姿（筆者注：赤ちゃんを抱くのでそのような姿らしい）をして浮かび、赤ちゃんをさし出していることがあった。そんな時は「赤ちゃんの欲しい人、ここに来て。」

と言ったものだった。そうすると孫の欲しい年配の神女が「赤ちゃんをお願いします。」とＵさんの所へ来て祈った。

　神女祭祀の神女を務め、神様の近くに行っていた時はそういったものが見えたが、今は神様を離れた生活をしているから、そういったものは見えない。

　（Ｕさんがいない場所でＵさんのことを同集落や同集落出身の女性達が噂する）Ｕさんは線香の炎の中に予知的な事柄を見た、というが、他にも見た話をしていた。島（沖縄県の島嶼）で売っている小麦粉は羽衣印（筆者注：沖縄製粉の小麦粉、袋に羽衣をまとった天女の絵が描かれる）だが、「羽衣（天女）が守る子供は障害を持って生まれてくる。」とＵさんは言った。彼女は羽衣が守る赤ちゃんを炎の中に見ると、その時に妊娠している集落の女性のことを「障害のある子が生まれるだろうから、おろしたほうがいいのかもしれない。そんなことを言ったら変に思われるだろうか。」と友人達に語ったことがある。なぜだか、Ｕさんに羽衣が守る子が見えると障害を持って生まれてくる。

　このＵさんの見たヴィジョンとして語られている羽衣の守る赤ちゃんが障害を持つことは、興味深い問題をはらむ。

　南西諸島には前掲のように天女の伝承が多い。琉球の察度王統の始祖の察度王の母は天女で、父は人間とされる。また、天女の娘が王の夫人となった、とも言われる。また天女は天上と地上を往還する存在であり、王府の神女祭祀の神女の原型でもある。そのような天女は羽衣で天上と地上を往還するので、羽衣のイメージは天女そのものである。

　普通の子はそれほど苦労せずに大きくなるので天女、あるいは天の女神のような位の高い神が守護する必要はない。しかし、障害を持った子は大きくなるまで、そして人生を全うするまで多くの困難と向き合う場合があ

る。そのような子供を守護するのが位の高い琉球の女神である、ということは琉球の神話や信仰の文脈からみれば納得できる。

　沖縄県の離島で生まれ育ったUさんが琉球の神話における天女のあり方や神女の原型が天女であることを知識として知っているとは思えない。それにも関わらず羽衣の守護する赤ちゃんのイメージを線香の炎の中に幻視して、その赤ちゃんが障害児であることを知る、というのはUさんの霊能の強さと、南西諸島における羽衣や天女の持つ神話的イメージの喚起力の強さを物語る。あわせてそのイメージが南西諸島の神女を務めてきた無数の女性達の無意識の中に宿り、意識のレベルが通常の日常生活ではない、夜の御嶽の森での特殊な神女祭祀の状況の時に顕在化したことが考えられる。

　南西諸島では天女の話が数多く伝えられている。筆者も1980年代の奄美調査で「集落の外れの泉で天女が水を浴びたのを見た。」、「泉に女の長い髪が見えた。」などの断片的な話を聞いたことがある。天女、ことアモレオナグ（天降り女）は南西諸島の昔話、伝承、そして噂話においても馴染みの存在である。

　Uさんは「今は神様を離れた生活をしているから、そういったもの（筆者注：ヴィジョン）は見えない。」と述べている、という。彼女は祭祀に関わっていた時期、自分に高い霊能がそなわっていたことを認識している。そして、これは筆者の憶測に過ぎないが、現在はその高過ぎた霊能への怖れも感じているのではないか。ユタやムヌスーなどのシャーマンを仕事とするなら、そのような霊能は必要であるが、祭祀を離れた一般の女性に高い霊能は必要ない。ユタに関する数多い報告書の中には、霊能が高い人が一家の中にいると家族に不幸が起こる場合がある、ということも僅かだが言及されている。

　霊的なものが「見えすぎる」、あるいは「感じすぎる」ことへの怖れの思いが語られることはほとんどない。しかし、生と死、現実と霊的な世界

があまり接近し過ぎるのは筆者には好ましいこととは思えない。拙著『ユタ神誕生』[8]のモデルでユタに成巫した人物は、「見えすぎて、感じすぎる」ようになった自分を嘆き、「それほど感じなかった昔に戻りたい。」と筆者に語ったことがある。

いずれにせよ、サーダカな女性達の祭祀の場では様々な不思議なことが生じる。現代の沖縄でも、一見ささやかな森にしか見えない御嶽の中で、あるいは自分だけが祈願する個人の御嶽や家の中の質素な祭壇の香炉の前で、太いきし麺のような黒い線香や蠟燭に火を灯して祈る女性達がいる。彼女達の中には、口に出すことは無くても、煙や炎の中に家族の近い未来の予兆や集落の人達の喜びや哀しみを見る人がいるはずである。

7. おわりに

見てきたようにオモロ時代の神女祭祀は弁才天女、そして天女を原型としている。そして、現代の神女祭祀にも天女のイメージが現われる。また、オモロ時代の高級神女、そして現代の神女祭祀を担うノロのような神女も、神霊と人の媒介者であるユタも、共にセ・サー・シェが中心にある霊能を有する。オモロ時代と現代の南西諸島のシャーマンは同じ霊能と同じ天女のイメージを持つことでつながっている。

黙して語らない一般のサーダカな女性達のほか、神霊との媒介者のユタとして生きる人々が現在の南西諸島、そして都会にも存在している。また、ノロやツカサ（筆者注：宮古・八重山諸島の公的神女）の家柄に生まれ、途絶えそうな集落の祭祀を細々と続けている女性もいる。

不可視の神霊と現世の媒介者であることや、自らのサーダカな霊能への怖れがあるユタは、その力を多額すぎる金銭と引き換えることはない。そのようなユタは、本物である。それは南西諸島の一般の人々の認識でもある。

筆者の知人の南西諸島の島出身の70代の女性は、同じ島の集落出身の
シャーマンが多額の金をとる、と筆者に述べたことがある。彼女は「あの
人は少しはみえている（筆者注：霊視ができている、という意味）と思い
ますが、全部みえているわけではないと思います。それなのに口先だけで
商売をしてたくさんお金を取っています。払う人がいるのでね。」と筆者
に話してくれた。この話者は霊感が強く、霊の発する音を聞いたり、霊的
なヴィジョンをみたり、霊臭を感じたりする人である。

2010年頃、宮古諸島のある島の集落の50代のツカサは、御嶽での夜
籠りもある祭祀を神役として数人の神女達と共に執行していた。このツカ
サに「神女祭祀は肉体的に大変ではないか。」と筆者は尋ねたことがある。
これに対してツカサは「全然大変ではありません。カミサマの近くでカミ
サマの御用をし、祈りを捧げると心がすっとして晴れ晴れとした気持ちに
なります。」と語った。このようなツカサを戴く集落の幸せを筆者は思っ
た。

現代の南西諸島にも都会にも、ほとんど霊能が無いにも関わらず、自ら
の霊能を誇大にうたい、多額の金銭をクライエントから巻き上げようとす
る者がいる。不可視の神霊は一般の人々の目に見えず、気配も感じられな
い。そのため、偽物が生まれやすい。

神霊と人間の媒介者の問題は、神霊の存在が科学的に証明できないこと
にも起因する。神霊や不可視の世界を信じる者は媒介者に心を寄せ、信じ
ない者は媒介者を詐欺師と呼ぶ。南西諸島のユタも迷信を助長する、とし
て弾圧された歴史を持ち、近年まで表札を出さずに巫業を行っていたユタ
も多い。

現代の都会の媒介者のもとに霊視を依頼したクライエントの1人は
「みていただいたけれど、あまり良くなかったです」と述べた。同じ媒介
者を訪れた別のクライエントは媒介者を絶賛していた。それぞれが筆者の
知人でもあるクライエント達の反応は、クライエントと媒介者の相性とで

も言うべき人間関係を表現している。またその媒介者は筆者に「私を訪ねてくる皆さんは、自分の聞きたいことを聞きにきます。しかし、私のカミサマは真実しか告げないので、皆さんの期待には沿えない場合もあります。」と述べた。

　また、媒介者がインターネット・サイトに提示する神棚や祭儀のあり方に惹かれ、遠方から訪れたにも関わらず、自分ではなく同行した友人に霊的資質があることを告げられ、怒って去っていったクライエントもいた、という。この媒介者を訪ねるクライエントのほとんどは女性で、質問のほとんどは恋愛問題だ、という。

　現代の都会の媒介者とクライエントの関係は単なるサービス提供者と客のみならず、複雑な様相を呈する。人々は、単に神霊のメッセージを求めるだけではなく、媒介者への憧れや媒介者に自分の霊的資質の高さを承認してもらうために媒介者のもとに集まる、という側面もある。一般人ではない媒介者と特別な人間関係を結びたい、という欲求をクライエントが持つ、ということである。媒介者とクライエントの人間関係、という視点も、今後の媒介者研究には必要だろう。

　土俗シャーマニズムの生きる沖縄を中心とする南西諸島には、現在も続々と新たなユタが誕生している。また、細々と神女祭祀を伝える女性もいる。今を生きる媒介者が我々に示す神霊の世界は、我々の生きるごく平凡な現実と繋がっている。また、神女祭祀は今を生きる女性達によって担われている。媒介者の有様、そして神女祭祀において時々語られる霊的な事象は神秘的に見える。しかし、媒介者とクライエント、そして神女祭祀に携わるすべての人々は現実そのものの存在である。

　今後も琉球・沖縄の媒介者達の世界を注視したい。

注

1) 池宮正治『混効験集の研究』（第一書房、1995 年）3 頁。

2) 高梨一美『沖縄の「かみんちゅ」たち－女性祭司の世界』（岩田書院、2009 年）97 頁。

3) 福寛美『沖縄と本土の信仰に見られる他界観の重層性』（DTP 出版、2003 年）174–175 頁。

4) 島村幸一『『おもろさうし』と琉球文学』（笠間書院、2010 年）173 頁。

5) 高橋恵子『沖縄の御願ことば辞典』（ボーダーインク、1998 年）178 頁。

6) 福寛美「セ・サ・シェ試論」（『沖縄文化 71』沖縄文化協会、1988 年）16–17 頁、24–25 頁。

7) 平井芽阿里『宮古の神々と聖なる森』（新典社、2012 年）136–137 頁。

8) 福寛美『ユタ神誕生』（南方新社、2013 年）。

編者・執筆者紹介 | 319

● 編者

杉木　恒彦　（すぎき　つねひこ）
広島大学大学院総合科学研究科准教授
『サンヴァラ系密教の諸相――行者・聖地・身体・時間・死生――』東信堂、2007 年。"The *Homa* System of the *Vajraḍākatantra*: A Critical Edition and a Preliminary Analysis of its *Homa* System." *Tantric Studies*, 1, 2008, pp. 131-154. "The Consumption of Food as a Practice of Fire-oblation in Esoteric Buddhism in Medieval South Asia." *International Journal of South Asian Studies*, 3, 2010, pp. 53-79. "Śamvara." In *Brill's Encyclopedia of Buddhism*, Vol. 1 (ed. by Jonathan A. Silk), 2015, pp. 360-366, Leiden: Brill. "Oblation, Non-conception, and Body: Systems of Psychosomatic Fire Oblation in Esoteric Buddhism in Medieval South Asia." In *Homa Variations: The Study of Ritual Change across the Longue durée* (ed. by Richard K. Payne & Michael Witzel). 2016. pp. 167-213, Oxford: Oxford University Press.

髙井　啓介　（たかい　けいすけ）
東京大学大学院人文社会系研究科研究員、慶應義塾大学兼任講師
「「ルーアハ」と「オーヴ」〜ヘブライ語聖書における霊の問題」鶴岡賀雄・深澤英隆編『スピリチュアリティの宗教史（下巻）』リトン、2011 年。「夢の語りとことばの遊戯〜ヘブライ語聖書の「夢」解釈の技法」『夢と幻視の宗教史（上巻）』リトン、2012 年。「書記と嘆き〜古代メソポタミアと旧約聖書の文学を比較することについて〜」市川裕編『世界の宗教といかに向き合うか（共著）』、聖公会出版、2014 年。「霊媒から腹話術師へ」東洋英和女学院大学死生学研究所編『死生学年報 2015』リトン、2015 年。「『イナンナの冥界下り』をシュメール語で上演することについて」東洋英和女学院大学死生学研究所編『死生学年報 2016』リトン、2016 年。

● 執筆者［掲載順］

田口　博子　（たぐち　ひろこ）
工学院大学兼任講師
「ファンタジーとイリュージョン」『東京大学宗教学年報』xi 号、1992 年。「芸術に顕現するもの―アドルノの美学理論に於ける自然と真理の関わり―」『宗教研究』310 号、1996 年。"Truth and Utopia: The Conception of Salvation in Theodor W. Adorno's Negative Dialectics"『国際シンポジウム報告書：Monotheism in Asia』（平成 18 〜 20 年度科学研究費補助金基礎研究（B）　近代ユダヤ文化論の学際的総合研究）、2010 年。

山本　孟　（やまもと　はじめ）
京都大学文学部非常勤講師
「新王国時代におけるヒッタイトの支配体制―副王制・属国支配・外交―」『史林』96(4)、2013 年。「ヒッタイトの「条約」と「婚約」の概念：動詞 *išhiya-* と *hamenk-* に関する一考察」『オリエント』57(2)、2015 年。「ヒッタイト王家の家族観とその外交への適用」『西南アジア研究』82、2015 年。"Communication

between the Gods and the Hittite King", *The 8th CISMOR Conference on Jewish Studies* 8, 2015. "The Hittite noun *išhiul-*: Law of the Gods, Instruction and Treaty", *Orient* 51, 2016.

青柳　かおる　（あおやぎ　かおる）
新潟大学人文社会・教育科学系（人文学部）准教授
『現代に生きるイスラームの婚姻論——ガザーリーの「婚姻作法の書」訳注・解説』東京外国語大学アジア・アフリカ言語文化研究所、2003年。『イスラームの世界観——ガザーリーとラーズィー』明石書店、2005年。「ガザーリーの修行論における性の問題——神秘主義的宇宙論との関係を中心に」『宗教研究』第346号、2005年。「スーフィズムにおける修行と身体」栗原隆・辻元早苗・矢萩喜従郎編『空間と形に感応する身体』東北大学出版会、2010年。"A Comparative Study of Marriage in Islamic Thought: Al-Ghazālī and al-Qaraḍāwī," T. Kurihara ed., *Glauben und Wissen in der Geistesgeschichte*, Niigata: Niigata University, 2011.「イスラームの生命倫理における初期胚の問題——ユダヤ教、キリスト教と比較して」『比較宗教思想研究』第12輯、2012年。『ガザーリー——古典スンナ派思想の完成者』山川出版社、2014年。「イスラームにおける生殖補助医療——シーア派を中心に」塩尻和子編『変革期イスラーム社会の宗教と紛争』明石書店、2016年。

菊地　達也　（きくち　たつや）
東京大学大学院人文社会系研究科准教授
『イスマーイール派の神話と哲学——イスラーム少数派の思想史的研究』岩波書店、2005年。『イスラーム教——「異端」と「正統」の思想史』講談社選書メチエ、2009年。"The Resurrection of Ismāʿīlī Myth in Twelfth-Century Yemen," *Ishraq* 4 (2013).「現代ドゥルーズ派の自己表象」塩尻和子編『変革期イスラーム社会の宗教と紛争』明石書店、2016年。

サランゴワ　（薩仁高娃　さらんごわ）
千葉大学文学部非常勤講師
株式会社カイクリエイツ、精神世界専門書店ブッククラブ回研究員
「内モンゴル・ホルチン地方のブォ（シャマン）の成巫過程—守護霊の憑依と口を開くについて」『説話・伝承学』説話・伝承学会誌、2011年。「内モンゴル・ホルチン地方の霊魂観と悪霊にについて」『比較民俗研究』25号、神奈川大学歴史民俗資料学研究科、2011年。「中国・内モンゴル社会の伝統と挑戦—市場経済を生きるモンゴル人と伝統信仰」『極東証券寄付講座：2012年度「東アジアの伝統と挑戦」慶応義塾大学文学部、2013年。「モンゴルの死生観—シャマンに見る生者と死者の交流」東洋英和女学院大学死生学研究所編『死生学年報2014』リトン、2014年。「ブォ（シャマン）の死後の世界」『千葉大学ユーラシア言語文化論集』17号、千葉大学文学部ユーラシア言語論講座、2015年。「ブォ（シャマン）の守護霊と文化伝承：オンゴディン・タブン・テングリ祭祀を中心に」『千葉大学ユーラシア言語文化論集』18号、千葉大学文学部ユーラシア言語論講座、2016年。

井ノ口　哲也　（いのくち　てつや）
東京学芸大学教育学部准教授
「王充の「自然」観」『東京学芸大学紀要 第二部門 人文科学』第 56 集、2005 年。
「山上憶良「沈痾自哀文」における『抱朴子』の理解をめぐって」北京師範大学
日文系編『日語教育与日本学研究論叢』第 3 輯、2008 年。「井上哲次郎の江戸
儒学三部作について」『東京学芸大学紀要 人文社会科学系 II』第 60 集、2009
年。『入門　中国思想史』勁草書房、2012 年。「王充―「虚妄を疾」んだ実証主
義者」湯浅邦弘編著『名言で読み解く中国の思想家』、ミネルヴァ書房、2012
年。『後漢経学研究序説』勉誠出版、2015 年。「朱子学と教育勅語」中央大学文
学部『紀要 哲学』第 57 号、2015 年。「「儒教」か「儒学」か、「国教」か「官
学」か」『中国哲学研究』第 28 号、東京大学中国哲学研究会、2015 年。

加瀬　直弥　（かせ　なおや）
國學院大學神道文化学部准教授
『古代諸国神社神階制の研究』（共著）岩田書院、2002 年。『日本神道史』（共著）
吉川弘文館、2012 年。『平安時代の神社と祭祀』吉川弘文館、2015 年。

森　　雅秀　（もり　まさひで）
金沢大学人間社会研究域教授
The Devīmāhātmya Paintings Preserved at the National Archives, Kathmandu.
Bibliotheca Codicum Asiaticorum No. 9, Tokyo: The Centre for East Asian
Cultural Studies for Unesco, 1995 （共編著）.『マンダラの密教儀礼』春秋社、
1997 年。『インド密教の仏たち』春秋社、2001 年。『仏のイメージを読む』大
法輪閣、2006 年。『生と死からはじめるマンダラ入門』法蔵館、2007 年。『マ
ンダラ事典：100 のキーワードで読み解く』春秋社、2008 年。*The Vajrāvali
of Abhayākaragupta*, Buddhica Britannica XI, Tring: The Institute of Buddhist
Studies, 2009.『インド密教の儀礼世界』世界思想社、2011 年。『チベットの仏
教美術とマンダラ』名古屋大学出版会、2011 年。『エロスとグロテスクの仏教
美術』春秋社、2011 年。『アジアの灌頂儀礼：その成立と伝播』（編著）法蔵館、
2014 年。『高僧たちの奇蹟の物語』朱鷺書房、2016 年。

藤本　拓也　（ふじもと　たくや）
金光教国際センター所員、関西福祉大学非常勤講師
「シオランとエリアーデにおけるエクスタシーと時間性」『北陸宗教文化』22、
2009 年。「シオランにおける鬱の自責と「祈りへの欲求」」『宗教と倫理』10、
2010 年。「マルセルとシオランにおける喪失と霊性」鶴岡賀雄・深澤英隆編『ス
ピリチュアリティの宗教史（上巻）』リトン、2010 年。「シオランの自殺念慮と
自己受容―無用性から無名の宗教性へ」『死生学研究』15、2011 年。「エミー
ル・シオランの神―神の喪失と神への情動―」『宗教研究』85(3)、2011 年。「お
知らせ体験の深まりに見る宮建築の移ろい―「神の頼みはじめ」とその無起源性
をめぐって―」『金光教学』52、2012 年。

福　　寛美　(ふく　ひろみ)

法政大学兼任講師・法政大学沖縄文化研究所兼担所員

『沖縄と本土の信仰に見られる他界観の重層性』DTP 出版、2003 年。『琉球王国と倭寇　おもろの語る歴史』（共著）、森話社、2006 年。『琉球王国誕生　奄美諸島史から』（共著）、森話社、2007 年。『喜界島・鬼の海域　キカイガシマ考』新典社、2008 年。『琉球の恋歌　恩納なべとよしや思鶴』新典社、2010 年。『うたの神話学』森話社、2010 年。『夜の海・永劫の海』新典社、2011 年。『『おもろさうし』と群雄の世紀』森話社、2013 年。『ユタ神誕生』南方新社、2013 年。『ぐすく造営のおもろ―たちあがる世界―』新典社、2015 年。『歌とシャーマン』南方新社、2015 年。

宗教史学論叢　21
霊と交流する人びと　　上 巻

発行日　2017 年 3 月 31 日

編　者　杉木恒彦・髙井啓介

発行者　大石昌孝

発行所　有限会社リトン
　　　　101-0061　東京都千代田区三崎町 2 - 9 - 5 - 402
　　　　　　　　　FAX 03-3238-7638

印刷所　互恵印刷株式会社

ISBN978-4-86376-058-5　　　　　　＜Printed in Japan＞

宗教史学論叢4 **宗教と風土**──古代オリエントの場合
- ●後藤光一郎 著　A5 判上製　511 頁　本体 6,214 円＋税

宗教史学論叢5 **聖なる空間**
- ●宮家 準／小川英雄 著　A5 判上製　331 頁　本体 5,631 円＋税

宗教史学論叢6 **創成神話の研究**
- ●月本昭男 編　A5 判上製　405 頁　本体 5,631 円＋税

宗教史学論叢7・8 **太陽神の研究**【上・下巻】
- ●松村一男／渡辺和子 編　A5 判上製　上巻 351 頁　本体 5,000 円＋税
　　　　　　　　　　　　　　　　　　　下巻 357 頁　本体 5,000 円＋税

宗教史学論叢9 **生と死の神話**
- ●松村一男 編　A5 判上製　493 頁　本体 6,400 円＋税

宗教史学論叢10・11 **異界の交錯**【上・下巻】
- ●細田あや子／渡辺和子 編　A5 判上製　上巻 413 頁　本体 5,800 円＋税
　　　　　　　　　　　　　　　　　　　　下巻 483 頁　本体 7,000 円＋税

宗教史学論叢12 **神話と現代**
- ●松村一男／山中 弘 編　A5 判上製　459 頁　本体 7,000 円＋税

宗教史学論叢13・14 **宗教史とは何か**【上・下巻】
- ●市川 裕／松村一男／渡辺和子 編　A5 判上製　上巻 427 頁　本体 6,000 円＋税
　　　　　　　　　　　　　　　　　　　　　　　下巻 489 頁　本体 6,500 円＋税

宗教史学論叢15・16 **スピリチュアリティの宗教史**【上・下巻】
- ●鶴岡賀雄／深澤英隆 編　A5 判上製　上巻 469 頁　本体 6,000 円＋税
　　　　　　　　　　　　　　　　　　　下巻 511 頁　本体 6,500 円＋税

宗教史学論叢17・18 **夢と幻視の宗教史**【上・下巻】
- ●河東 仁 編　A5 判上製　上巻 404 頁　本体 5,000 円＋税
　　　　　　　　　　　　　下巻 304 頁　本体 4,000 円＋税

宗教史学論叢19・20 **「呪術」の呪縛**【上・下巻】
- ●江川純一／久保田 浩 編　A5 判上製　上巻 470 頁　本体 5,000 円＋税
　　　　　　　　　　　　　　　　　　　下巻 408 頁　本体 4,000 円＋税